/ 幼儿园管理与教师培养丛书 /

U0866995

幼儿园规范化管理（第2版）

北京师范大学实验幼儿园 主编

北京师范大学出版集团
BEIJING NORMAL UNIVERSITY PUBLISHING GROUP
北京师范大学出版社

图书在版编目(CIP)数据

幼儿园规范化管理 / 北京师范大学实验幼儿园主编.
2 版. -- 北京 ：北京师范大学出版社，2024. 9(2025. 10
重印). --ISBN 978-7-303-30046-4

Ⅰ. G617-65

中国国家版本馆 CIP 数据核字第 2024KM8017 号

出版发行：北京师范大学出版社 https://www.bnupg.com
北京市西城区新街口外大街 12-3 号
邮政编码：100088
印　　刷：鸿博昊天科技有限公司
经　　销：全国新华书店
开　　本：787 mm×1092 mm　1/16
印　　张：17.25
字　　数：374 千字
版　　次：2024 年 9 月第 2 版
印　　次：2025 年 10 月第 2 次印刷
定　　价：54.80 元

策划编辑：罗佩珍　张丽娟　　责任编辑：王　佳　郭凌云
美术编辑：焦　丽　　装帧设计：焦　丽
责任校对：段立超　　责任印制：赵　龙

《幼儿园管理与教师培养丛书》
编委会

主　　　任： 黄　珊

副　主　任：（按姓氏笔画）

田瑞清　孙秀莲　杜　军　徐兴芳　徐翠凤

高以华

本 册 主 编： 黄　珊

本册副主编： 肖智泓

本 册 编 委：（按姓氏笔画）

王秀清　田瑞清　江克玲　孙秀莲　杜　军

李秀玲　吴　迪　吴媛媛　邱　守　金　菁

夏华颖　徐兴芳　徐翠凤　高以华　郭美娟

董佑静　鞠　亮

推荐序一

身为北京师范大学的一名学前教育工作者，我与北京师范大学实验幼儿园(以下简称北师大实验幼儿园)有着不解之缘。学生时代自己的实习、见习，教师时期带学生实习、见习和做课题研究，都在北师大实验幼儿园留下了足迹。所以，六年前看到北师大实验幼儿园将他们的管理实践成果整理成《幼儿园规范化管理指南》一书时，我由衷地为他们感到高兴；继而受邀为该书写序，我就结合对幼儿园发展的了解谈了一些自己的感想。2024 年年初，北师大实验幼儿园的管理团队完成了对《幼儿园规范化管理指南》的修订，我为他们与时俱进的精神所感动。

其一，这本书呈现的内容经过了北师大实验幼儿园实践的检验。

北师大实验幼儿园已有一百多年的历史，在历经一百多年风雨后，依然能蓬勃发展，成为具有引领作用的示范性幼儿园，离不开北京师范大学这片沃土的滋养。身在学府之中，北师大实验幼儿园带着与生俱来的研究型特质——科学严谨、实事求是，对待课程教学如此，对待儿童保健如此，对待园所管理亦是如此。

北师大实验幼儿园在中华人民共和国成立前就有了比较健全的卫生保健制度；20 世纪六七十年代建立了岗位责任制、家园联系、教育教学及后勤管理等制度，形成了《北京师范大学实验幼儿园规章制度汇编》，此后又进行了多次修订；2008 年在修订原有规章制度的基础上，加入园所文化等内容形成了《北京师范大学实验幼儿园管理手册(2008 年版)》，此后的十年间该手册修订两次，并且在《北京师范大学实验幼儿园管理手册(2017 年版)》的基础上修订完成了《幼儿园规范化管理指南》一书。该书自 2018 年出版以来，受到了多方好评。如今在全国学前教育大环境和幼儿园自身小环境不断发生变化的情况下，北师大实验幼儿园对原有管理制度进行了修订并补充了新的制度，使这本书更加完善。

本书中的内容，有些是在北师大实验幼儿园的管理实践中产生的，有些则是在遵循相关法律法规的基础上结合幼儿园的实际情况制定的，且经过了实践检验。例如，园所文化主要是在幼儿园百年发展中积淀而成的；规章制度有些是在传承历史的基础上不断与时俱进修订的，如卫生保健制度随着时代的发展有了不同的内容与要求，有些则是适应时代发展不断增加的，如集团管理制度、对外交流制度、绩效考核制度等；岗位说明书则是在 20 世纪 60 年代岗位责任制基础上不断进行内容修订并与现代企业的岗位说明书形式结合而来的。因此，这本书呈现的是一套从实践中来、经过实践检验、具有操作性且有效的管理策略与方法。

其二，依法办园、规范管理是当前幼儿园发展的迫切需要。

2018 年 11 月，《中共中央 国务院关于学前教育深化改革规范发展的若干意见》

在“总体要求”中提出的第四条基本原则就是“坚持规范管理”，提出“遵循幼儿身心发展规律，实施科学保教，健全治理体系，堵住监管漏洞，完善学前教育法律法规，实现依法依规办园治园，促进幼儿健康快乐成长”。如果幼儿园在管理上有行之有效的机制，能够最大限度地防患于未然，就能够避免恶性事件的发生。所以说，依法办园、规范管理已经成为幼儿园发展、幼儿健康成长的迫切需要。

2024年年初，教育部教育督导局负责人就最新发布的《幼儿园督导评估办法》答记者问中提到，自教育部2017年印发《幼儿园办园行为督导评估办法》以来，截至2023年年底，各地已对26.45万所幼儿园（约占幼儿园总数的91%）完成实地督导评估，幼儿园办园条件、安全卫生、保育教育、教师队伍和管理状况得到改善，以评促建效果初步显现。但是从督导评估中也发现，一些地方幼儿园存在着办园条件不达标，保教活动不规范，教师待遇保障不到位等方面的问题。另据教育部官方网站公布的历年教育统计数据显示，2022年，全国共有幼儿园28.92万所，比2021年减少了约0.6万所，是自2008年逐年增加以来首次出现了比上一年减少的情况；但专任教师324.42万人，仍然比2021年增加了约4.6万人。可以说，今后一段时期，我国幼儿园的发展重点将是提升教育质量。从幼儿园自身来看，科学、规范、高效的管理会对幼儿园的发展起到至关重要的作用。

本书内容与时俱进，不仅对上一版的内容进行全面修订，而且增加了采购管理、合同管理、质量评估等27项新制度，删除合并了原有13项制度，相信能够为广大幼儿园的管理者提供全面的工作指导和可供借鉴的具体方法，进而为园所的高质量发展助力。

其三，管理应是刚柔并济的，管理者不能只是用制度“管人”，而要有“管理就是服务”的思想。

细读本书我们能够感受到这一点。体现在管理岗的岗位说明书和工作常规中，管理者首先要做好协调与指导工作，为教职工创造良好的工作环境；其次才是检查与评价。体现在制度上，一方面是“约束人”“限制人”，即规定教职工不能做什么，而这样的“约束”“限制”其实也是一种保护，不仅是保护幼儿，避免发生有损幼儿、家长权益的事情，也是为了保护教职工、幼儿园的权益。道理很简单：只有知道了“不可为”，在此界限之内才会有“可为”的自由。另一方面是“激励人”，即通过鼓励、奖励的方式（如教职工培训制度、奖学金制度、骨干教师管理制度等）激发教职工专业发展的动力，使之获得职业幸福感。

总之，以人为本的管理，才能真正起到推动幼儿园科学、健康发展的作用。

幼儿园的管理既有共性的规律，又有个性的特征。北师大实验幼儿园新修订的这本书，既反映了管理工作中的共性，为各幼儿园提供了必须遵守的规章制度，又体现了自己的个性特征，为各园探索形成符合自己园所实际的校园文化和规章制度提供了借鉴。

最后，我想说的是，规章制度只有真正被全体教职工理解、认同，才能被自觉遵守。因此，各园不妨借鉴北师大实验幼儿园的经验，在建立或形成自己新的规章制度时就积极发动大家参与，使之成为全体教职工“自己的约定”；对已经形成的规章制度则要定期组织大家认真学习，确保每位教职工都明确并理解相关的内容，进而自觉落实到各项工作中。

冯晓霞

2024 年 3 月

推荐序二

六年前，北京师范大学实验幼儿园(以下简称北师大实验幼儿园)编著的《幼儿园规范化管理指南》一书出版，我受黄珊园长邀请为这本书写了一篇序言。作为曾经在北师大实验幼儿园担任过25年园长的管理工作者，看到这本凝聚着我们幼儿园管理智慧的工作指南修订再版，内心感到无比高兴。

这本书分为园所文化、规章制度、岗位说明书三大篇，近五十个章节，涵盖了幼儿园管理工作的方方面面。

幼儿园是学龄前儿童保育和教育的机构，管理工作涉及很多方面，从幼儿生活起居、营养保健、德智体美劳的全面发展，到教职工的精神境界、专业能力的提升，再到园所的后勤安全、集团化管理。哪一方面的缺失，都会对幼儿的身心成长造成不良影响。

这些复杂纷繁的幼儿园管理事务，如果全靠管理者相机决策处理，势必使他们陷于琐碎的日常事务之中。只有用规范化的方式把某些具有普遍意义，并且被实践证明行之有效的管理方法和程式用规章制度固定下来，才能提升管理工作质量，保证保教人员专业素质的提高，并使保育和教育工作达到较高的水平。

回想20世纪60年代初期，我从教育系教学工作岗位转入北师大实验幼儿园领导工作岗位。面对纷繁复杂的保育和教育事务，我最先着手的，就是通过各项工作常规的制定，把日常工作秩序稳定下来，以便保教人员有更多精力提升专业素养和工作质量。1974年我恢复园长职务以后，面对原有保教秩序荡然无存的状况，最先做的也是利用一切有利条件建立健全各项业务的岗位责任制。在稳定了日常工作秩序的基础上，管理者和保教人员便能够集中精力提高工作质量，开展科学研究，甚至邀请周边单位同人参与观摩、研讨、交流。很快，保教人员的工作积极性和幼儿园的保教工作质量都得到了提高。

改革开放以后，北师大实验幼儿园的领导和全体同人不仅继承了历任管理工作的经验，还与时俱进，不断创新，成绩斐然。这些管理工作的不断创新，也在本书中得到了体现。

当然，在使用这本书的时候，还要注意到幼儿园工作既有共同性，也有各园自己的特点，在制定管理制度时，需要根据园所的特点做出变通。改进幼儿园管理的目的，在于提高工作质量以保证幼儿身心得到全面发展。一种管理方法好还是不好，是否需要改进，最终都要看它能否达成幼儿身心健康发展的目标。所以“法无常法”，管理工作也要根据条件的变化和实践的要求因时而变，不断调整和完善。这也是北师大实验幼儿园修订《幼儿园规范化管理指南》的原因所在。

希望本书不但能够反映北师大实验幼儿园百年办园中积累起来的经验，而且可以秉承时代精神，与时俱进，成为一本可供同行共享的参考书。

周南

2024年3月

前 言

新时代，新使命，新梦想，新征程。我国学前儿童“入园难”的问题已得到有效缓解，但学前教育还存在底子薄、发展不平衡的问题，实现“幼有优育”仍然是接下来一个时期学前教育事业发展的重要任务。因此，规范幼儿园管理，提升教育内涵，打造优质教育品牌，是学前教育高质量发展的需要，也是国家的需要和广大人民群众的需要。

一、适应时代发展，创新管理模式

为促进学前教育优质资源均衡发展，2010 年年末，《国务院关于当前发展学前教育的若干意见》提出：“鼓励优质公办幼儿园举办分园或合作办园。”党的十八大以来，我国学前教育事业快速发展，规模迅速扩大，但仍存在发展不平衡不充分、普惠性资源不足等问题。北京师范大学实验幼儿园(以下简称北师大实验幼儿园)积极响应国家号召，本着服务家长、服务社会的宗旨，扩大办园规模，如今拥有校本部园、牡丹分园、望京分园、龙樾分园、新校区园、未来一幼、明光分部和珠海实幼八个园区和研究中心、培训中心、托育中心，打造了一园多址的规范化管理、集团化运作、均衡化配置、个性化发展管理模式，开创了适应时代发展的幼儿园集团化管理新模式。

党的二十大报告提出“加快建设教育强国”“加快建设高质量教育体系”。可见，提升教育质量是党和国家对学前教育机构的要求与期望。而提升教育质量最准确、高效且易操作落实的方法，就是从源头进行规范化管理。规范化管理不仅是规范办园行为、确保园所安全运行、迅速提升工作的准确性和效率的前提，而且是提升保教质量、确保幼儿身心健康发展及幼儿园可持续发展的重要保障。

北师大实验幼儿园集百年文化积淀，聚历代管理智慧，汇编成本书，体现了幼儿园管理的制度化、精细化、科学化，解决了集团化管理规模大、机构多、分布散、跨区域等集团管理难题，为幼儿园规范管理提供了成功案例。

二、传承百年积淀，形成管理体系

北师大实验幼儿园的规范管理，不仅有鲜明的时代特点，还传承了百年历史积淀。始建于 1915 年的北师大实验幼儿园，历经百年。这一百年，是管理文化不断传承、发展、创新的一百年。历代园长和教师们矢志不渝、锐意改革、勇于创新。早在 1933 年，时任园主任的焦真就实施了幼稚园卫生保健制度、健康检查制度。20 世纪 50 年代，在苏联专家的指导下，幼儿园开始实施户外睡眠制度、“三浴(空气浴、水浴、阳光浴)”锻炼制度。20 世纪 60 年代，幼儿园在卢乐山、方湘教授的引领下，建立“洗手六步骤”“叠被子”等生活常规制度。20 世纪 80 年代初，周南园长建立起“半日检查与反馈制度”“鼓励进修与深造的教师培养制度”“岗位责任制”。

天道酬勤，思者常新。2007 年以来，黄珊总园长带领全体教职工潜心研究、开拓进取，在考证、梳理百年园史的基础上开展了卓有成效的园所文化建设，并全面修订、完善了幼儿园的管理制度。2008 年，《中华人民共和国劳动合同法》出台，我园不仅结合现代企业制度对原有的岗位职责进行修订形成了岗位说明书，而且增加了文化理念、教育理念等园所文化内容，原有的教育教学、卫生保健等制度也结合时代新要求更加丰富和细化，形成了《北京师范大学实验幼儿园管理手册（2008 年版）》。至 2017 年年底，又先后对该手册进行两次修订，提出了“把北师大实验幼儿园建设成为国内领先，世界一流，有较大国际影响力的专业化学前教育机构”的发展愿景，增加了“干部问责制度”“财务内部控制制度”“绩效考核制度”等 67 项新制度。

制度建设永远在路上！2023 年我园再次启动管理制度全面修订工作，增加采购管理、合同管理、质量评估等 27 项制度，删除合并 13 项制度，细致修改完善保留下来的每一项制度。这些管理制度都经历了一个从群众中来、到群众中去的工作流程，体现了北师大实验幼儿园以人为本、民主开放、公平公正的管理特征。北师大实验幼儿园科学规范、系统全面、运行高效的管理体系保证了集团下属各园的高质量发展，自 2019 年至 2023 年，集团下属的北京各园所在北京市办园质量督导评估中均取得了优异成绩。

三、宏观引领思想，微观指导实践

本书分为园所文化、规章制度、岗位说明书三篇，体现了宏观与微观相融合的管理特点。宏观方面：园所文化篇具体阐述了幼儿园文化理念、教育理念、发展战略目标等，是园所管理的思想源头，具有引领性。微观方面：包括规章制度和岗位说明书两篇，其中规章制度篇包含党组织工作、行政管理、人事管理、教育教学管理、卫生保健管理、后勤管理、安全管理七个方面共 148 项制度；岗位说明书篇包含行政管理人员，教学、教辅人员，保健、后勤人员三大类共 37 个岗位说明书。所以，本书是一本从宏观到微观、从理论到实践、科学而实用的幼儿园管理宝典。

北师大实验幼儿园在即将迎来 110 岁生日之际向读者奉献《幼儿园规范化管理（第 2 版）》，希望对广大幼教管理工作者有所助益，助力《幼儿园督导评估办法》的落实，为“规范办园行为、提升保教质量，推动学前教育普及普惠安全优质发展，更好满足人民群众对幼有优育的美好期盼”贡献北师大实验幼儿园经过实践检验的有效经验，为加快推进中国学前教育高质量发展尽绵薄之力。

最后，谨向贡献管理智慧的北师大实验幼儿园全体教职工致以崇高的敬意，向付出了艰辛劳动的全体编写人员表示衷心的感谢！在本书形成过程中，有关法律、管理方面的专家给予了全面、细致的指导，在此致以诚挚的谢意！

目　　录

第一篇　园所文化

第一章　北京师范大学实验幼儿园概况 …… 3
简介 …… 3
历史沿革 …… 5
组织机构 …… 6
第二章　北京师范大学实验幼儿园园所文化 …… 7
文化理念 …… 7
发展战略目标 …… 7
教育理念 …… 7
儿童培养目标 …… 8
园训 …… 9
园风 …… 9
标识 …… 10
教师入职誓言 …… 12

第二篇　规章制度

第一章　党组织工作 …… 15
第一节　党组织设置及工作制度 …… 15
总支部委员会工作制度 …… 15
总支部委员会议事制度 …… 16
党支部委员会工作制度 …… 19
党组织换届选举制度 …… 22
党风廉政建设制度 …… 25
第二节　思想政治工作和群众工作 …… 25
思想政治工作制度 …… 25
谈心谈话制度 …… 26
党员联系群众制度 …… 26

第三节 组织生活开展 …… 27
"三会一课"制度 …… 27
民主生活会和组织生活会制度 …… 28
民主评议党员制度 …… 29
第四节 党员发展、教育与管理 …… 29
党员发展制度 …… 29
党员学习培训制度 …… 33
党费收缴、使用及管理制度 …… 34
第二章 行政管理 …… 37
第一节 集团管理 …… 37
集团管理制度 …… 37
教职工代表大会制度 …… 37
园长办公会议事规则 …… 40
"三重一大"事项决策制度 …… 43
会议制度 …… 45
对外宣传管理制度 …… 47
园名和视觉形象识别系统使用制度 …… 48
公文处理制度 …… 50
招生工作制度 …… 51
质量评估制度 …… 53
园务委员会制度 …… 54
行政值班制度 …… 55
校园安全管理制度 …… 55
安全事故报告制度 …… 56
印章/证书使用管理制度 …… 57
档案管理制度 …… 58
合同管理制度 …… 59
工程管理制度 …… 62
第二节 主要岗位工作常规 …… 64
执行园长工作常规 …… 64
业务园长工作常规 …… 65
保教主任工作常规 …… 66
总务主任工作常规 …… 67
教研员工作常规 …… 68

第三节　对外交流 …… 69
对外培训管理制度 …… 69
接待实习、见习制度 …… 69
新闻采访管理制度 …… 70
外事工作管理制度 …… 71
第四节　财务管理 …… 72
预算管理制度 …… 72
财务决算管理制度 …… 73
财务内部控制制度 …… 75
财务工作制度 …… 78
会计档案保管制度 …… 79
收退费及公示制度 …… 80
膳食费民主管理制度 …… 82
第三章　人事管理 …… 83
第一节　干部管理 …… 83
干部选拔任用制度 …… 83
干部管理制度 …… 88
干部问责制度 …… 91
后备干部选拔培养和管理制度 …… 92
第二节　专业发展 …… 95
教师专业技术职务聘用制度 …… 95
骨干教师管理制度 …… 99
预备入职实习生管理制度 …… 102
教职工培训管理制度 …… 104
第三节　日常管理 …… 105
师德建设与监督委员会工作制度 …… 105
师德师风建设制度 …… 107
招聘管理制度 …… 110
考勤制度 …… 112
休息、休假制度 …… 113
女职工生育休假制度 …… 114
教职工绩效管理制度 …… 115
奖惩制度 …… 116
第四节　职工福利 …… 119
教职工福利制度 …… 119

奖学金制度 …… 119
第五节 劳动关系 …… 120
离职管理制度 …… 120
劳动争议调解制度 …… 122
教职工工伤事故处理办法 …… 123
第四章 教育教学管理 …… 125
第一节 日常保教 …… 125
幼儿一日生活作息制度 …… 125
交接班制度(教学班) …… 126
幼儿发展情况报告制度 …… 126
教师文字材料书写制度 …… 127
专职课管理制度 …… 128
幼儿意外伤害事故处理制度(教学班) …… 128
特殊需要儿童管理制度 …… 129
第二节 教育科研 …… 130
教科研工作制度 …… 130
园本教研制度 …… 130
课程实施制度 …… 131
教育评价制度 …… 132
教师业务档案管理制度 …… 133
第三节 教育资源 …… 134
班级财物管理制度 …… 134
电教设备使用及管理制度 …… 134
教师图书资料及教具设备使用制度 …… 135
公共教室使用及管理制度 …… 136
户外玩教具使用及管理制度 …… 136
资料室出入库制度 …… 136
第四节 家园共育 …… 137
家长委员会制度 …… 137
家园联系制度 …… 138
家长开放活动制度 …… 139
第五章 卫生保健管理 …… 140
第一节 健康检查与信息收集 …… 140
儿童入园健康检查制度 …… 140

儿童定期健康检查制度 …… 141
儿童晨午晚检及全日健康观察制度 …… 141
工作人员健康检查制度 …… 142
信息收集与管理制度 …… 142
第二节　传染病预防与控制 …… 144
预防接种制度 …… 144
传染病管理制度 …… 145
日常卫生消毒制度 …… 146
第三节　五官保健及健康教育 …… 147
儿童眼及视力保健制度 …… 147
儿童耳及听力保健制度 …… 148
儿童口腔保健制度 …… 149
健康教育制度 …… 149
第四节　体弱儿及肥胖儿管理 …… 150
体弱儿管理制度 …… 150
超重和肥胖儿管理制度 …… 151
第五节　健康膳食与体育运动 …… 152
食谱制定和采购制度 …… 152
膳食计划及营养计算制度 …… 153
儿童进餐护理制度 …… 153
体格锻炼制度 …… 154
第六节　卫生保健设施及设备管理 …… 155
保健室管理制度 …… 155
空调使用制度 …… 156
直饮水使用制度 …… 156
紫外线消毒灯使用制度 …… 157
第六章　后勤管理 …… 159
第一节　膳食管理 …… 159
厨房卫生消毒制度 …… 159
厨房分餐卫生制度 …… 161
幼儿食品留样制度 …… 161
食品采购制度 …… 162
食品验收及出入库制度 …… 162
食品库管理制度 …… 163

第二节　资产管理 …… 164
采购管理制度 …… 164
固定资产管理制度 …… 167
低值易耗品管理制度 …… 168
公车管理制度 …… 169
第七章　安全管理 …… 171
第一节　日常管理 …… 171
安全组织管理制度 …… 171
安全巡视检查制度 …… 172
安全宣传教育制度 …… 173
安全应急演练制度 …… 173
安全工作档案制度 …… 174
第二节　设施设备安全 …… 175
校园建筑设施的检查维护制度 …… 175
水、电设施设备安全制度 …… 175
大型器械玩具的检查维护制度 …… 176
视频安防监控系统管理制度 …… 176
中控室管理制度 …… 178
第三节　重点场所及人员安全 …… 180
周边环境安全制度 …… 180
门卫管理制度 …… 181
保安管理制度 …… 182
教职工宿舍安全管理制度 …… 183
第四节　幼儿安全 …… 184
幼儿接送制度 …… 184
幼儿伤害预防制度 …… 184
幼儿意外伤害事故处理制度(保健室) …… 186
幼儿外出活动安全管理制度 …… 186
第五节　消防安全 …… 187
消防安全标准化管理制度 …… 187
火灾报警系统管理制度 …… 189
防火制度 …… 190
控烟制度 …… 192
消防设施、器材检查制度 …… 192

第六节　信息安全 …… 193
舆情危机监控处置制度 …… 193
矛盾纠纷排查化解制度 …… 195
网络安全防护制度 …… 196

第三篇　岗位说明书

第一章　行政管理人员 …… 201
总园长岗位说明书 …… 201
执行园长岗位说明书 …… 202
业务园长岗位说明书 …… 203
财务主任岗位说明书 …… 204
研究中心执行主任岗位说明书 …… 205
培训中心执行主任岗位说明书 …… 206
园办主任岗位说明书 …… 207
总园长行政助理岗位说明书 …… 208
总部教研员岗位说明书 …… 209
总部保健专员岗位说明书 …… 210
总部信息员岗位说明书 …… 211
培训中心助理岗位说明书 …… 212
人事干事岗位说明书 …… 213
保教主任岗位说明书 …… 214
总务主任岗位说明书 …… 215
各园教研员岗位说明书 …… 216
第二章　教学、教辅人员 …… 218
年级组长岗位说明书 …… 218
班长教师岗位说明书 …… 219
班员教师岗位说明书 …… 220
专职教师岗位说明书 …… 221
助理教师岗位说明书 …… 222
保育员岗位说明书 …… 223
资料员岗位说明书 …… 224
第三章　保健、后勤人员 …… 225
保健主管岗位说明书 …… 225
保健人员岗位说明书 …… 226

会计岗位说明书 …… 227
出纳员岗位说明书 …… 228
厨房管理员岗位说明书 …… 229
厨师岗位说明书 …… 230
厨工岗位说明书 …… 231
消毒员岗位说明书 …… 232
库房管理员岗位说明书 …… 233
信息员岗位说明书 …… 234
门卫岗位说明书 …… 235
维修工岗位说明书 …… 236
司机岗位说明书 …… 237
保洁岗位说明书 …… 237

附　录

幼儿园工作规程 …… 241
幼儿园管理条例 …… 250
幼儿园督导评估办法 …… 254

第一篇

园所文化

第一章　北京师范大学实验幼儿园概况

简介

北京师范大学实验幼儿园(为方便描述，有时简称幼儿园)隶属于北京师范大学，前身是始建于1915年的北京女子师范学校附属蒙养园。北京师范大学实验幼儿园是一所拥有逾百年发展历史、有优良教科研传统、重师幼共同发展的专业化学前教育机构，先后获得的荣誉有“北京市示范幼儿园”“人民满意的幼儿园”“创建学习型组织先进单位”“代表北京最高办园水平的十佳幼儿园”“北京市辛勤育苗先进学前教育工作单位”“北京市幼儿园管理干部挂职锻炼基地园”等。

幼儿园继承发扬“蒙以养正、倡导开新”的校园文化，已发展为“一园多址”的管理集团办园模式，在北京共有校本部园、牡丹分园、望京分园、龙樾分园、新校区园、未来一幼、明光分部7个园所，在北京市办园质量督导评估中均获评A级，在所属区域的学前教育中发挥着示范引领作用，享有很高的社会声誉。北京师范大学珠海实验幼儿园于2024年开园。此外，幼儿园总部设党务办公室、园务办公室、财务办公室、研究中心、培训中心等部门。幼儿园总园长由北京师范大学任命。

跟随着中国幼儿教育的百年发展历程，并受到北京师范大学教育和心理学科资源的影响，幼儿园走出了“以儿童为本”理念指导下的教育实践之路，在传承、发展、创新的过程中，经过数十年的园本课程实践研究，形成了较为完善的发展课程。幼儿园致力于促进幼儿身体健康、情感态度、认知能力等各方面的发展，培养健康乐观(乐)、善良有爱(爱)、文明礼貌(礼)、好奇智慧(智)、诚信立美(美)的幼儿。

“崇尚学术研究，坚持以教科研为先导，促进教师队伍素质及保教工作质量的提高”是北京师范大学实验幼儿园的优良传统。多年来，多位专家、教授在园进行课题研究与教育实践指导。“十五”规划以来，幼儿园先后独立申请了校级、市级、部级的研究课题20余项，研究成果以期刊发表、正式出版、在国内外学术研讨会上交流等方式得以推广。其中，《以儿童为本的教育研究与实践》荣获北京市第六届教育科学研究优秀成果基础教育专项奖，《幼儿发展性评价研究》荣获海淀区“十三五”优秀教育科研成果特等奖，北京市教育科学“十三五”规划校本研究专项课题“提升幼儿教师评价素养的行动研究”成果鉴定等级为“优”；此外，每年有数百篇教师的研究论文在市区级论文评选中获奖。扎实的教育研究造就了幼儿园研究型的骨干教师和研究共同体，使管理者能够带领教师自主开展深入的教育研究，使教师能够自觉研究幼儿。

正是得益于优良的教科研传统，北京师范大学实验幼儿园成为先进教育理念的实践基地，成为同行向往的交流学习殿堂。幼儿园自20世纪50年代起就承担了培训全国各地幼儿园教师与园长的任务；1998年开始，又面向全国培训蒙台梭利教师；近年来，与多地教育部门合作开展教师培训，同时还积极承担了在北京、新疆、四川、云南、甘肃、青海、江西等地的多项支教任务，获得了广大幼教同行及社会各界的高度肯定和赞誉。与此同时，幼儿园积极开展对外交流，与中国香港、中国澳门、美国、澳大利亚、日本、芬兰等地区和国家的优质幼儿园建立友好关系。2008年—2018年，幼儿园应邀在世界学前教育组织（OMEP）国际研讨会上做报告共计16次。幼儿园每年还多次接待外宾。2015年百年园庆之际，幼儿园成功举办了“蒙养百年·倡导开新”学前教育国际研讨会。2019年起，幼儿园成功协办“SEED儿童早期发展与教育国际会议”3次。

北京师范大学实验幼儿园在“十四五”规划中明确提出，将以习近平新时代中国特色社会主义思想为指导，全面贯彻党的教育方针，坚持立德树人根本任务，遵循学前教育规律，牢牢把握学前教育正确发展方向，继续坚持以办负责任、高质量、有中国特色的学前教育为核心，不断提升北京师范大学实验幼儿园优质教育品牌的质量和影响力。到2035年，幼儿园将建设成高水平的教育现代化管理集团，力争到2050年实现成为“国内领先，世界一流，有较大国际影响力的专业化学前教育机构”的发展愿景。

历史沿革

北京师范大学实验幼儿园于 1915 年建园，历经一百多年的发展变迁，具体历史沿革见图 1-1。

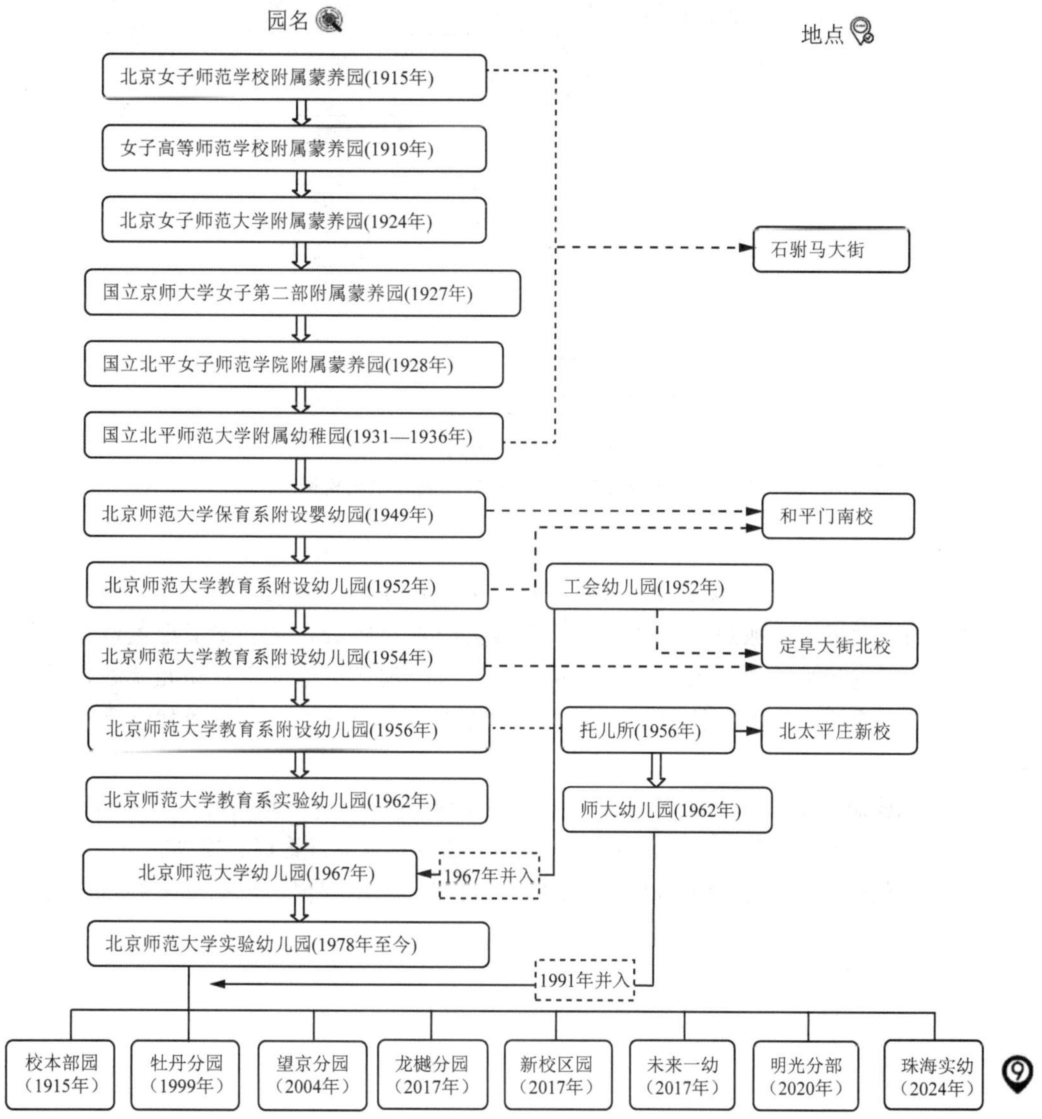

图 1-1　北京师范大学实验幼儿园历史沿革图

组织机构

北京师范大学实验幼儿园的组织机构见图 1-2。

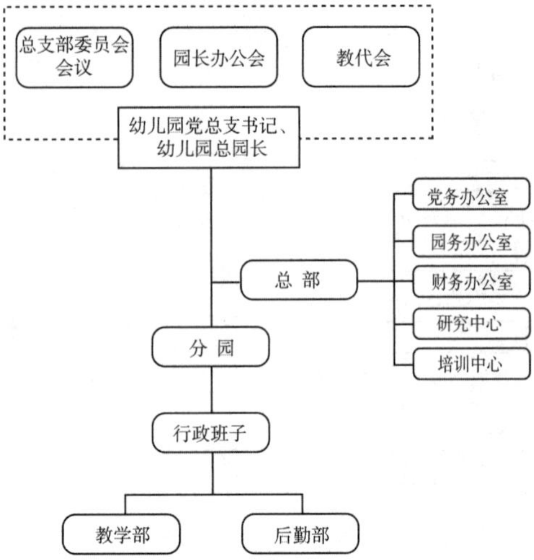

图 1-2　北京师范大学实验幼儿园组织机构图

说明：

1. 幼儿园实行党组织领导的园长负责制，党组织全面领导幼儿园工作，履行把方向、管大局、做决策、抓班子、带队伍、保落实的领导职责，党总支书记主持党组织全面工作，召集和主持党组织会议。总园长在党组织领导下全面负责幼儿园教育教学和行政管理工作，召集和主持园长办公会。党总支会、园长办公会和教代会是幼儿园的决策机构。

2. 幼儿园总部设党务办公室、园务办公室、财务办公室、研究中心和培训中心，在幼儿园党总支书记、幼儿园总园长的领导下，对各分园进行管理和提供支持。

3. 各分园行政班子全面负责所在园的保育教育、卫生保健、后勤安全和行政管理工作。

第二章　北京师范大学实验幼儿园园所文化

文化理念

《易经》云："蒙以养正，圣功也。"北京师范大学实验幼儿园在1915年成立之初被称为"蒙养园"，自那时起即承担起"蒙以养正"的重任。历经百年，北京师范大学实验幼儿园一直在不懈探索着"蒙养"的真谛。

早在20世纪30年代，时任北京师范大学实验幼儿园主任(相当于现在的园长)的焦真先生指出，作为北京师范大学的附属幼稚园，对于教育负有"倡导开新"之责任。追溯百年历史，北京师范大学实验幼儿园的教育教学实践研究一直走在时代的前沿，在不同的历史时期，对中国的学前教育发展起到积极示范和推动作用。

百年历史，积淀百年文化，是为北京师范大学实验幼儿园文化理念——"蒙以养正，倡导开新"!

发展战略目标

北京师范大学实验幼儿园的发展战略目标如下。

大力弘扬北京师范大学实验幼儿园百年来"以儿童为本"的教育理念，坚定不移地走"尊重儿童、研究儿童、促进儿童主动发展"的专业教育实践之路，努力促进幼儿健康、主动、全面而富有个性地发展；立足自身优势，在学前教育科学研究、教师专业成长、幼儿园科学管理、服务北京师范大学、服务社会等方面实现更大的突破；继续扩大北京师范大学优质学前教育的影响力，最终实现成为"国内领先，世界一流，有较大国际影响力的专业化学前教育机构"的战略目标。

教育理念

回顾1915年建园至今的百年发展历程，北京师范大学实验幼儿园在大的社会背景和教育改革的影响之下，持续探索着"以儿童为本"的教育理念。结合北京师范大学实验幼儿园园史发展的脉络和足迹，"以儿童为本"在北京师范大学实验幼儿园主要体现在三个方面，即尊重儿童、研究儿童和促进儿童主动发展，其具体的含义及三者之间的关系如下。

一、尊重儿童

尊重儿童是指真正将儿童看作一个有独立人格和个性特点的人，在对儿童实施教育的过程中，尊重儿童的人格尊严和基本权利(生存权、被保护权、发展权、参与权)，尊重儿童的年龄特点和身心发展规律，尊重儿童的个体差异和兴趣爱好，尊重儿童主动发展的需求。

二、研究儿童

研究儿童是指研究儿童的年龄特点和身心发展规律，研究儿童的个体差异，研究如何促进儿童的主动发展。研究儿童是北京师范大学实验幼儿园作为“实验幼儿园”的一个突出特点，也是北京师范大学实验幼儿园与教育、心理学科密切联系，有着得天独厚的研究条件和研究基础的体现。自 1923 年的蒙台梭利教育实验开始，北京师范大学实验幼儿园主动学习国内外先进的教育理念与模式，始终站在儿童的角度进行学前教育的实践研究，在借鉴的基础上不断创新，积极探索符合国情和园情的学前教育实践之路。

三、促进儿童主动发展

促进儿童主动发展，是指在北京师范大学实验幼儿园教育理念和教育实践中，儿童的发展不是被动的，而是主动的。幼儿园注重发挥儿童的自主性，注重在尊重儿童兴趣的基础上使他们全面、充分而富有个性地发展。幼儿园在生活上，注重让儿童学会自我服务而不是教师包办代替；在学习上，注重让儿童主动探究而不是教师灌输知识，最终让儿童成为自己生活和学习的主人。

四、三者的关系

1. 尊重儿童和研究儿童互为前提和基础

有了尊重儿童的意愿，教育者才会主动地去研究儿童的身心发展特点和教育教学规律，而研究儿童所获得的理念和实践经验，又能够让教育者更理性、更专业地去尊重儿童，更好地满足儿童的发展需要。

2. 促进儿童主动发展是幼儿园教育的最终目标

有了尊重儿童和研究儿童的良好基础，幼儿园的教育才会更具理性、更有智慧，才会更加符合儿童教育的规律和儿童自身的发展需求，最终才能更好地使儿童在适宜的教育环境中健康、主动、全面而富有个性地发展。

儿童培养目标

北京师范大学实验幼儿园的儿童培养目标分为总目标和具体目标。

一、总目标

以《幼儿园教育指导纲要（试行）》和《3—6 岁儿童学习与发展指南》中的五大领域目标为基础，借鉴我国传统的儒家伦理道德标准“仁义礼智信”和社会主义核心价值观“爱国、敬业、诚信、友善”中适宜学前儿童年龄特点的部分，幼儿园将儿童培养的总目标定为：促进幼儿身体健康、情感态度、认知能力等各方面的发展，培养出健康乐观（乐）、善良有爱（爱）、文明礼貌（礼）、好奇智慧（智）、诚信立美（美）的儿童。

二、具体目标

1. 初步养成健康的生活习惯和基本的安全意识与能力，喜爱运动并有良好的身体素质，爱劳动，愿意做力所能及的事，态度积极乐观。

2. 爱护动、植物及环境，热爱身边的人和所属的团体，在共同生活中学习关心、互助、分享、合作、感恩、诚实、守信。

3. 初步了解并遵守日常生活中基本的社会行为规则，学习并运用文明礼仪，养成文明的行为习惯。

4. 愿意亲近自然及接触新事物，尝试发现事物间的异同与联系，有好奇心，具有探究的兴趣与能力。

5. 喜欢美的事物，能够初步感受、发现、欣赏自然界、生活中及文化艺术中的美，并大胆尝试表现美。

园训

“互敬互爱　健康成长”八字园训是针对家园之间、师幼之间、教师之间、幼儿之间和谐共处、协同发展而提出的，见图 2-1。

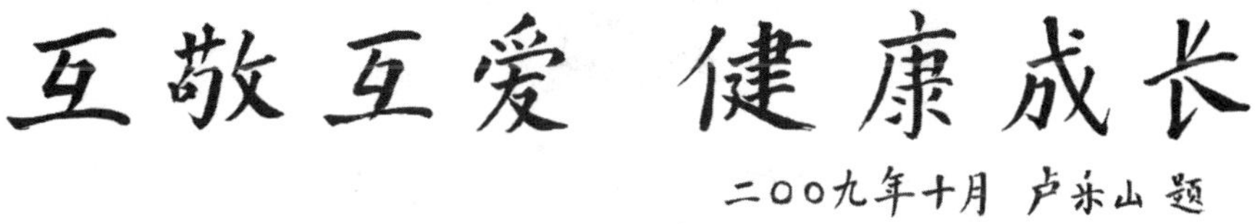

图 2-1　卢乐山先生为北京师范大学实验幼儿园题写的园训

“互敬互爱”有三方面含义。一是指平等和谐的师幼关系。师幼平等，相互尊重。教师尊重幼儿的独立人格，幼儿尊重教师的辛勤付出，师幼互相关心，互相爱护。二是指家园平等合作的伙伴关系。家园之间相互理解，相互信任，相互支持。三是指教师之间、幼儿之间、家长之间平等互助的共生关系。大家互相学习，互相帮助，和睦相处。

“健康成长”有两方面含义。一是指积极促进幼儿身心健康成长。二是指为了更好地促进幼儿健康成长，教师应在工作中不断学习、成长，将所学知识和技能应用于实践，形成师幼协同健康成长的局面。

园风

“团结”“奉献”“求实”“创新”这四个词作为园风，是富有百年积淀的北京师范大学实验幼儿园历代教职工坚守和传承的优良传统，是全体教职工共同秉持的信念，共同遵守和追求的行为准则。

“团结”是针对全园教职工的工作关系而言的，倡导团结一致、和谐共处，齐心协力提升幼儿园办园质量。

“奉献”是针对全园教职工的工作精神而言的，倡导爱岗敬业、乐于奉献，把幼儿园利益放在第一位。

“求实”是针对全园教职工的工作态度而言的，倡导实事求是、尊重规律，追求科学与真理。

“创新”是针对全园教职工的工作追求而言的，倡导敢于创新、追求卓越，为将北京师范大学实验幼儿园建设成为“国内领先，世界一流，有较大国际影响力的专业化学前教育机构”而共同奋斗。

标识

一、园徽

铎是一种体腔内有舌、可摇击发声的响器。舌分铜制与本制两种，木舌者即木铎。木铎，最初作为警世、布政、宣教的辅助工具，后被赋予象征意义。“天下之无道也久矣，天将以夫子为木铎。”（出自《论语·八佾》）孔子一直享有“至圣先师”的美誉，在当时被誉为“天纵之圣”“天之木铎”，从此“木铎”就成了教师的别名。北京师范大学实验幼儿园的园徽即根据木铎的形状而设计的，见图 2-2。

图 2-2　北京师范大学实验幼儿园园徽

（一）图案部分

图案部分的整体轮廓为抽象化的卡通“木铎”形象，既透出百年来作为北京师范大学实验幼儿园的厚重历史，又带有活泼可爱的特点与时代感，其造型在孩子无拘无束的遐想中被赋予丰富的形象。

1. 从色彩的角度看，标识采用蓝绿色为标准色，蓝色象征天空、大海，寓意博大、宽容；绿色寓意生命和希望，尤其突出的是由淡绿色一点点向浓绿渐变，进而与北京师范大学校徽的蓝色相融合，意指幼儿园的发展与北京师范大学息息相关、密不可分。

2. 从中国传统文化的角度看，标识融合了祥云和太极图的线条元素，静态与动感兼具。太极是中国传统文化的精髓，象征圆满和谐，精妙完美。同时，标识借用中国传统文化中“和”的思想寓意，表达了幼儿园致力于为幼儿的发展创造和谐的环境。

（二）文字部分

1.“BNU-K”是北京师范大学实验幼儿园英文（Beijing Normal University Kindergarten）的首字母，中间的横杠用小脚印代替，既代表幼儿园的发展足迹，又富有童趣。

2. 1915 年是北京师范大学实验幼儿园的建园时间。

3. 幼儿园全称——“北京师范大学实验幼儿园”是由启功先生亲笔题写的。

二、园花

北京师范大学实验幼儿园的园花为玉兰，各个分园都有种植，见图 2-3。每每玉兰花开，让人顿感园内春意盎然。因其花繁而大，形似莲花，花香远溢，沁人心脾，且花的位置较高，故常迎风摇曳，神采奕奕，展现出淡泊清雅的气质。

玉兰寓意报恩、高洁纯真的爱，和幼儿园教师面对孩子应有的职业操守天然契合。以玉兰为北京师范大学实验幼儿园的园花，勉励教师和孩子纯洁地爱，真挚地感恩。

图 2-3　北京师范大学实验幼儿园园花——玉兰

三、园歌

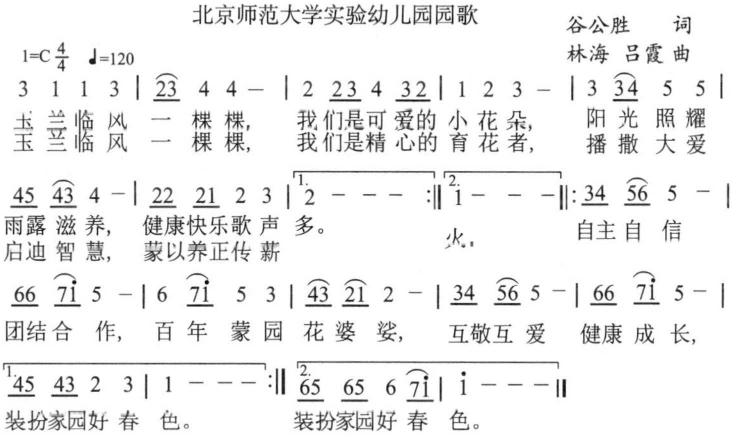

音频资源

北京师范大学实验幼儿园园歌

四、吉祥物

北京师范大学实验幼儿园的吉祥物，是百年园庆之际从幼儿、家长、教师参与设计的2200个吉祥物作品中，经过数轮投票选出的卡通形象，见图2-4。当时的总园长黄珊为其取名为“奇奇”，并增加“妙妙”的设计，奇奇、妙妙由此诞生。

按照设计者的设计思想，吉祥物的解读如下。奇奇、妙妙头上的“天线”，是他们通向未来世界的天线，可以接收太空的信号，所以奇奇、妙妙是通晓宇宙万物的神奇孩童。奇奇、妙妙额头上的“天眼”，有着单纯清澈又充满求知的眼神，是他们探索世界的窗户。奇奇脸庞上的两条细细的线，妙妙脸上两个粉色的圆点，加上微微上扬的嘴角，象征着他们在享受着幸福、快乐的童年时光，是一对天真、可爱、自信、乐观的卡通形象。

图2-4　北京师范大学实验幼儿园吉祥物

五、园庆日

根据资料《国立北平师范大学一览》中的记载，北京师范大学实验幼儿园的前身——北京女子师范学校附属蒙养园的建园日期为1915年4月16日，正处于草长莺飞、海棠盛开的春天，是一个生机勃勃、充满希望的日子。幼儿园定4月16日为园庆日，每年的这一天都是北京师范大学实验幼儿园全体教职工和小朋友共同的节日，各园在园庆日前后会组织丰富多彩的活动，一起来庆祝幼儿园的生日。

教师入职誓言

北京师范大学实验幼儿园教师入职誓言如下。

我是一名光荣的北京师范大学实验幼儿园教师。我因从事幼教事业而感到幸福。我手捧着孩子纯真的笑脸，肩负着家长殷切的期望，怀揣着幼儿教育的梦想，心中装着祖国的繁荣富强、世界和平文明的共同理想。

我要谨遵“学为人师，行为世范”的校训；遵循《新时代幼儿园教师职业行为十项准则》和教师职业道德规范，做到“爱国守法、爱岗敬业、关爱幼儿、潜心育人、为人师表、终身学习”，争做“四有”好老师；践行北京师范大学实验幼儿园“以儿童为本”的教育理念，尊重儿童，研究儿童，促进儿童主动发展。

路没有脚长，山没有人高！我要主动学习，不弃不馁；勇敢面对各种困难、失败和挑战；为了心中的教育理想不忘初心，砥砺前行！

第二篇

规章制度

第一章 党组织工作

第一节 党组织设置及工作制度

总支部委员会工作制度

幼儿园全面贯彻新时代党的组织路线和教育方针，坚持社会主义办学方向，落实立德树人根本任务，实行党组织领导的园长负责制。中共北京师范大学实验幼儿园总支部委员会(以下简称“党总支”)是北京师范大学党委领导下的基层党组织，是宣传党的主张、贯彻党的决定、领导基层治理、团结动员群众、推动改革发展的坚强战斗堡垒，是党的全部工作和战斗力的基础。为贯彻落实《中国共产党组织工作条例》《中国共产党支部工作条例(试行)》《关于建立中小学校党组织领导的校长负责制的意见(试行)》等党内法规及文件精神，特制定本制度。

一、组织设置

党总支一般设委员 5—7 人，最多不超过 9 人。党的总支部委员会由党员大会选举产生，一般每届任期 5 年。党总支对党员大会负责并报告工作。

北京师范大学党委根据工作需要，可以直接任命或调动党总支书记、副书记。根据工作需要，党员园长一般作为委员人选。每个党总支至少配备 1—2 名专职组织员，专心专责抓党建工作。

二、主要职责

1. 坚持和完善党组织工作制度，健全工作规则和决策机制，坚持党建工作与业务工作同谋划、同部署、同推进、同考核，督促推动幼儿园领导班子依法依章程及时全面落实党组织决策，坚持为党育人、为国育才，确保党的教育方针和党中央决策部署在幼儿园得到切实贯彻落实。

2. 坚持把政治标准和政治要求贯穿办学治校、教书育人全过程各方面，坚持社会主义办学方向，落实立德树人根本任务，团结带领全园教职工推动幼儿园改革发展，培养德智体美劳全面发展的社会主义建设者和接班人。

3. 讨论决定事关幼儿园改革发展稳定及教育教学、行政管理中的“三重一大”事项和幼儿园章程等基本管理制度，支持和保证园长依法依规行使职权。

4. 坚持党管干部原则，按照有关规定和干部管理权限，负责干部的教育、培训、选拔、考核和监督。讨论决定园所内部组织机构的设置及其负责人的人选。

5. 坚持党管人才原则，按照有关规定做好教师等人才的培养、招聘、使用、管理、服务和职称评审、奖惩等相关工作。

6. 领导本单位思想政治工作，加强师德师风和精神文明建设，落实意识形态工作责任制，推动形成良好园风、教风、学风。

7. 加强幼儿园各级党组织建设和党员队伍建设工作，严格执行“三会一课”等党的组织生活制度，发挥基层党组织战斗堡垒作用和党员先锋模范作用。做好发展党员和党员教育、管理、监督、服务工作。

8. 坚持全面从严治党，落实党风廉政建设主体责任，领导幼儿园党的纪律检查工作。不断完善组织纪律各项要求，深入开展纪律教育，加强对组织纪律执行情况的监督检查，严肃查处违反组织纪律的行为，提高纪律的权威性和约束力，做到有令必行、有禁必止，执纪必严、违纪必究。

9. 领导工会、共青团等群团组织和教职工大会（教职工代表大会），强化党建带团建，做好统一战线工作。

10. 讨论决定幼儿园其他重要事项。

总支部委员会议事制度

一、总则

1. 根据《中国共产党章程》《中国共产党普通高等学校基层组织工作条例》《关于加强和改进新形势下高校思想政治工作的意见》、北京师范大学《关于加强附属中小学校（幼儿园）党的建设和思想政治工作的实施意见》等文件精神，结合园所实际，制定本制度。

2. 幼儿园实行党组织领导的园长负责制，幼儿园党总支发挥领导作用，全面领导园所工作，履行把方向、管大局、作决策、抓班子、带队伍、保落实的领导职责。

3. 幼儿园实行集体领导和个人分工负责相结合的制度。建立健全党总支统一领导、党政分工合作、协调运行的工作机制。合理确定幼儿园领导班子成员分工，明确工作职责。凡属重大问题都要按照集体领导、民主集中、个别酝酿、会议决定的原则，由总支部委员会会议集体讨论作出决定，不得以传阅会签、碰头会或个别征求意见等形式代替集体决策，确保科学决策、民主决策、依法决策。

二、议事决策范围

幼儿园总支部委员会会议讨论决定幼儿园重大问题，包括重大决策、重要干部任免、重大项目安排、大额度资金使用等“三重一大”事项，以及园长办公会议提交幼儿园总支部委员会会议讨论决定的事项等。

1. 学习贯彻习近平新时代中国特色社会主义思想，深刻领会“两个确立”的决定性意义，增强“四个意识”，坚定“四个自信”，做到“两个维护”，贯彻党的基本理论、基本路线、基本方略，坚持为党育人、为国育才，贯彻落实新时代党的组织路线和党的教育方针、上级决策部署的重要措施。

2. 落实全面从严治党主体责任清单、年度任务安排和工作报告、上级党组织巡视督查反馈意见整改落实情况报告、民主生活会、组织生活会对照检查材料和整改落实情况、党内集中学习教育等方面重要事项。

3. 幼儿园章程的制定、修订，党组织重要规章制度的制定、修订，党组织重要文件的印发、修订、废止等。幼儿园基本管理制度制定的政治把关与审核。

4. 幼儿园党员大会(党员代表大会)工作报告及执行决议决定的重大举措，幼儿园党建工作规划和年度工作计划、总结，报上级党组织的重要请示、报告等。

5. 落实党管干部、党管人才原则，加强党组织班子、干部和人才队伍建设的重大事项，具体包括：

(1)党组织班子成员分工；

(2)干部队伍建设规划，干部教育、培训、选拔、管理、考核和监督，以及挂职援派工作中的重要事项；

(3)内设机构的设置及其负责人的任免；

(4)向上级党组织推荐优秀年轻干部；

(5)推选上级党的代表大会代表、人大代表、政协委员等人选；提名拟以幼儿园名义推荐的专业委员会等学术组织人选；

(6)人才队伍建设规划，加强人才政治引领、政治吸纳、政治把关的重要措施；

(7)人才引进、教师职称评审等人事工作重要事项；

(8)离退休干部教师工作有关事项；

(9)需要研究决定的其他事项。

6. 加强基层党组织建设，党员教育管理，发展党员，党组织工作经费预算和使用，党费收缴使用，党群工作机构设置与调整，党务人员配备，党内表彰奖励与处分，以及基层党组织设置、调整、撤销、换届等方面的重要事项。

7. 落实意识形态工作责任制，加强教职工思想政治工作，开展社会主义核心价值观教育，加强精神文明建设等方面的重要事项。

8. 加强对幼儿园工会、共青团等群团组织和教职工大会(教职工代表大会)的领导，强化党建带团建，做好统一战线、民族宗教工作的重要事项。

9. 幼儿园参与国家、市、区级重大活动，重要政治性任务等方面的重要事项。

10. 领导幼儿园党的纪律检查工作，落实党风廉政建设主体责任的重要事项。

11. 需要幼儿园总支部委员会会议讨论决定的其他事项。

三、会议议题的确定

1. 幼儿园总支部委员会会议议题由幼儿园党总支班子成员提出，经党务办公室统筹，报党总支书记确定。经由园长办公会议提议总支部委员会会议讨论决定的事项，应提前列入总支部委员会会议议题，如有特殊情况可视情况延期。临时动议的议题，原则上不列入会议议程，确需紧急上会研究的，经党总支书记同意后方可上会。

2. 会议议题实行一事一报制度。提出议题时，议题提出人应提交书面材料，内容包括需讨论决定的事项和情况说明。议题确定后，提交会议讨论的文件及有关材料，应由党务办公室提前送达与会人员，做好议事准备。

3. 幼儿园总支部委员会会议要坚持科学决策、民主决策、依法决策。对拟研究讨论的重要事项，会前应深入调查研究，充分听取各方面意见。对涉及干部工作的方案，在提交总支部委员会会议讨论前，应当在一定范围内进行充分酝酿。涉及教职工职称评聘、职级晋升、考核评价等事项，应征求其所在基层党组织的意见；对事关师幼员工切身利益的重要事项，应通过党支部、教职工代表大会或其他方式，广泛征求意见。对专业性、技术性较强的重要事项，应当经过专家评估及技术、政策、法律咨询。

四、议事决策原则和程序

1. 幼儿园总支部委员会会议一般应每两周召开一次（寒暑假除外），形成议事制度。如有特殊情况，可根据工作需要随时召开。会议由党总支书记召集并主持，党总支书记因故不能出席时，可以委托党总支班子其他成员召集并主持。

2. 幼儿园总支部委员会会议参加人员一般为总支部委员会班子成员，非中共党员的幼儿园行政班子其他成员可根据需要列席会议。党总支书记可指定相关人员列席会议。

3. 幼儿园总支部委员会会议应当有半数以上总支委员到会方可召开，讨论和决定干部任免等重大事项时必须有三分之二以上总支委员到会。党总支委员因故不能参加会议的，应当在会前向党总支书记请假。其对会议所列议题的具体意见和建议，可以用书面形式表达。

4. 幼儿园总支部委员会会议讨论实行一事一议制、主持人末位表态制原则。议事的基本程序是：一般由议题提出人就议题作汇报；列席会议的议题相关人员可做必要的解释说明；参加会议人员根据汇报说明，结合各自分工充分发表意见；在意见基本一致的基础上，可进行表决。

5. 幼儿园总支部委员会会议讨论决定重要事项时，应当根据不同事项采取口头、举手、无记名投票或者记名投票方式进行表决，赞成票超过应到会人员半数视为通过。未到会党组织班子成员的意见建议可以用书面形式表达。会议讨论或决定多个事项，应当逐项表决。决定多名干部任免时，应当逐人表决。

6. 幼儿园总支部委员会会议决议分为：批准或通过；原则批准或原则通过，按要求做相应修改后实施或发布；暂不形成决议，责成相关负责人或相关部门另行提出意见再行研究；不予批准或不予通过。

7. 幼儿园总支部委员会会议议事和决策实行民主集中制，在充分讨论的基础上，按照少数服从多数的原则形成决议或决定。如对重要问题发生较大意见分歧，一般应当暂缓作出决定，待进一步调研或论证后再重新提交会议讨论决定，必要时可请示北京师范大学党委。

8. 紧急情况下不能及时召开总支部委员会会议决策的，党总支书记可以临机处置，但事后应当及时向总支部委员会报告并按程序予以确认。

9. 党务办公室应当详细如实记录会议情况（包括会议议题、参会人员发言及意见、表决方式、表决结果等），在形成会议记录的同时，应形成会议纪要或会议决议，交党总支书记审阅签发，决议结果应向未到会的总支部委员会班子成员通报。

10. 幼儿园总支部委员会会议须建立决策回避制度。如涉及本人利益或亲属利害关系，或其他可能影响公正决策的情形，参与决策人员和列席人员应当回避。

11. 幼儿园总支部委员会会议作出的决议或决定，适合公开的应当依据有关规定及时公开。对需保密的会议内容和尚未正式公布的会议决定，参会人员应当遵守保密规定。

五、议定事项执行与监督

1. 幼儿园总支部委员会会议决定的事项，由党总支书记明确一名负责人牵头，党总支书记对组织实施工作负总责，总支部委员会委员应当根据个人分工和集体决定，勇于担当、敢于负责，切实履行职责；对不属于自己分管的工作，也应当从全局出发予以关心支持，积极提出意见和建议。

2. 党总支领导班子成员应当经常与园长、行政班子成员沟通情况、协调工作。幼儿园党总支书记要发扬民主，充分听取和尊重班子成员的意见。总支部委员会班子成员沟通机制落实情况，作为年终述职述廉、民主生活会、组织生活会开展批评与自我批评的重要内容。

3. 幼儿园总支部委员会会议的决定在执行过程中，相关班子成员、责任部门应及时报告决定事项的执行完成情况。遇到新情况新问题以致决定事项需要调整或者变更的，应按照程序提请召开总支部委员会会议研究决定。对违反民主集中制原则，拒不执行或者擅自改变总支部委员会作出的重大决定，或者违反议事规则，个人或者少数人决定重大问题的总支部委员会成员，依照《中国共产党纪律处分条例》《中国共产党问责条例》等规定处理。

4. 幼儿园总支部委员会要建立督查评估和反馈机制。党务办公室对会议决定的重要事项建立台账，明确责任单位、责任人和完成时限，负责全程督办。会议决定事项执行情况及时向幼儿园总支部委员会会议汇报，确保决策落实。

5. 幼儿园总支部委员会会议重要决策应及时向上级党组织报告，自觉接受上级党组织的领导和监督。

6. 幼儿园总支部委员会会议重要决定属于公开范围的，要按规定及时公开，自觉接受党员和教职工的监督。

党支部委员会工作制度

党支部委员会是党支部的领导核心，负责党支部的日常事务，组织党支部全体成员开展活动，是党支部建设的根本组织保证。党支部委员会自身建设的好坏，直接影响到党支部建设的进程。加强基层党组织建设，是贯彻党要管党、全面从严治党的必然要求。为深入贯彻落实新时代党的建设总要求和新时代党的组织路线，全面提升基层党建工作质量和引领事业发展的能力，根据《中国共产党支部工作条例（试行）》《中国共产党普通高等学校基层组织工作条例》等党内法规和文件精神，特制定本制度。

一、组织设置

党支部是党的基础组织，是党组织开展工作的基本单元。有正式党员 7 人以上的党支部，应当设立党支部委员会。党支部委员会由 3—5 人组成，一般不超过 7 人，由党支部党员大会选举产生。一般设有书记、组织委员、宣传委员、纪律检查委员，必要时可以设 1 名副书记。

二、基本任务

1. 宣传和贯彻落实党的理论和路线方针政策，宣传和执行上级组织及本党支部的决议。讨论决定或参与决定本单位的重要事项，围绕本单位改革发展稳定大局，围绕落实立德树人根本任务，充分发挥党员先锋模范作用，团结组织群众，努力完成本单位所担负的任务。

2. 结合党的方针政策和上级党组织规划及指导意见制订党支部年度工作计划，把党建工作同业务工作一体谋划、同步推进。

3. 做好思想政治工作和意识形态工作的具体落实。党支部要结合学科和专业特点，分析党建工作的动态，创新组织生活的形式与内容，开展思想政治工作，坚持理论联系实际，推动学以致用。

4. 确保每月召开一次党支部委员会，深入开展支部委员的政治学习，讨论、制定贯彻执行上级党组织的指示和决定的措施，由专人负责做好会议记录。

5. 做好党员教育、管理、监督和服务，突出政治教育，提高党员素质，坚定理想信念，增强党性，严格党的组织生活制度，开展批评和自我批评，维护和执行党的纪律，监督党员切实履行义务，保障党员的权利不受侵犯。加强和改进流动党员管理。关怀帮扶生活困难的党员。做好党费收缴、使用和管理工作，依规处置不合格党员。

6. 密切联系群众，向群众宣传党的政策，经常了解群众对党员、党的工作的批评和意见，了解群众诉求，维护群众的正当权利和利益，做好群众的思想政治工作，凝聚广大群众的智慧和力量。

7. 对要求入党的积极分子进行教育和培养，做好经常性的发展党员工作，把政治标准放在首位，严格程序、严肃纪律，发展政治品质纯洁的党员。发现、培养和推荐党员、群众中的优秀人才。

8. 监督党员干部和其他工作人员严格遵守国家法律法规，严格遵守本单位财政经济制度和人事制度，不得侵占集体和群众的利益。

9. 按规定向党员、群众通报党的工作情况，公开党内有关事务。

10. 广泛征求党员意见，及时进行年度工作总结。总结坚持一分为二的观点，既要肯定成绩，又要找出不足，做到意见讲够，差距找准；党支部委员会作总结后，要组织党员进行讨论，共同总结经验教训，明确今后努力的方向。

三、自身建设

1. 健全党支部委员会。按照《中国共产党章程》的规定定期举行选举大会，党支部委员会有缺额及时补选。

2. 加强政治业务学习。建立党支部委员会学习制度，每月至少一次集中学习，坚持学习政治理论，学习党的路线、方针、政策，加强自身修养，不断提高每个委员的理论文化水平和业务素质。

3. 搞好内部团结。委员之间经常交流、团结互助，提高党支部战斗力。

4. 党支部书记以身作则，起模范带头作用。

四、党支部委员会的构成及委员职责

(一)党支部书记职责

党支部书记在党支部委员会的集体领导下，按照党支部党员大会和党支部委员会的决议，负责主持和领导党支部的日常工作，严格落实“一岗双责”。具体职责如下。

1. 负责召集党支部委员会和党支部党员大会；结合本单位具体情况，认真贯彻执行党的路线方针政策和上级的决议、指示；研究安排党支部工作，将党支部工作中的重大问题及时提交党支部委员会和党支部党员大会讨论决定。

2. 了解掌握党员的思想、工作和学习情况，发现问题及时解决，做好经常性的思想政治工作。

3. 检查党支部的工作计划、决议的执行情况，按时向党支部委员会、党支部党员大会和上级党组织报告工作。

4. 经常同行政领导、工会和共青团等群团组织保持密切联系，交流情况，支持他们的工作，充分调动各方面的积极性和创造性，做好统战工作。

5. 抓好党支部委员的学习，按时召开党支部组织生活会，搞好党支部领导班子自身建设，充分发挥党支部委员会的集体领导作用。督促党支部其他成员履行职责、发挥作用。认真开展批评和自我批评，抓好党风廉政建设。

6. 关心教职工，协助行政部门解决教职工在工作、学习、生活上遇到的困难与问题；关心离退休人员。

党支部副书记协助党支部书记开展工作，书记不在时，由党支部副书记主持党支部日常工作。

(二)组织委员职责

组织委员在党支部委员会的集体领导下，负责党支部的组织工作，具体职责如下。

1. 全面掌握党支部的组织状况。党支部组织状况包括党小组的划分情况、各党小组负责人情况、党员数量及构成、联络员分工情况等。

2. 会同宣传委员提出组织生活的内容和要求，检查和督促本党支部及各党小组过好组织生活，做好组织生活记录。

3. 做好党支部委员会换届改选、补选党支部委员的准备工作。

4. 了解和掌握党员的思想状况，协助宣传委员、纪律检查委员对党员进行思想教育和纪律教育；收集和整理党员的模范事迹材料，向党支部委员会提出表扬和激励的建议。

5. 做好发展党员工作，了解入党积极分子情况，负责对入党积极分子进行培养、教育和考察，提出发展党员的意见，具体办理接收新党员手续；做好对预备党员的教育考察，具体办理预备党员转正手续；做好党员的管理工作，根据党支部实际情况、做好民主评议党员工作；认真搞好评选先进党支部和优秀党员活动，接转党员组织关系；收缴党费，定期向党员公布党费收缴情况；做好党员和党组织的统计工作。

（三）宣传委员职责

宣传委员在党支部委员会的集体领导下，负责党支部的宣传工作，主要职责如下。

1. 了解掌握党员和群众的思想情况，围绕不同时期党的工作重心和任务及上级党组织的指示，宣传党的理论、路线、方针、政策，组织党员学习党的基本理论、基本知识和时事政策，组织党课学习，做好思想政治工作。

2. 根据上级党组织的决定和党员的思想实际，提出宣传教育的意见，拟订学习计划，经党支部委员会集体讨论通过后，具体组织实施。

3. 围绕本单位的中心工作，配合上级党组织的工作重点，开展形式多样的宣传工作，活跃党员和群众的文化体育生活。

4. 经常了解党外教工的思想状况，组织党员做好群众性思想及舆论导向工作。

5. 充分利用网络和宣传栏等宣传工具，守好本单位的宣传阵地。

（四）纪律检查委员职责

纪律检查委员在党支部委员会和上级纪律检查委员会的双重领导下，分管党支部的纪律检查工作，主要职责如下。

1. 协同组织委员、宣传委员，对党员进行党性、党风、党纪教育。

2. 检查落实本单位对党的路线、方针、政策的贯彻执行情况；研究本单位党风方面存在的问题，向党支部委员会提出加强党风廉政建设的意见和措施。

3. 承办纪律检查相关工作，经常了解并向党支部委员会和上级纪委报告本单位党员执行纪律状况。

4. 管理群众对党员的检举、控告，保障党员的民主权利。受理党员和群众的申诉和举报，并及时向党支部委员会和上级党组织汇报。

5. 对党员违反党纪的问题进行调查，并提出处理意见。对受处分的党员进行考察教育。

党组织换届选举制度

按照《中国共产党章程》《中国共产党基层组织选举工作条例》等党内法规及文件

精神和上级党组织相关规定，一般党总支每届任期五年，党支部每届任期三年，任期届满，应及时进行换届选举。如需提前或延期换届，应报上级党委批准，提前或延期均不能超过一年。

一、换届选举前的准备工作

（一）研究换届选举相关事宜

在任期届满之前（一般提前 1—3 个月），召开党组织委员会会议研究召开党员大会进行换届选举的有关事宜，包括召开党员大会的时间、指导思想、主要议程、下届委员会组成原则、委员人数、选举差额比例等。起草本届党支部委员会工作报告，报告的内容应包括本届党支部委员会所做的工作，取得的成绩，存在的问题及对下届党支部委员会的建议。工作报告要充分征求党员意见，并经党组织委员会集体研究通过。

（二）向上级党组织提出换届选举的书面请示

与上级党组织沟通情况，拟定召开党员大会决议，提交上级党组织表决通过。任期届满前 1 个月，向上级党组织呈报关于召开党员大会进行换届选举的请示。请示主要内容包括：召开大会的时间、主要议程、指导思想、委员候选人条件和酝酿提名办法等，并报送本届委员会的工作报告，党费收缴、使用和管理情况报告，选举办法等文件。

（三）候选人预备人选的酝酿与审批

1. 上级党组织批准党支部关于换届选举的书面请示后，组织所辖党支部或党员按照不少于 20％的差额比例酝酿推荐候选人，党支部可通过集体酝酿或者投票方式产生候选人，推荐结果报上级党组织。

2. 召开党组织委员会会议，根据多数党支部或党员意见按照不少于 20％的差额比例提出委员候选人初步人选。上级党组织对候选人初步人选进行考察。

3. 将考察合格的初步人选名单下发各党支部征求党员意见。根据多数党员意见，召开党组织委员会会议确定候选人预备人选，提出书记、副书记候选人预备人选。

4. 讨论候选人预备人选时，必须有三分之二以上委员到会，在认真听取推荐、考察情况汇报和每位委员充分发表意见的基础上，按照少数服从多数的原则进行表决。

5. 向上级党委呈报关于新一届委员会候选人预备人选的请示（含书记、副书记候选人预备人选）和会议筹备情况报告。

（四）筹备党员大会

党支部委员会拟定选举办法（草案），准备候选人情况介绍材料，印制选票，准备票箱，布置会场等。

二、召开党员大会进行选举

党员大会由上届党支部委员会筹备和主持。

1. 清点到会人数。主持人向大会报告应到和实到会党员人数，参加选举的有选举权人数超过应到会人数的五分之四，方能进行选举。正式党员有表决权、选举权、被选举权，预备党员没有表决权、选举权和被选举权；受留党察看处分的党员在留党察看期间没有表决权、选举权和被选举权。

2. 奏唱国歌。

3. 报告本届委员会工作。

4. 报告本届委员会党费收缴、使用、管理情况。

5. 通过大会选举办法。选举办法一般应包括以下内容：制定选举办法的依据；选举的任务；提名确定候选人的办法；选举的方式(差额选举)、程序；选举的有效性和有效票的规定；确定当选人的原则，候选人、当选人名单排列顺序的规定；填写选票的注意事项；监票人、计票人的产生方法；选举的纪律等。

6. 通过总监票人、监票人，总计票人、计票人名单。党员大会的监票人从不是委员候选人的党员中推选，经党员大会表决通过，监票人负责对选举全过程进行监督。大会指定计票人若干名，计票人在监票人监督下计票。

7. 监票人当场检查票箱，计票人分发选票。大会主持人说明填写选票注意事项。选举采用无记名投票的方式，选票上的候选人名单以姓氏笔画为序排列。选举人不能填写选票的，可由本人委托非候选人按选举人的意志代写；因故未出席会议的党员不能委托他人代为投票。

8. 说明填写选票的注意事项。选举人对候选人可以投赞成票或不赞成票，也可以弃权；投不赞成票者可以另选他人；每张选票所选人数等于或少于规定应选人数的为有效票，多于规定应选人数的为无效票。

9. 通过委员候选人名单。

10. 进行选举。

11. 清点选票，确认选举是否有效。收回的选票等于或少于发出的选票数，选举有效；多于发出的选票数，选举无效，应重新选举。计票人在监票人监督下计票。

12. 总监票人向大会报告计票结果，会议主持人宣布委员当选名单。进行正式选举时，被选举人获得的赞成票超过实到会有选举权人数的一半，始得当选。取得当选资格的人多于应选名额时，以得票多的当选。如遇票数相等不能确定当选人时，应就票数相等的被选举人进行第二次投票，得票多的当选。如果当选人数未达到应选名额时，不足的名额可从未当选的被选举人中重新选举；如果接近应选名额，经半数以上选举人同意，也可不再选举。

13. 奏(唱)国际歌，大会闭幕。

14. 召开新一届委员会第一次全体委员会议，选举书记、副书记。召开新一届委员会第一次全体会议，采取等额选举的方式选举书记、副书记，并对委员进行分工。书记、副书记选举的监票人，从不是候选人的委员中推选，经全体委员表决通过。纪检委员人选，须征求上级纪委意见，具体流程如下。

(1)讨论并通过选举办法。

(2)酝酿讨论候选人预备人选名单，根据多数委员意见确定候选人名单。

(3)推选监票人，指定计票人。

(4)进行选举。

(5)监票人报告计票结果，主持人宣布当选人名单。

(6)新当选的书记讲话。

三、选举结果报上级党组织审批

换届选举大会和新一届党支部委员会第一次全体会议结束后，应及时将选举结果报上级党委审批，报告内容主要包括：换届选举大会召开时间、党员总数、应到会有选举权人数、实到会有选举权人数、有效票数、每个候选人获得的票数，委员会选举的结果。第一次全体委员会议召开时间、应到人数、实到人数、书记和副书记的选举结果、委员分工情况等。上级党组织批准后，应及时向全体党员公布。

党风廉政建设制度

党员干部廉洁从政是新时期全面从严治党、端正党的作风的重要前提，是贯彻落实党的路线、方针、政策的重要保证。

1. 党组织书记为党风廉政建设第一责任人，对本级党组织的党风廉政建设负总责，每年向上级党组织书面报告本级党组织党风廉政建设责任制的执行情况。

2. 坚持民主集中制原则。凡干部任免、项目安排、大额资金使用、评先树模、年度考核等重大决策，都要坚持集体研究。

3. 坚持领导班子民主生活会制度，结合党风廉政建设责任制和廉洁自律规定，进行对照检查，开展批评和自我批评，纠正存在的问题。

4. 党员必须发挥表率作用，自重，自省，自警，自勉，清正廉洁，艰苦奋斗，全心全意为人民服务。对本职工作和上级交办的事项，不拖拉，不推诿，不扯皮，认真负责，保质保量完成任务。

5. 涉及子女、亲友的违纪问题，主动回避，不说情，不开脱，不包庇。

6. 注重调查研究，坚持实事求是，自觉接受党内监督，群众监督，社会监督，不断改进工作作风。

7. 加强纪律性，发扬民主，讲团结、讲效率，严格保守党和国家机密。

8. 坚持党员在党纪面前人人平等的原则，凡是违反党纪的行为，以《中国共产党章程》及其他党内法规和国家法律法规为准绳，区别不同情况，予以处理。

第二节　思想政治工作和群众工作

思想政治工作制度

为贯彻落实党中央精神，在新形势下进一步做好思想政治工作，确保幼儿园各项工作的顺利进行，特制定本制度。

幼儿园党组织要加强教师思想政治工作，努力培养造就有理想信念、有道德情操、有扎实学识、有仁爱之心的“四有”好老师，引导广大教师做学生锤炼品格的引路人、学习知识的引路人、创新思维的引路人、奉献祖国的引路人。建立常态化的政治理论学习制度和教师思政素养及职业素养培训制度，每月至少组织一次教职工政治理论学习，提高政治理论学习质量。每年至少组织一次教师素养培训。充分利用现代信息技术手段创新工作方式，广泛开展优秀教师等评选展播活动，增强思想政治工作针对性和实效性。加强人文关怀和心理疏导，积极为教职工排忧解难。

1. 坚持以马列主义、毛泽东思想、邓小平理论、“三个代表”、科学发展观、习近平新时代中国特色社会主义思想为指导，坚决执行党的政治路线，严格遵守政治纪律和政治规矩，在政治立场、政治方向、政治原则、政治道路上同党中央保持高度一致。

2. 要尊崇《中国共产党章程》，严格执行新形势下党内政治生活若干准则，增强党内政治生活的政治性、时代性、原则性、战斗性，自觉抵制商品交换原则对党内生活的侵蚀，营造风清气正的良好政治生态。

3. 健全工会、共青团组织，深化中国特色社会主义和中国梦宣传教育，大力弘扬社会主义核心价值观和中华优秀传统文化，扎实开展群众性精神文明建设活动。

谈心谈话制度

谈心谈话，是党组织了解、帮助、教育和监督党员的重要手段，是党员之间交流思想、交换意见的有效形式。坚持谈心谈话制度，有助于在党组织与党员、上级与下级之间建立经常沟通联系的桥梁，为促进同志之间统一思想、加深了解、增进团结提供平台和保障。党组织领导班子成员之间、党组织委员之间、党组织委员和党员之间、党员和党员之间要开展经常性的谈心谈话活动。谈心谈话既要交流思想，沟通工作生活情况，又要相互听取意见、指出问题和不足，相互交换意见，深入细致地做好思想政治工作。党员领导干部、党支部书记要带头谈，也要接受党员、干部约谈。党支部和党员要广泛听取上级党组织、工作和服务对象、身边党员群众等的意见和建议。

党员联系群众制度

党支部按照上级党组织的要求和自身条件，组织党员在做好本职工作的基础上，选择适当的方式，做好联系和服务群众工作。

一、党员联系群众

1. 每名党员要做好本职工作，严格要求自己。在各项工作中，充分发挥先锋模范作用，影响带动教职工群众，带头完成各项任务。

2. 每名党员都应主动联系非党员群众，重点要与本岗位职责涉及相关人员交流、谈心，关心他们的思想、工作、学习、生活情况。

3. 党小组长、党支部指定的入党积极分子联系人要加强对入党积极分子的培养联系工作。要定期与培养对象谈话，掌握他们的思想、工作、学习情况，了解他们的不足，帮助他们尽快提高和进步，要向党支部报告培养考察情况并按要求登记。

4. 党支部委员会建立思想政治工作网络，实行思想政治工作责任制。支部委员都要建立工作联系点，建立思想政治工作责任区，负责教职工思想政治工作。及时宣传党的路线、方针、政策，提高群众的思想觉悟，保证党的方针政策和上级党委决议的贯彻落实。

5. 党支部委员除联系一般群众外，还要主动与非党员中层管理人员联系，重点了解他们在思想、工作等方面存在的问题和困难，并及时向党支部或相关行政领导反馈，以帮助党政领导班子有针对性地开展工作。

二、党员干部联系群众

1. 党员干部要发扬民主，坚持民主决策、民主管理、民主监督。凡涉及重大问题、重大项目、重大决策及与教职工切身利益相关的事项，要充分征求群众意见，真实体现群众意愿，严格履行民主程序，并按要求进行通报或公示。

2. 党员干部要坚持“相信群众，依靠群众，从群众中来，到群众中去”的工作方法，通过组织开展专题讨论、基层调研、合理化建议等活动，广泛收集群众的意见和建议，并要结合实际消化吸收，以促进各项工作有效开展。

3. 党员干部要带头密切联系群众，要通过基层走访、交心谈心活动，掌握群众的思想、工作、学习和生活情况，要有针对性地做好思想政治和宣传解释工作，并切实帮助群众解决实际问题和困难。对群众反映的问题，能够解决的要及时解决，受客观条件限制暂时不能解决的，要向群众做好解释工作，并协调有关部门创造条件逐步加以解决。

4. 党员干部要以服务群众、做好群众工作为主要任务。建立严密的基层党组织工作制度，推动服务群众、做群众工作的制度化、常态化、长效化，使领导方式和工作方式、活动方式更加符合群众的需求。

第三节　组织生活开展

“三会一课”制度

“三会一课”是党组织生活的基本形式，是加强党员日常教育管理的主要途径。“三会”，是定期召开党支部党员大会、党支部委员会、党小组会；“一课”，是按时上好党课。坚持“三会一课”制度，对于健全党组织生活，严格党员管理，加强党员教育，提高党员素质，增强党支部战斗力，具有重要作用。

1. 党支部党员大会是党支部的议事决策机构，由全体党员参加，每季度至少召开一次，根据实际工作需要可随时召开。

党支部党员大会的职权是：听取和审查党支部委员会的工作报告；按照规定开展党支部的选举工作，推荐出席上级党代表大会的代表候选人，选举出席上级党代表大会的代表；讨论和表决接收预备党员和预备党员的转正、延长预备期或取消预备党员资格；讨论决定对党员的表彰表扬、组织处置和纪律处分；决定其他重要事项。

2. 党支部委员会是党支部日常工作的领导机构，党支部委员会会议一般每月召开一次，根据工作需要也可随时召开。主要内容是讨论、制定贯彻执行上级党组织的指示和决定的措施，分析党员的思想状况和党员发挥先锋模范作用的情况，研究党员教育、管理、监督工作和对入党积极分子、发展对象的考察培养情况，对党支部的重要工作进行讨论、作出决定等。重要事项提交党员大会决定前，一般应当经党支部委员会会议讨论。

3. 党员人数较多或者党员工作地比较分散的党支部，按照便于组织开展活动的原则，应划分若干党小组，并设立党小组组长。党小组组长一般由党支部指定，也可以由所在党小组党员推荐产生。党小组会，一般每月至少召开一次，也可根据实际情况随时召开。主要内容是学习党的文件，传达上级党组织的指示精神，完成党支部安排的任务，了解党员思想情况和完成本职工作的情况，组织党员联系思想、工作和学习实际，开展批评与自我批评，酝酿讨论发展新党员。

4. 党课应当针对党员思想和工作实际，回应群众普遍关心的问题，注重身边人讲身边事，增强吸引力感染力。党课应有明确的主题，可以按照上级精神确定主题，可以结合形势任务要求确定主题，也可以结合基层需求确定主题，要避免党课形式化、娱乐化、庸俗化。参加党课人员为全体党员，也可以组织入党积极分子、共青团员、广大群众参与。除传统课堂式讲座以外，还可以通过网络途径多种媒介创新党课形式，提高党课覆盖面和实际效果。

5. 党支部书记每年至少为本党支部党员讲一次党课。党员也可以结合实际讲党课。党员每学期至少参加一次由上级党委、二级党校或党支部举办的党课学习。

民主生活会和组织生活会制度

民主生活会是党内政治生活的重要内容，是发扬党内民主、加强党内监督、依靠领导班子自身力量解决矛盾和问题的重要方式。党员领导干部民主生活会每年至少召开一次，一般安排在年末，遇到特殊情况可随时召开。高质量开好领导班子民主生活会，要做到深入查摆问题、深刻剖析思想根源、认真开展批评和自我批评。

组织生活会是党支部(党小组)以交流思想、总结经验教训、开展批评和自我批评为中心内容的组织活动制度。党支部(党小组)组织生活会每年召开一次，一般于年末进行，也可根据需要随时召开。

党员领导干部召开民主生活会时，党总支书记要代表班子说明在执行上级党组织决定，严格党的组织生活制度，加强党员教育管理，教育引领和联系服务群众，以及加强自身建设等方面征求意见和查摆问题的情况，集体研究提出整改措施，并带头开展批评和自我批评。班子成员要联系班子存在的问题查找个人在思想和工作方面的不足，进行党性分析，明确整改方向。

党支部召开组织生活会时，党支部书记要通报党支部班子查摆问题、开展批评和自我批评的情况，组织全体党员对党支部班子的工作、作风等进行评议。党支部书记要带头开展批评和自我批评，并组织引导党员进行批评和自我批评。会后，党支部和班子成员要分别列出整改清单、明确整改事项和具体措施，党员要作出整改承诺，整改内容和完成情况要在一定范围内公示，接受党员群众监督。

党员领导干部要严格执行双重组织生活制度，既要参加领导班子民主生活会，又要以党员身份参加所在党支部的组织生活会，与党员一起学习讨论，一起查摆解决问题，一起接受教育。

民主评议党员制度

民主评议党员制度是党支部的一项基本制度，党支部按照有关规定，定期组织党员开展民主评议。民主评议党员在党委领导下，以党支部为单位进行，每年进行一次。组织生活会和民主评议党员可一并进行。

1. 民主评议党员应按照“一会三评”的方式进行，即个人自评、党员互评和民主测评。个人自评，每名党员要以“四讲四有”为标尺，查找自身在政治合格、执行纪律合格、品德合格、发挥作用合格四个方面的差距和不足，进行自我批评，作出自我评价，班子成员要带头示范。党员互评要摆事实、讲表现，直截了当提具体意见，不带个人恩怨，不搞无原则纷争。民主测评采取发放测评表的方式，按照优秀、合格、基本合格、不合格四种等次，对党员进行投票测评。党员人数较多的党支部，个人自评和党员互评可分党小组进行，还要采取适当方式，听取群众的意见。

2. 会后，党支部结合评议情况，综合分析党员日常表现，给每名党员评定等次，评定结果报上级党委审议后向党员本人反馈。对评为优秀的党员要予以表扬；对评为合格的党员要肯定优点，提出希望和要求；对评为基本合格的党员要指出差距，帮助改进；对评为不合格的党员，要立足教育帮助，促进转化提高，按照《关于做好处置不合格党员工作的通知》规定的办法程序，作出相应组织处置。

3. 对年老体弱、行动不便的党员，可采取适当方式组织参加组织生活会和民主评议党员。外出流动党员根据实际情况，参加所在党支部或流入地党组织的组织生活会和民主评议党员。预备党员参加民主评议党员，但不评定等次。

第四节　党员发展、教育与管理

党员发展制度

发展党员工作是党的组织建设中一项经常性的工作，包括对申请入党积极分子的推选、培养、教育和考察，履行入党手续，对预备党员的教育、考察和转正工作。

一、发展党员工作的原则

发展党员工作要严格按照《中国共产党章程》和《中国共产党发展党员工作细则》的规定，按照控制总量、优化结构、提高质量、发挥作用的总要求，坚持《中国共产党章程》规定的党员标准，始终把政治标准放在首位；坚持慎重发展、均衡发展，有领导、有计划地进行。发展党员必须坚持入党自愿原则和个别吸收原则，成熟一个，发展一个。禁止突击发展，反对“关门主义”。

要加强对优秀青年教师、学科带头人的政治引领和政治吸纳，健全把骨干教师培养成党员、把党员教师培养成骨干的“双向培养”机制。强化对党员的日常管理和帮扶救助等工作，及时稳妥处置不合格党员。组织党员老教师、教学骨干与年轻教师结对子，引导党员在深化基础教育综合改革、落实立德树人根本任务中发挥先锋模范作用。

二、入党积极分子的培养、教育和考察

1. 入党积极分子，是指学习和工作表现较好，拥护党的路线方针政策，要求进步，积极靠近党组织，已经提出入党申请的非党员同志。

2. 入党申请人自愿向党支部递交入党申请书，一个月内应由党支部书记、组织委员、其他支委或党小组组长同其谈话，了解其入党动机和思想、学习、工作情况及经历、家庭情况，填写《递交入党申请一个月内谈话记录表》，谈话情况与入党申请书同存，所在党小组负责其日常考察。考察一段时间后，由本人自愿提交申请，党小组填写考察意见，同时征求全体党员（含预备党员）及群团组织意见后，召开支委会讨论研究，可以将其列为入党积极分子进行培养考察，并上报党委组织部备案。

3. 党支部应该指定两名正式党员作为入党积极分子的培养联系人。培养联系人的主要任务是：向入党积极分子介绍党的基本知识；了解入党积极分子的政治觉悟、道德品质、现实表现和家庭情况等，做好培养教育工作，引导积极分子端正入党动机；及时向党支部汇报入党积极分子情况；向党支部提出能否将入党积极分子列为发展对象的意见；每季度至少与入党积极分子联系一次。

4. 党支部要吸收入党积极分子听党课、参加党员发展会、党日活动、优秀党员事迹报告会等党内有关活动，分配给其一定的社会工作，确保每学期参加集体培训至少两次。

5. 入党积极分子应当定期向培养联系人口头汇报思想状况，每季度向党组织作书面思想汇报，包括对党的认识、个人学习收获和今后的打算。

6. 党支部应该经常对入党积极分子的表现情况进行考察，给予帮助和指导，鼓励先进，改进不足。考察的具体方面包括：政治立场、思想觉悟、工作表现、组织纪律观念、群众观念、本人的历史、家庭主要成员和联系密切的主要社会关系等。考察意见由两名培养联系人每季度填写一次并进行双签字。党支部每半年对入党积极分子进行一次考察，填写《入党积极分子考察表》。党支部每年对入党积极分

子队伍状况进行一次分析。

7. 入党积极分子的培养考察时间从支委会讨论确定其为入党积极分子之日起连续计算。

三、发展对象的确定和考察

1. 经过一年以上的培养、教育和考察，对于基本具备党员条件的入党积极分子，在听取党小组、培养联系人、党员和群众意见的基础上，党支部委员会讨论同意并报上级党委备案后，可列为发展对象。上级党委备案同意的时间即为确定发展对象的时间。

2. 发展对象应当有两名正式党员做入党介绍人，一般由培养联系人担任，也可由党组织指定。受留党察看处分、尚未恢复党员权利的党员，不能作为入党介绍人。

3. 入党介绍人的主要任务包括：向发展对象解释党的纲领、章程，说明入党条件与党员的义务和权利；认真了解发展对象的入党动机、政治觉悟、道德品质、工作经历、现实表现等情况，如实向党组织汇报；指导发展对象填写《中国共产党入党志愿书》，并认真填写自己的意见；向党支部大会负责地介绍发展对象的情况；将发展对象批准为预备党员后，继续对其进行教育帮助。

4. 对发展对象进行政治审查，主要内容包括：对党的理论和路线、方针、政策的态度；在政治历史和重大政治斗争中的表现；遵纪守法和遵守社会公德情况；直系亲属和与本人关系密切的主要社会关系的政治情况。审查情况应当形成结论性材料，材料中应包括家庭主要成员及主要社会关系(同入党志愿书)的政审情况。

5. 对发展对象进行短期集中培训，培训时间一般不少于三天(或不少于 24 学时)。培训时，发展对象主要学习《中国共产党章程》《关于新形势下党内政治生活的若干准则》等文件。中共中央组织部组织一局编著的《入党教材》可以作为学习辅导材料。

四、预备党员的接收

1. 党支部委员会应当对发展对象进行严格审查，经集体讨论认为合格并公示后，报上级党委预审。

2. 基层党委对发展对象的条件、培养教育情况等进行审查，根据需要听取执纪执法等相关部门的意见。审查结果以书面形式通知党支部，并向审查合格的发展对象发放《中国共产党入党志愿书》。

3. 对拟提交党支部大会讨论的预备党员发展对象进行公示。公示内容包括：公示对象的姓名、性别、年龄、民族、文化程度、思想政治表现、工作或学习情况，被确定为入党积极分子和列为发展对象的时间、政审及培训情况，培养考察情况，公示的起止日期，党总支负责接待反映公示对象问题的联系人、联系电话、电子邮箱等。

4.《中国共产党入党志愿书》(有时简称《志愿书》)是党组织接收和审批新党员的

主要依据，是重要的档案材料之一。党支部要向发展对象解释《志愿书》中的各项内容，《志愿书》由本人填写，入党介绍人作指导，填写要规范，字迹要清楚(用黑色钢笔或签字笔)，不允许涂改。党支部要对《志愿书》进行审阅。

5. 召开讨论接收预备党员的党支部大会，主要程序：①会议主持人报告出席会议的党员人数，提出开好会议的具体要求；②发展对象宣读《中国共产党入党志愿书》，汇报对党的认识，入党动机，本人履历，家庭和主要社会关系情况，以及需向党组织说明的问题；③入党介绍人介绍发展对象的主要情况，并对其能否入党表明意见；④党支部委员会向党支部大会报告对发展对象审查的情况；⑤与会党员充分发表意见，对发展对象能否入党进行讨论，并采取无记名投票方式进行表决；⑥发展对象对党支部大会讨论的情况表明自己的态度；⑦党支部大会表决并作出是否同意接收发展对象为预备党员的决议；⑧党支部负责人做总结。

6. 党支部大会通过后，要将决议填入《中国共产党入党志愿书》，党支部书记要签名盖章并写明通过之日的时间。决议的主要内容应包括：①发展对象主要表现，包括思想觉悟、政治品质、工作学习表现、入党动机及存在的缺点等，缺点要写明确，不能以希望代替缺点来写；②党支部大会讨论的日期和结论性意见；③党支部大会出席情况、表决的方式和结果。

7. 上级党组织在审批前，应当指派党委委员或组织委员同发展对象进行谈话。谈话的主要内容包括：发展对象对党的认识；入党动机是否端正；思想觉悟和政治上的成熟程度；政治品质和工作态度；对党的基本知识的理解和掌握情况；对自己的缺点和不足的认识及今后改进的打算。谈话人应当将谈话情况和自己对发展对象能否入党的意见，如实填写在《中国共产党入党志愿书》上，并向党委汇报。

8. 上级党组织审议、审批。党总支审议预备党员，必须集体讨论，主要审议以下内容：党员条件是否具备；材料是否齐全、规范；手续是否完备。上级党委审批格式为“经党委委员会讨论，批准×××同志为中共预备党员，预备期自××××年××月××日至××××年××月××日止”。党总支将审议意见填写在“总支部审查意见”一栏。党委将审批意见填写在“基层党委审批意见”一栏。

9. 基层党委审批预备党员后，要及时持《新发展党员登记表》到上级党委组织部加盖《中国共产党入党志愿书》上的授权章和组织部印章，要及时将《新发展党员登记表》交上级党委组织部备案，同时领取《预备党员考察表》。

10. 需要注意的是：上级党组织审批必须在党支部大会通过之后三个月内完成。如遇特殊情况可适当延长审批时间，但不得超过六个月。

五、预备党员的教育、考察和转正

1. 党组织及时将上级党委批准的预备党员编入党支部或党小组，通过党的组织生活和实际工作锻炼，对预备党员进行教育和考察。

2. 预备党员必须面向党旗进行入党宣誓。一般由党支部组织进行。

3. 预备党员在考察期间要按时向所在党小组提交思想汇报，并由党小组长于考察期满时上交党支部。预备党员考察期的思想汇报每季度至少一篇，一年考察期内上交思想汇报数量不少于四篇。

4. 预备党员在预备期内要积极与入党介绍人交流自己的思想和学习动态，积极联系群众，积极参与党组织和本单位的各项活动，在群众工作中起带头作用，自觉地用党员标准要求自己，克服入党时存在的不足，力争在思想、学习、工作等各方面有明显提高。

5. 党组织应当通过党的组织生活、听取本人汇报、个别谈心、集中培训、实践锻炼等方式，对预备党员进行教育和考察。两名培养联系人每季度填写一次考察意见并进行双签字。党支部每半年对预备党员进行一次考察，并填写《预备党员考察表》，填写要言之有物、具体客观。

6. 预备党员预备期满，党支部应当及时讨论其能否转为正式党员。认真履行党员义务、具备党员条件的，应当按期转为正式党员；需要继续考察和教育的，可以延长一次预备期，延长时间不能少于半年，最长不超过一年；不履行党员义务、不具备党员条件的，应当取消其预备党员资格。

7. 预备党员因违反规章制度受到纪律处分的；长期不发挥作用，在群众中造成不良影响的；入党后放松对自己的要求，工作、学习出现大幅度下降的，将视其情节轻重予以延长预备期或取消预备党员资格。

8. 预备党员转为正式党员、延长预备期或取消预备党员资格，应当经党支部大会讨论通过和上级党组织批准。

9. 预备党员转正手续：①本人提前一个月向党支部提出书面转正申请；②党小组提出意见；③党支部征求党员和群众的意见；④党支部委员会审查；⑤党支部大会讨论、表决通过；⑥报上级党委审批。

10. 预备党员转正会议的程序：①奏唱《国际歌》；②申请转正的预备党员向党支部大会提出转正申请；③支委会介绍申请人在预备期间的表现及教育、考察情况，提交党支部大会讨论；④与会党员讨论并发表意见；⑤正式党员进行表决，表决应采取无记名投票的方式进行；⑥支委会根据表决结果作出决议；⑦支委会将党支部大会决议填入《中国共产党入党志愿书》，党支部书记签名，并及时上报上级党组织审批。

党员学习培训制度

为切实加强党员的理论学习，全面提高党员政治理论素养和业务水平，规范党员学习程序，提升党员学习质量，特制定本学习制度。

一、参加人员

党支部全体党员、预备党员及入党积极分子(适时扩大到非党员干部、群众)。

二、学习内容

由党支部制订本单位的党员学习计划，学习、传达中央有关会议精神和重要文件，以及上级各项决策部署。党支部适时组织学习国际和国内重大时事政治，及时掌握党和国家的重大方针、政策，增强党员的政治敏锐性和工作创新意识。如遇急需传达的重要会议精神，可安排临时学习。

党支部要通过多种方式，确保党员每年集中学习培训不少于 32 学时、党总支委员和党支部书记不少于 56 学时。党员参加集中培训、完成规定学时情况纳入党员民主评议内容。党支部要充分运用“三会一课”等组织生活形式，对党员进行经常性的教育管理；鼓励支持党员通过党员示范岗、党员责任区、志愿服务等形式，在立德树人、教育教学、服务师幼中切实发挥先锋模范作用。

三、学习方法与时间

1. 集中学习与自学相结合。每月集中学习讨论一次，每次学习时间不少于 2 小时。每次学习参学率应在 80％以上。如遇急需传达的重要会议精神，可安排临时学习。党员每月自学时间不少于 2 小时。

2. 集中学习可结合党日活动、会议一并进行，灵活多样，注重实效。

3. 每年根据上级党组织的要求和本单位的重要任务、重点工作，由党支部邀请有关领导、专家进行专题讲座，或收看党建专题讲座录像。

四、考勤制度

党支部建立健全《学习考勤制度》，每次学习认真做好考勤，并定期予以通报。

五、学习要求

1. 全体党员要认真参加集中学习。党员因故不能参加时，必须事先请假，并在事后补课，全年请假不能超过 3 次。

对无正当理由，每学期累计 2 个月不参加党支部组织生活的党员，党支部书记要对其进行谈话提醒；每学年累计 4 个月不参加党支部组织生活的党员，由党支部按照有关规定，经综合研判认定其为不合格党员。

2. 党支部集中组织学习，应记录学习内容。党员学习做到“两个有”，即有专用笔记、有学习体会文章。

3. 党员还应充分利用“学习强国”、北京市党员学习教育相关平台、幼儿园应用软件（App）等学习平台开展自主学习。

党费收缴、使用及管理制度

交纳党费是党员对党组织应尽的义务。党费收缴是党支部的常规性工作，也是加强党员教育管理的一项重要活动。根据中共中央组织部印发的《关于中国共产党党费收缴、使用和管理的规定》、中共中央组织部办公厅印发的《关于进一步规范党费工作的通知》的有关规定，制定本制度。

一、党费交纳数额的计算

1. 按月领取工资的党员，每月以工资总额中相对固定的、经常性的工资收入（税后）为计算基数，按比例交纳党费。每月交纳党费基数在 3000 元以下（含 3000 元）者，月党费按计算基数的 0.5％交纳；3000 元至 5000 元（含 5000 元）者，按

1%交纳；5000 元至 10000 元(含 10000 元)者，按 1.5%交纳；10000 元以上者，按 2%交纳。

2. 党支部每年年初(三月以前)核定所辖党员本年度月交纳党费数额，年内一般不再变动。年内工资晋档、职务晋升、岗位变动、普调工资的，可以待下一年度重新核定。

二、党员交纳党费的基本要求

1. 每名党员应当主动按月足额交纳党费。一般情况下，党员必须亲自向其正式组织关系所在党组织交纳党费；持《中国共产党流动党员活动证》来幼儿园学习、工作的党员，可以持证向所在党支部交纳党费；预备党员从党支部大会通过其为预备党员之日起交纳党费。在特殊情况下，本人交纳党费确有困难的，经党支部批准，可以委托其他党员或亲属代为交纳。

2. 必须按期交纳党费。党员应按月向所在党支部交纳党费。如遇特殊情况，本人按月交纳党费确有困难的，经党支部批准可以回单位后补交，但补交党费的时间不超过六个月。

3. 确有困难的党员，经党支部研究，报上一级党委批准后，可以少交或免交党费。离退休干部、职工党员生活确有困难的，经党支部研究同意，可以少交或免交。

4. 必须按照规定标准交纳党费。党员不能少交党费，自愿多交党费不限，其中自愿一次性交纳 1000 元以上的党费，按照有关规定全部上缴中央。

三、党支部收缴党费的基本要求

1. 加强教育引导。党支部应向党员宣传交纳党费的重要性，教育党员增强组织观念和党性观念，引导党员自觉按时足额交纳党费。

2. 及时合规收缴党费。党支部指定专人负责，按月收缴党费，负责将所收党费交给上级党委党费收缴管理负责人，由该负责人如数及时交付北京师范大学财务处。党支部应当按照规定收缴党员党费，不得垫交或扣缴党员党费，不得要求党员交纳规定以外的各种名目的“特殊党费”。对不按照规定交纳党费的党员，其所在党组织应及时对其进行批评教育，限期改正。对无正当理由，连续六个月不交纳党费的党员，按自行脱党处理。

3. 按时报告收缴情况。党费收缴必须公开、透明，收缴党员个人党费必须认真登记，党支部每年年末或第二年年初向党支部大会和上级党组织报告一次党费收缴情况。

四、党费的使用及管理

(一)党费的使用范围

党费必须用于党的活动，主要作为党员教育经费的补充，使用党费应当坚持统筹安排、量入为出、收支平衡、略有结余的原则。使用范围具体包括如下内容。

1. 教育培训党员和入党积极分子、基层党务工作者所产生的住宿费、伙食费、饮用水费、交通费、师资费、场地费、资料费、门票费、讲解费等。

2. 订阅或购买用于开展党员教育的报刊、资料、音像制品和设备。

3. 开展"三会一课"、创先争优、党组织换届、党内集中学习教育所产生的会议费等。

4. 党内表彰所需的制作奖牌、证书、奖章、奖杯、奖品等费用和奖金。

5. 补助、慰问生活困难的党员所需的慰问品(鲜花、食品等)费用和慰问金等。

6. 修缮、新建基层党组织活动场所，为活动场所配置必要设施等所产生的相关费用。

7. 编印党员教育培训教材、党员档案等所产生的工本费，以及购买党徽、党旗等费用。

8. 党费财务管理中发生的购买支票、转账手续费等相关费用。

(二)党费的使用要求

1. 使用党费要严格履行审批手续，每一笔党费开支必须经过总支部委员会或党支部委员会集体讨论决定。

2. 党费使用项目的开支标准，要本着勤俭节约的原则，按照上级党组织有关规定执行。上级党组织下拨的党费，必须专款专用，不得挪作他用。

3. 上述党费使用范围之外的其他直接、合理的相关费用，由党支部根据实际情况集体研究决定，并报党委组织部同意后，才能从党费中列支。

第二章　行政管理

第一节　集团管理

集团管理制度

北京师范大学实验幼儿园积极响应《国务院关于当前发展学前教育的若干意见》中“鼓励社会力量以多种形式举办幼儿园”和《关于加大财政投入支持学前教育发展的通知》中“鼓励社会参与、多渠道多形式举办幼儿园”的精神，开设分园为社会服务，各分园体制多样，为实现各分园的统一管理，特成立北京师范大学实验幼儿园管理集团，对直属分园进行直接管理，并制定管理制度。

1. 幼儿园管理集团按照“集体领导、民主集中、个别酝酿、会议决定”的要求，集体讨论，经总支部委员会会议、园长办公会及教代会决策幼儿园重要事项，具体详见《总支部委员会议事制度)》《园长办公会议事规则》《“三重一大”事项决策制度》。

2. 幼儿园管理集团总负责人是总园长，其领导的集团总部对直属分园进行全面管理；执行园长是所在分园的直接负责人，负责所在分园的日常管理，应熟知相关政策法规，接受总部领导，按照相关管理部门要求，依法办园。

3. 幼儿园管理集团实施统一制度管理。直属分园统一执行《幼儿园管理手册》，各分园可根据实际情况制定补充细则，补充细则须经总支部委员会讨论、审核通过，在总部备案。

4. 人事管理。集团总部人事部门负责各园人事的统一招聘、调配及考核。干部的任命、调派经幼儿园总支部委员会讨论决定。

5. 财务管理。各园财务由总部统一管理，财务主任定期在园长办公会上公布各园财务收支及审计情况。

6. 质量监督。集团总部定期、不定期对各园工作进行全面检查督导。督导内容包括党团工作、安全工作、保教工作、队伍建设、后勤工作、家园合作等。

7. 印章/证书管理。印章/证书由总部统一管理(除昌平两所分园及珠海实幼外)，各园使用印章/证书须提交申请，具体见《印章/证书使用管理制度》。

教职工代表大会制度

为依法保障教职工参与幼儿园民主管理和监督，维护教职工合法权益，激发教职工参与民主管理的积极性，促进依法办园，依据教育部《学校教职工代表大会规定》和《北京师范大学教职工代表大会实施办法》，特制定本制度。

一、总则

1. 教职工代表大会制度(以下简称教代会)是教职工依法行使民主权利、参与幼儿园民主管理和监督的基本形式，是幼儿园管理体制的重要组成部分。

2. 教代会应当高举中国特色社会主义伟大旗帜，坚持以马克思列宁主义、毛泽东思想、邓小平理论、“三个代表”重要思想、科学发展观、习近平新时代中国特色社会主义思想为指导，全面贯彻执行党的基本路线和教育方针，参与幼儿园民主管理和监督。

3. 教代会和教代会代表应当遵守国家法律法规，遵守幼儿园规章制度，正确处理国家、幼儿园、集体和教职工的利益关系。

4. 教代会在中共北京师范大学实验幼儿园总支部委员会领导下开展工作。教代会的组织原则是民主集中制。

5. 教代会应认真贯彻北京师范大学教代会的决议，接受北京师范大学教代会和北京师范大学工会的指导和协调。

二、教代会职权

1. 听取幼儿园规章制度的制定和修订情况报告，提出修改意见和建议。

2. 听取幼儿园发展规划、教职工队伍建设、教育教学改革、校园建设及其他重大改革和重大问题解决方案的报告，提出意见和建议。

3. 听取幼儿园年度工作、财务工作、工会工作报告及其他专项工作报告，提出意见和建议。

4. 讨论通过幼儿园提出的与教职工利益直接相关的福利分配实施方案，以及教职工聘任、考核和奖惩办法。

5. 审议上一届(次)教代会提案的办理情况报告。

6. 按照上级和幼儿园民主评议工作的有关要求，评议幼儿园领导干部。

7. 通过多种方式对幼儿园工作提出意见和建议，监督幼儿园规章制度和决策的落实，提出整改意见和建议。幼儿园全面听取教代会和教代会代表提出的意见和建议，并合理吸收采纳；不能吸收采纳的，应当及时向教代会作出说明或与代表进行直接的交流与沟通。

8. 讨论法律法规规定的事项，以及幼儿园与工会商定的其他事项。

9. 教代会的意见和建议，以会议决议的方式作出。

三、教代会代表

1. 凡与幼儿园签订聘用合同、具有聘用关系，并且正式加入工会组织的教职工，均可当选为教代会代表。代表所占比例为符合上述条件教职工总数的20%。

2. 幼儿园总支部委员会根据各园教职工人数、各岗位比例确定代表的人数和比例。教代会代表以教师为主体，教师代表不低于代表总数的60%。

3. 各园通过直接选举产生教职工代表，并在各园公示。教代会代表接受各园教职工的监督。

4. 教代会代表实行任期制，任期五年，可以连选连任。选举、更换和撤换教代会代表，由工会负责组织实施。

5. 根据需要，教代会可以邀请有关人员作为特邀或列席代表参加会议。特邀代表、列席代表不具有选举权、被选举权和表决权。

6. 教代会代表享有的权利如下。

(1)在教代会上享有选举权、被选举权和表决权。

(2)在教代会上按程序发表意见和建议。

(3)提出提案并对提案办理情况进行询问和监督。

(4)向幼儿园领导反映教职工对本单位工作的意见和要求。

(5)因履行职责受到压制、阻挠和打击报复时，向工会提出申诉和控告。

7. 教代会代表应当履行的义务如下。

(1)努力学习并认真执行党的路线方针政策、国家的法律法规、党和国家关于教育改革发展的方针政策，不断提高思想政治素质和参与民主管理的能力。

(2)积极参加教代会的活动，认真宣传、贯彻教代会的决议，完成教代会交给的任务。

(3)办事公正，为人正派，密切联系教职工群众，如实反映群众的意见和要求。

(4)及时向本部门教职工通报参加教代会活动和履行职责的情况，接受评议监督。

(5)自觉遵守幼儿园的规章制度和职业道德规范，提高业务水平，做好本职工作。

四、教代会组织规则

1. 教代会设立执行委员会(简称执委会)。执委会成员必须是正式代表，人数一般应是代表人数的10%左右。设主任、副主任各一名，主任一般由具有良好职业道德、较强的参政议政能力和组织能力，并具有副高职称以上的代表担任，副主任一般由工会主席担任。执委会人选由工会按照民主程序提出建议候选人名单，报请幼儿园党总支批准，按照不少于5%的差额进行选举。

2. 教代会每学年召开一次。召开大会须有三分之二以上教职工代表出席。大会的选举和表决，须经代表总数半数以上的代表通过方为有效。如因特殊情况不能如期开会，应向代表说明原因。遇有重大事项，经幼儿园党总支、行政、工会或三分之一以上代表提议，可以临时召开教代会。

3. 教代会代表每五年为一届，期满换届选举。换届大会由从代表中推荐的大会主席团主持，主席团只承担会议期间的组织领导工作，不实行常任制。主席团成员包括部门党政和工会主要领导，其中不担任党政领导职务的教职工代表应占半数以上。大会主席团的主要职责如下。

(1)审议大会议题并提请大会通过。

(2)组织、主持会议。

(3)听取和反馈各代表团(组)对各项议题的审议意见，对议案进行修改。

(4)研究需要提交大会讨论、通过和决定的事项。

(5)起草大会决议。

(6)主持大会期间的选举、表决等事项。

(7)处理与大会有关的其他重要问题。

4. 教代会的选举和表决，须经教代会代表总数半数以上通过方为有效。

5. 教代会的议题，应当根据幼儿园的中心工作、教职工的普遍要求，由幼儿园工会提交党总支研究确定，并提请教代会表决通过。

6. 执委会在教代会闭会期间行使二级教代会职权，在遇有幼儿园须经过教代会讨论，又不便召开全体代表大会的情况下，可由执委会会议或由执委会联系教代会工作小组召开联席会议处理，其结果向下一次教代会报告。

7. 教代会的议题，应根据幼儿园的实际情况由幼儿园工会提出建议，经幼儿园党总支研究确定，报教代会通过。

8. 教代会工作情况应及时向教职工公布，接受教职工监督。提案处理等相关工作在下次代表大会上作出报告。

五、教代会的工作机构

1. 工会为教代会的日常工作机构，应在幼儿园党总支的领导下，做好二级教代会闭会期间有关工作。

(1)做好教代会的筹备工作和会务工作，组织选举教代会代表，征集和整理提案及提出会议议题、方案和主席团建议人选。

(2)教代会闭会期间组织、传达、贯彻教代会精神，督促检查教代会决议的落实，组织选举教代会代表，提出会议议题、方案和主席团建议人选。

(3)组织教代会代表的培训。

(4)接受和处理教代会代表的建议和申诉。

(5)就幼儿园民主管理工作向幼儿园党总支、行政汇报。

(6)整理教代会提案、决议、影像等相关资料并归档。

(7)完成教代会委托的其他任务。

2. 幼儿园应支持教代会工作，为工会承担教代会工作机构职责提供必要的人员和办公条件保障。教代会的工作经费列入幼儿园年度工作经费预算，由工会负责按照规定使用。

园长办公会议事规则

一、总则

1. 幼儿园实行党组织领导的园长负责制，幼儿园党组织发挥领导作用，全面领导幼儿园工作，履行把方向、管大局、作决策、抓班子、带队伍、保落实的领导职责。

2. 幼儿园党总支实行集体领导和个人分工负责相结合的制度。建立健全党总支统一领导，党政分工合作、协调运行的工作机制。合理确定幼儿园领导班子成员分工，明确工作职责。凡属重大问题都要按照集体领导、民主集中、个别酝酿、会议决定的原则，由幼儿园总支部委员会集体讨论作出决定，不得以传阅会签、碰头会或个别征求意见等形式代替集体决策，确保科学决策、民主决策、依法决策。

3. 园长办公会议是幼儿园行政议事决策机构，全面贯彻党的教育方针，坚持社会主义办学方向，落实立德树人根本任务。园长办公会议应充分发扬民主，广泛听取意见，提高决策的科学性、民主性、有效性。

二、议事决策范围

1. 拟出幼儿园总支部委员会讨论决定的重大决策、重大项目安排和大额资金使用方案，贯彻落实幼儿园总支部委员会决议的有关措施。

2. 幼儿园内部教育教学管理机构设置方案、重要规章制度的制定、修订。

3. 教师队伍建设、课程建设、校园文化建设等幼儿园内涵发展的重要工作规划，重要规章制度等。

4. 深化教育教学改革、加强教育教学管理、开展教育教学研究及成果转化等相关工作。

5. 加强幼儿德育、智育、体育、美育、劳动教育和心理健康教育，秉持“以儿童为本”教育理念，以游戏为基本活动，开展课程园本化实践研究，防止幼儿园课程小学化。

6. 教师等各类人员日常教育管理服务工作，教师和其他工作人员聘用合同的订立、解除或终止。

7. 落实幼儿园重大建设项目、重要资产处置、重要办学资源配置方案，管理和保护幼儿园资产。

8. 幼儿园年度预算、大额度支出，加强财务管理和审计监督等事项。

9. 幼儿园一定额度范围内资金使用问题。

10. 幼儿园日常行政事务、后勤日常运行保障、幼儿园安全稳定和突发事件处理、信息化日常工作和维护、社会服务等行政管理工作。

11. 需由园长办公会议讨论决定的其他事项。

三、会议议题的确定

1. 园长办公会议的议题由幼儿园领导班子成员提出，由园长确定。临时动议的议题，原则上不列入会议议程，确需紧急上会研究的，经会议主持人同意后方可上会。

2. 会议议题实行一事一报制度。提出议题时，议题提出人应提交书面材料，内容包括需讨论决定的事项和情况说明。议题确定后，提交会议讨论的文件及有关材料，应由园务办公室(简称园办)提前送达与会人员，做好议事准备。

3. 园长办公会议讨论决定的重大事项，应当在调查研究基础上提出建议方案，经幼儿园领导班子成员充分沟通且无重大分歧后列入会议议题，提交会议讨论决定。对涉及师幼员工切身利益的重要事项，应通过教职工大会(教职工代表大会)或其他方式，广泛听取意见建议。对专业性、技术性较强的重要事项，应当经过专家评估及技术、政策、法律咨询。

4. 同一议题涉及两名以上幼儿园领导班子成员分工负责的，应提前在相关领导之间沟通酝酿，一般形成一致意见后提出。上会研究的议题，如相关幼儿园领导班子成员因故缺席，应提前听取意见，并由会议主持人向与会人员通报情况。

四、会议组织和议事决策程序

1. 园长办公会议一般应每两周召开一次(寒暑假除外)，形成会议制度。如有特殊情况，可根据工作需要随时召开。

2. 园长办公会议参加人员一般为副园长(执行园长)和纪检委员，其他人员是否列席会议由总园长根据会议议题需要确定。

3. 园长办公会议应当有半数以上班子成员到会方能召开。班子成员因故不能参加会议的，应在会前向主持人请假，其对会议所列议题的具体意见建议，可以用书面形式表达。

4. 园长办公会议讨论研究事项，与会人员应当明确表达意见，会议主持人应在广泛听取参会人员意见的基础上，对讨论研究的事项末位表态、作出决定。凡涉及“三重一大”事项时，相关行政班子成员应根据园长办公会议讨论形成的意见修改完善后，按程序报请幼儿园总支部委员会讨论决定。

5. 园办应当详细如实记录会议情况，在形成会议记录的同时，应形成会议纪要或会议决议，交会议主持人签发。讨论结果应向未到会的行政班子成员通报。

6. 园长办公会议实行决策回避制度。如涉及本人利益或亲属利害关系，或其他可能影响公正决策的情形，参与决策人员和列席人员应当回避。

7. 对需要保密的会议内容和尚未正式公布的会议决定，与会人员应当遵守保密规定。

五、决定落实和监督

1. 园长办公会议决定的事项分别由幼儿园领导班子成员按分工和职责组织实施，并负责督办。如分工和职责有交叉，由总园长明确一名班子成员牵头负责，园办负责协调幼儿园内设机构推进落实。总园长对组织实施工作负总责，相关班子成员负领导责任，内设机构负责人负直接责任。

2. 在园长办公会议决定执行过程中，园长要及时掌握情况，加强沟通协调，就遇到的困难和问题进行交流，积极研究解决。

3. 幼儿园领导班子成员应当经常沟通情况、协调工作。幼儿园党总支书记、园长要发扬民主，充分听取和尊重班子成员的意见，支持他们工作。幼儿园领导班子成员要相互理解、互相支持，对职责分工交叉的工作，注意协调配合，努力营造团结共事的和谐氛围。

4. 幼儿园党总支书记和园长、班子成员沟通机制落实情况，作为年终述职述廉、民主生活会、组织生活会开展批评与自我批评的重要内容。

5. 幼儿园领导班子成员应切实履行职责，带头执行会议形成的决定，相互配合，相互支持，相互监督，形成合力。对园长办公会议决定有不同意见的，可以向幼儿园党总支提出，但在决定改变之前必须执行。

6. 园长办公会议的决定在执行过程中，相关班子成员、责任部门应及时报告决定事项的执行完成情况。遇到新情况、新问题以致决定事项需要调整或者变更的，应及时由相关班子成员提出工作建议，并按照程序提请召开总支部委员会会议、园长办公会议研究决定。

7. 园长办公会议应自觉接受上级部门和幼儿园党总支的领导和监督。

8. 园长办公会议重要决定属于公开范围的，要按规定及时公开，自觉接受党员和教职工的监督。

9. 建立园长办公会议决策失误责任追究制度，对于因违反决策程序造成重大失误的、决策执行不力造成严重后果的、个人或少数人擅自决定本应由园长办公会议研究决定事项的，按有关规定严肃追究相应责任人的责任。

"三重一大"事项决策制度

为了贯彻落实全面从严治党要求，进一步完善落实民主集中制的决策机制，坚持和完善党组织领导下的校长负责制，规范和监督幼儿园领导班子的决策行为，提高科学、民主、依法决策水平，推动幼儿园各项事业高质量发展，特制定本制度。

一、"三重一大"事项的主要范围

1. 重大决策事项：

(1)贯彻落实习近平新时代中国特色社会主义思想，落实党的路线方针政策和上级重要决定的重大措施；

(2)幼儿园章程的制定、修订，办学指导思想、办学定位、发展战略、办学格局等重大事项；

(3)党的建设、全面从严治党、意识形态、思想政治、师德师风等方面的重要事项；

(4)幼儿园发展规划、年度工作计划；

(5)重要规章制度的制定、修订、废止、清理；

(6)幼儿园教学、科研、行政管理、条件保障等方面的重大改革方案；

(7)幼儿培养方案、招生工作；

(8)内部组织机构的设置与调整，各类议事协调机构(各类委员会和领导小组)的设置与调整；

(9)人才人事工作规划、人才人事队伍建设重大改革方案；

(10)教职工收入分配及福利待遇，重要奖励、惩处，重大表彰和其他事关员工切身利益的重要事项；

(11)年度财务的预算方案、决算情况的审定，预算执行、预算重大调整；审计工作的重要事项；

(12)重要资产处置、重要办学资源配置、重要无形资产授权使用方案、重要成果转化；

(13)幼儿园基本建设规划，校园修缮计划；

(14)合作办学重要事项；

(15)幼儿园群团组织、教职工代表大会、统一战线、离退休等方面的重要事项；

(16)校园安全稳定和重大突发事件的处理；

(17)其他重大决策事项。

2. 重要人事任免事项：

(1)干部队伍建设规划和干部教育、管理、监督的重要事项；

(2)中层及以上干部的任免、问责和惩处；

(3)推荐优秀年轻干部，党代会代表、人大代表等人选推荐；

(4)下属民办机构董事(理事)、监事及负责人人选的确定，干部的兼职与取酬；

(5)在编人员的引进。

3. 重大项目安排：

(1)国内国外交流与合作重要项目；

(2)重大基建项目、重要修缮项目；

(3)重要不动产购置、重要设备采购、大宗物资采购或购买服务等方面的项目；

(4)其他重大项目安排事项。

4. 大额度资金使用：

预算外的单项支出在30万元以上的资金款项的支出。

二、“三重一大”事项决策的基本程序

1.“三重一大”事项应以会议形式由领导班子集体研究决策。纪检委员应列席相关决策会议。具体程序参照《总支部委员会议事制度》和《园长办公会议事规则》执行。

基于我园“一体两翼”办学实际，除涉密事项和有特别规定的事项外，“三重一大”事项表决可以采用线上方式进行，线上表决与现场表决具有同等效力。

2.“三重一大”事项提交集体决策前，应进行深入细致的研究论证，广泛听取并充分吸收各方面的意见。

(1)与师幼员工利益密切相关的事项，要通过教职工代表大会或其他形式听取员工及家长意见和建议。

(2)对专业性、技术性强的重要事项，应事先进行专家评估论证，技术、政策法规咨询，提交论证报告或立项报告。

3.“三重一大”事项决策除情况紧急外，不得临时动议；紧急情况下由个人或少数人临时决定的，决定人应对决策负责，事后应及时报告并按程序予以追认。

4.“三重一大”事项一经决策会议研究决定，必须坚决执行。参与“三重一大”事项决策的个人如对集体决策有不同意见，可以保留或向上级反映，但不得擅自改变或拒绝执行。在执行过程中发现确有不妥之处或出现新的情况，应及时提出复议，确需对决策内容作出重大调整的，应当重新按规定履行决策程序。

三、“三重一大”事项决策保障机制

1. 坚持“三重一大”事项决策回避制度，按照相应配套细则执行。

2. 坚持“三重一大”事项决策公开制度，除涉密事项外，在一定范围内予以公开。

3. 坚持“三重一大”事项决策的督查和报告制度按照相应配套细则执行。

4. 坚持“三重一大”事项决策责任追究制度，按照相应配套细则执行。领导班子成员违反规定，有以下情况之一的，将依纪依法追究当事人责任：

(1)不履行或不正确履行“三重一大”事项决策制度；

(2)不执行或擅自改变集体决定的；

(3)未提供全面真实情况而直接造成决策失误的；

(4)执行决策后发现可能造成失误或损失而不及时报告并采取措施纠正，造成重大损失或恶劣影响的；

(5)在参与决策过程中不担当、不作为、长期不发表个人意见，造成决策失误或恶劣影响的；

(6)其他违反“三重一大”事项决策制度造成恶劣影响的。

会议制度

为规范会议召开程序和要求，落实总支部委员会会议、园长办公会和教职工代表大会的决议，促进沟通，统一思想，提高会议质量，特制定本制度。

一、会议准备

1. 会议主持者一般提前发送会议通知给参会人员，通知包括会议议题、时间、地点及需要提前准备的文件等。参会人员需要在会议上讨论的议题应提前报告主持人，主持人同意议题过会后，做好发言准备。

2. 幼儿园各种会议的频次、主持人、参会人和内容见常规会议一览表(表 2-1)。行政会、班务会属于每周固定日召开的例行会议，时间参考每周日程安排表。

表 2-1　常规会议一览表

名称	频次	主持人	参会人	内容
行政会	每周 1 次	执行园长	主任、主管、教研员	1. 传达、贯彻执行党政联席会和教职工代表大会决议 2. 工作计划、部署、交流和总结 3. 商讨园内重大事项

续表

名称	频次	主持人	参会人	内容
园务会	每学期1次	执行园长	党支部副书记、主任、主管、财务人员、教师代表、家长代表	1. 全园工作计划、总结 2. 规章制度建立、修订 3. 其他重要问题
全园会	每月1次	执行园长	全体教职工（教学班、门卫室、保健室各留1名值班人员）	1. 贯彻落实幼儿园各项政策和制度 2. 总结上月工作，安排当月工作
班务会	每周1次	班长	班级成员	1. 周工作计划、总结 2. 研究班级存在的问题 3. 业务学习
恳谈会	每学年1次	执行园长或主任	全体教职工	广泛听取各岗教职工对幼儿园管理、发展建设方面的意见和建议
家长委员会	每学期2—3次	执行园长	各教学班家长代表、主任及主管。	1. 汇报幼儿园工作 2. 征求意见，讨论重要决策
伙委会	每月1次	总务主任	执行园长、厨房主管、保健人员、教学班教师代表、部分家长代表	反馈伙食情况，商讨改善幼儿伙食质量的具体措施

二、会议纪律

1. 与会人员须准时参加，不得缺席，因故不能参加的要提前向上级领导请假。

2. 会议期间，将手机置于关闭或振动状态，不玩手机或上网，如必须接听电话，到会议室外接听。

3. 不宜公开的有关内容、决定及其形成的过程，必须严格保密，与会人员不得以任何形式对外泄露。

三、议事规则

1. 会前做好充分准备。

2. 会议力求精干、高效，工作部署应明确、具体、量化。

3. 参会人员对会议议题要充分讨论，积极发言，党政负责人充分听取意见后，最后发言，集体决策，对议而不决的事项提出解决的原则与方法，定出下次讨论时间。

4. 会议议定的事项、布置的工作任务及提出的办法与措施，与会人员要按照职责分工传达、贯彻、落实。

四、会议记录

1. 会议主持者安排专人做好会议记录，内容包括时间、地点、参会人员、议题和会议决议等。

2. 会议记录按规定分类存档，专人管理。

对外宣传管理制度

为了规范幼儿园的对外宣传工作，确保对外宣传能够客观及时、准确严谨，以维护幼儿园良好的形象和口碑，使宣传工作更好地为幼儿园发展服务，特制定本办法。

一、对外宣传的内容

涉及园所管理、教育教学、队伍建设、家园共育、对外交流、组织文化、成果展示、重大事件等所有与幼儿园相关的事件。

二、对外宣传的形式

1. 实物：海报、画册、杂志、报纸、户外宣传栏等。

2. 网络：幼儿园网站、微信订阅号(公众号)、视频号等。

三、对外宣传的工作原则

政治性、专业性、及时性、导向性、严谨性。

四、对外宣传的工作纪律

1. 未经总园长批准，任何个人不得擅自接受涉及北京师范大学实验幼儿园名称的社会媒体采访。

2. 未经总园长批准，任何个人不得将幼儿园的有关资料(包括内部图文、专业资料、重要信息和数据等)提供给社会媒体或个人，用以营利或其他目的。

五、对外宣传稿件的具体要求

1. 幼儿园鼓励各园所、各部门根据工作实际和宣传需要，积极撰写对外宣传稿件。

2. 稿件涉及的图文应能体现出幼儿园倡导的教育理念和价值取向，展现出教职工的良好形象和积极向上的园所文化。

3. 稿件中有涉及幼儿正面肖像的照片、视频时，必须征得幼儿家长同意后方可使用。

4. 建立健全渠道畅通、反应灵敏的宣传稿件制作程序，包括编写、审核、修订、批准、发布，做到环节清晰、责任到人，确保稿件质量。

5. 稿件涉及的图片、视频应加上“北京师范大学实验幼儿园”字样水印。

六、对外宣传稿件的审批流程

1. 总部：撰写人→部门负责人→总园长。

2. 各园：撰写人→部门主任→执行园长。

七、对外宣传稿件的归档

1. 总部和各园应指定具体人员对宣传稿件进行管理，保证原始素材完整。

2. 稿件的管理应按时间、类别进行有序归档。

园名和视觉形象识别系统使用制度

为了维护北京师范大学实验幼儿园园所声誉及无形资产合法权益，使北京师范大学实验幼儿园园名和视觉形象识别系统的使用和管理规范化、制度化，更好地树立和维护幼儿园形象，根据《中华人民共和国商标法》《高等学校知识产权保护管理规定》《北京师范大学校名校徽管理办法(试行)》及有关法律、法规，结合幼儿园实际，制定本办法。

1.“北京师范大学实验幼儿园(园名)”“北京师范大学实验幼儿园＋Beijing Normal University Kindergarten ＋ 图形 ＋ BNU-K ＋ 1915（园徽）”“https：//child. bnu. edu. cn/”，以及其他足以使人误认为与北京师范大学实验幼儿园有密切联系的中文、英文、拼音、图形和组合等(以上统称“园名园徽”)，已向中华人民共和国国家工商行政管理总局商标局(现为中华人民共和国知识产权局商标局)申请注册登记，依法受到保护。北京师范大学实验幼儿园视觉形象识别系统是由代表幼儿园视觉形象的规范标识及其组合变化构成的系统。

2. 北京师范大学实验幼儿园视觉识别形象系统分为基础系统和应用系统两大体系。基础系统包括园所标识、标准色、标准字体及组合方式；应用系统是基础系统在办公用品、事务用品、公文、公务用品、公关礼品、环境布置等方面衍生使用内容的总和。

3. 视觉形象识别应用系统根据实际需要分为以下八类。

(1)办公用品类：名片、信纸、便笺、文具、信封、文件袋、档案袋、档案盒等。

(2)事务用品类：荣誉证书、聘书、捐赠证书、录取通知书、毕业证书、园旗、挂旗、桌旗等。

(3)公文系统类：党支部文件、行政文件、函件、简报等。

(4)会务系统类：会议主席台背景板、请柬、会议证件、会议桌签、会议议程、展览会主背景板、展览会楣板等。

(5)公关用品和礼品类：包装纸、包装盒、海报、手提袋、普通礼品、高档礼品等。

(6)环境系统类：园门指示牌、路口指示牌、楼层分布牌、楼前指示牌、环境指示牌、楼层门牌、班级门牌等。

(7)车辆外观系统类：园所班车外观等。

(8)其他类：其他需要使用北京师范大学实验幼儿园视觉形象识别系统的情况。

4. 园务办公室代表全园对园名和视觉形象识别系统履行使用管理职能。

5. 园务办公室作为形象设计与塑造的办事机构，行使以下职权。

(1)组织设计并不断完善《北京师范大学实验幼儿园视觉形象识别系统管理手册》(以下简称《手册》)，宣传推广并监督落实视觉形象识别系统的使用。

(2)制作和管理视觉形象识别系统物品，管理和监督全园各单位使用园所视觉形象识别系统的行为，维护视觉形象识别系统的统一性，维护园所对外形象。

(3)纪念品、礼品、宣传品等物品的设计制作、友好赠送等，代表幼儿园统一对外授权。

(4)负责视觉形象识别系统的保护和维护，监督并纠正园内外非法使用视觉形象识别系统的行为。

(5)协调幼儿园网站形象建设、园所景观设计工作。

6. 全园各部门及个人在使用北京师范大学实验幼儿园园名和视觉形象识别系统时应严格遵守本办法。在对外从事教学、科研、合作办学、文化体育交流等活动中，需要使用园名和视觉形象识别系统，应按隶属关系由主管部门向园务办公室提出使用申请，经审核并报总园长批准后方可使用。

7. 各园执行园长为本园贯彻落实视觉形象识别系统的负责人，具体负责视觉形象识别系统在分园的实施与推广，促进视觉形象识别系统的贯彻落实。

8. 经幼儿园授权许可使用园名和视觉形象识别系统的单位或个人，不得转授权其他单位或个人使用。

9. 经幼儿园批准使用园名和视觉形象识别系统的部门或个人，有权进行批准使用的活动，但要严格遵守国家有关法律法规，并自觉执行幼儿园的相关规定。各分园、各部门不得以出让园名和视觉形象识别系统权益的方式设立公司或变相作价入股，获得经济收益。

10. 经幼儿园批准使用园名和视觉形象识别系统的任何部门和个人，违反本办法规定的，幼儿园有权终止其使用权。造成恶劣影响或给幼儿园带来重大损失的，幼儿园将通过法律程序追究其法律责任。

11. 幼儿园各部门及全体师幼员工应自觉维护园所权益，防止幼儿园的合法权益受到损害。对于故意损害园名和视觉形象识别系统的行为，幼儿园将严肃查处，并依法追究法律责任。

12. 北京师范大学实验幼儿园视觉形象识别系统的使用应严格按照《手册》的要求进行，任何分园和个人不得擅自修改、变动、增减幼儿园标识、标准色、标准字体及组合方式。

13. 以经营为目的，使用北京师范大学实验幼儿园名称或标识，应向园务办公室申请北京师范大学实验幼儿园视觉形象识别系统的使用许可。未获使用许可之前，任何部门和个人均无权生产、制作和销售载有北京师范大学实验幼儿园园名或标识的商品。各部门均无权向其他单位和个人进行授权。

14. 幼儿园将采取相关措施对任何单位和个人未经授权非法使用北京师范大学实验幼儿园园名和视觉形象识别系统的行为进行追究。

15. 全园各部门有违反本办法规定的，视情节严重程度，按规定给予责任人及单位相应的处分，并责令其限期改正。

公文处理制度

为推进幼儿园公文处理工作科学化、制度化、规范化，提高公文质量和办文效率，根据《党政机关公文处理工作条例》、教育部关于印发《教育部公文处理规定》的通知、《北京师范大学公文处理规定》文件精神，结合北京师范大学实验幼儿园实际情况，特制定本规定。

1. 幼儿园公文是幼儿园党总支和行政实施领导、履行职能、处理公务的具有特定效力和规范体式的文书；是传达贯彻上级精神和幼儿园政策，公布规章制度，指导和布置工作，请示和答复问题等的重要工具；是依法治园和进行公务活动的重要工具。

2. 公文处理工作是指公文的拟制、办理、管理等一系列相互关联、衔接有序的工作。

3. 公文处理应当坚持实事求是、准确规范、精简高效、安全保密的原则。

4. 幼儿园公文主要有决议、决定、公示、通知、通报、报告、请示、意见、函、纪要等。

5. 涉及幼儿园重大事项、决定时，经党、政领导签发，可以党政联名行文。行文应当贯彻党、政分开的原则。凡属党务方面的工作，由党总支发文，若涉及行政有关部门，可抄送。凡属政务方面的工作，由行政发文，若涉及党总支有关部门，可抄送。

6. 幼儿园党总支、行政部门可以向上级单位或者无隶属关系的单位行文。经幼儿园党总支书记、总园长批准，方能以中共北京师范大学实验幼儿园总支部委员会、北京师范大学实验幼儿园名义对上、对外行文，未经批准不得以中共北京师范大学实验幼儿园总支部委员会、北京师范大学实验幼儿园名义对上、对外行文。

7. 公文的起草应当做到如下几点。

(1)符合国家的法律、法规及其他相关规定，完整准确体现发文意图，并同现行有关公文衔接。

(2)分析问题要实事求是，所提出的政策措施和办法要切实可行。

(3)内容简洁，主题突出，观点鲜明，结构严谨，表述准确，文字精练，格式规范。

(4)公文应由掌握政策、熟悉业务、了解全局的人员负责起草。重要政策性公文应由部门负责人主持、指导起草工作。

(5)公文的文种应当根据行文目的、发文部门的职权和与主送部门的行文关系确定。公文涉及其他部门职权范围事项的，必须征求相关部门意见。

(6)向上请示问题和报告工作要分开，不得将“请示”“报告”混用。“请示”应当一文一事；“报告”不得夹带请示事项。不得在报告等非请示性公文中夹带请示事项，如“关于(某内容)的请示报告”“关于申请(或请求)(某内容)的报告”。

(7)严格控制公文篇幅，公文正文一般控制在3000字以内，报送上级单位的请示和报告，正文一般不超过 1500 字。

8. 公文的撤销和废止，由幼儿园总支部委员会会议和园长办公会根据职权范围和有关法律法规决定。公文被撤销的，视为自始无效；公文被废止的，视为自废止之日起失效。

9. 公文的印发传达范围应当按照党总支书记、总园长的要求执行。

10. 涉及外事方面的公文，按照外事工作规定办理。涉密公文，按照保密工作有关规定办理。

招生工作制度

根据市区教委、北京师范大学有关文件精神及北京师范大学实验幼儿园管理集团实际情况，为规范管理集团下属各园招生工作，确保招生工作有序顺利进行，特制定本制度。

一、集团招生工作领导小组

组长：总园长。

组员：执行园长。

招生工作领导小组职责：

1. 贯彻落实教育部、市区教委、北京师范大学等上级部门相关文件精神。

2. 领导统筹招生工作。

3. 审议各园招生工作方案。

4. 明确招生范围。

5. 对政策保障入学政策进行研究，为政策保障入学工作重大事项提供决策支持。

6. 审议政策保障入学名单。

7. 监管各园招生工作。

8. 总园长为招生工作主要责任人，负责领导统筹幼儿园管理集团招生工作。

二、各园招生工作小组

组长：各园执行园长。

组员：各园行政班子成员(业务园长、保教主任、总务主任、教研员)。

工作小组职责：

1. 执行幼儿园管理集团招生政策。

2. 制定招生工作方案。

3. 负责具体招生工作。包括对外宣传、发布招生信息、解答家长咨询、审核资格条件、妥善处理投诉与建议、完成网上招生流程等，各项工作确保认真、严谨、细致，沟通渠道畅通。

4. 指定专人负责招生咨询工作，为家长做好政策宣传及问题解答，及时化解矛盾。

执行园长为各园招生工作第一责任人，要组织并研究制定本学年招生工作方案及应急预案。做好招生工作部署，明确工作职责与任务，责任到人，落实到位，及时向总园长汇报招生进度与情况，确保招生工作顺利进行。

三、招生范围及顺位

按照北京师范大学及上级教育主管部门规定顺位招生。

四、招生工作程序

1. 集团招生工作领导小组启动部署招生工作，宣读招生工作制度，重申招生工作纪律和廉洁要求。

2. 各园招生工作小组制定提交当年招生工作方案(包括学位数及招生摸底情况)。

3. 集团招生工作领导小组审核各园招生工作方案。

4. 各园上报各区教委招生工作方案，并发布招生信息。

5. 各园招生工作小组采集报名信息，审核资格条件。

6. 各园招生工作小组向集团招生工作领导小组汇报招生报名情况，集团招生工作领导小组审议政策保障入学名单。

7. 各园招生工作小组负责录取工作。

五、招生工作要求

1. 做到“四个要”：热线要有人接听、政策要有人培训、答复口径要统一、遇到问题要注意化解。

2. 不做过度宣传，不做虚假宣传，接诉即办。

3. 遇重要及突发情况应及时向总园长汇报。

4. 保管好招生工作档案资料，至少保存三年。

5. 严格按规收费，做好收费公示。

6. 依规进行信息公开公示。

六、纪律要求

1. 不得以任何名义或理由，向幼儿家长收取与招生录取挂钩费用。

2. 招生工作相关信息严格保密。

3. 不得有徇私舞弊、弄虚作假行为。

4. 不得有说情、打招呼、利益交换、行贿受贿等违反廉洁纪律、工作纪律的行为。

七、责任追究

在招生工作中发生下列行为的，按照有关规定追究责任：

1. 以任何名义或理由，向幼儿家长收取与招生录取挂钩费用。

2. 不执行上级教育主管部门、北京师范大学及幼儿园有关规定，擅自扩大招生范围。

3. 以任何方式影响、干扰招生工作正常秩序的。

4. 有徇私舞弊、弄虚作假行为的。

5. 有违反廉洁纪律、工作纪律行为的。

质量评估制度

为加强北京师范大学实验幼儿园对直属分园的监督监管，提升办园水平和保教质量，保障幼儿身心健康、快乐成长，根据国家和北京市有关学前教育发展和幼儿园管理等相关文件精神，结合本园实际，制定本制度。

一、总体要求

（一）指导思想

以习近平新时代中国特色社会主义思想为指导，全面贯彻党的教育方针，落实立德树人根本任务，遵循幼儿发展规律和教育规律，以促进幼儿身心健康发展为导向，加强监督监管，强化评估结果运用，树立科学保育教育理念，全面提高幼儿园保育与教育水平，为培养德智体美劳全面发展的社会主义建设者和接班人奠定坚实基础。

（二）基本原则

1. 坚持正确方向

坚持社会主义办园方向，践行为党育人、为国育才使命，树立科学评价导向，推动构建科学保育教育体系，提升幼儿园办园水平和保育教育质量。

2. 坚持儿童为本

尊重幼儿年龄特点和成长规律，注重幼儿发展的整体性和连续性，坚持保教结合，以游戏为基本活动，有效促进幼儿身心健康发展。

3. 坚持科学评估

评估内容与评估方式科学，突出评估重点，促进园所关注幼儿一日生活，关注师幼互动，强化安全管理、师德师风建设、家园共育等管理责任，为集团决策、监督管理、实施改进措施及科学奖惩等提供科学依据。

4. 坚持以评促建

充分发挥评估的引导、诊断、改进和激励功能，注重过程性、发展性评估，加强指导监督监管，引导办好每所幼儿园，促进幼儿园安全优质发展。

二、评估内容

督导评估以教育部印发的《幼儿园保育教育质量评估指南》为基本依据。

三、评估周期

每学年为一个督导评估周期。督导评估采取综合督导评估与专职督查人员日常督查、督导相结合的方式进行。每学年至少对各分园进行一次综合督导评估。

四、评估方式

通过现场观察、查阅文档、问卷调查等方式，进行综合督导评估。

五、督导评估结果应用

管理集团将督导评估结果作为对分园进行日常管理、监督监管和完善制度的重要依据，作为开展绩效管理、表彰奖励、干部考核等的重要依据，作为对幼儿园实施动态监管的重要依据。

园务委员会制度

根据《幼儿园工作规程》，为了建立和健全幼儿园管理机制，提高幼儿园的现代化管理水平，结合幼儿园管理和保教工作实际，特制定本制度。

一、园务委员会的性质和职能

幼儿园设立由执行园长主持和领导下的园务委员会。园务委员会是各直属园的审议机构，主要是在执行园长主持下对园所相关的重大决策进行审议，并制定实施方案，供执行园长在决策时参考，并对执行园长的日常工作提供有力支持。

二、园务委员会的宗旨

提高幼儿园领导机构的科学决策能力，发扬民主和集体智慧，建立科学决策的保证机制和民主监督机制。

三、园务委员会的主要职责

1. 审议幼儿园的发展规划、年度工作计划和总结、人员奖惩等。

2. 审议幼儿园财务预算和决算方案。

3. 审议规章制度的建立、修改、废除，以及其他涉及全园工作的重要问题。

4. 审议幼儿园的其他重大事项。

四、园务委员会的组成

1. 园务委员会由执行园长、业务园长或保教主任、总务主任、党组织负责人，保教、卫生保健、财会等方面工作人员代表及家长代表组成。

2. 执行园长任园务委员会主任。

五、园务委员会工作要求

1. 园务委员会根据议题内容，由执行园长主持。对拟审议的事项，有关部门必须做好准备，审议结果要记录在案，执行情况应通报各委员。

2. 园务委员会审议提出的意见需经园长批准方能生效；执行园长应认真听取并充分尊重园务委员会的意见，重视与自己观点不同的意见，以确保决策的科学性、严密性；当多数委员与执行园长意见不一致时，其方案暂缓执行，以待复议。

3. 园务委员会一般每学期召开 1—2 次，遇重大问题也可临时召开，遇特殊情况，可以线上方式进行。

4. 园务委员会应由三分之二的委员参加方能召开，否则不能立会。

5. 园务委员会各成员应积极落实园务会决议，推动幼儿园工作顺利进行。

行政值班制度

为了维护幼儿园正常教学秩序及各项工作正常开展，消除安全隐患，预防安全事故发生，确保园所安全，结合幼儿园实际制定本制度。

一、节假日值班要求

1. 各园安排专人值班，行政人员按上级教育主管部门要求同时值班或带班。

2. 值班人员要准时到岗接班，按时巡视，坚守岗位，不得擅离职守，做好记录。

3. 未经领导批准不得让陌生人入园、留宿。

4. 做好安全防卫工作，注意防火、防盗，发现隐患及时排除，有异常情况及时向执行园长报告。

二、入园与接园值班要求

1. 凡正常开园期间，执行园长必须安排行政和保健人员每天在门口接待幼儿入园、晨检和离园。

2. 值班人员应遵守值班时间，及时解答家长问题。

三、延时服务值班要求

1. 工作日延时服务执行园长需安排行政人员值班。

2. 值班内容包括：进班巡视，门口站岗，协助管理幼儿离园。

3. 值班时间由各园根据实际情况确定。

4. 做好值班记录，有重要情况及时上报执行园长。

校园安全管理制度

为全面加强幼儿园平安校园建设，构建幼儿园安全风险防控体系，促进幼儿园安全规范化管理，保障幼儿园一园多址，统一管理办园模式下的园所安全，维护幼儿园正常教育教学秩序，根据《中小学幼儿园安全管理办法》《北京市中小学校幼儿园安全管理规定(试行)》等法律法规和政策规章，特制定本制度。

1. 幼儿园安全管理工作。

(1)构建安全工作保障体系，全面落实安全工作责任制和事故责任追究制，保障幼儿园安全工作规范、有序进行。

(2)健全幼儿园安全预警机制，制定突发事件应急预案，完善事故预防措施，及时排除安全隐患，不断提高幼儿园安全工作管理水平。

(3)建立幼儿园周边整治协调工作机制，维护幼儿园及周边环境安全。

(4)加强安全教育、培训与演练，提高师幼员工安全意识和防护能力。

(5)事故发生后启动应急预案、对受伤人员实施救治和责任追究等。

2. 幼儿园安全工作领导小组的组成和主要责任。

组长：执行园长。

副组长：业务园长、保教主任、总务主任(专职安全管理人员)。

小组成员：各岗位负责人。

主要责任：安全工作实行执行园长负责制，全面落实安全管理主体责任；业务园长、保教主任、总务主任协助执行园长负责幼儿园安全工作；将安全工作纳入幼儿园总体规划和首要任务；明确其他干部、部门负责人及全园教育教学、行政后勤岗位人员的安全管理职责；统筹负责幼儿园日常安全管理工作，督促落实各岗位安全管理职责。

3. 幼儿园安全工作实行统一领导、分工负责、齐抓共管、群防群治的校园安全管理工作机制。

4. 建立覆盖全体教职工的安全管理责任体系，层层签订安全责任书，以使幼儿园内部的各个岗位都有明确的安全责任要求。建立责任追究制，对违反规章制度，未履行安全职责而导致产生安全隐患或发生安全事故的部门和责任人，必须追究责任，视情节轻重作出相应处罚，触犯法律的移送司法机关处理。

5. 幼儿园聘任属地派出所民警作为法治副园长，协助幼儿园加强安全工作，开展法治安全、防治校园暴力等宣传教育培训及演练，协助解决幼儿园及周边涉园安全问题。

6. 建立健全各项安全管理制度，加强对教职工和幼儿的安全教育，制定各类应急预案，定期组织安全培训与安全演练，牢固树立"安全第一，安全无小事"的观念，进行经常性的安全隐患排查和处置。

7. 建立多元化的事故风险分担机制，完善幼儿园园方责任保险及附加无过失责任保险制度，规范保险范围、投保理赔程序和理赔标准，严禁以幼儿园名义指定幼儿家长购买保险产品。

8. 完善校园伤害矛盾纠纷调处机制，建立幼儿园法律顾问制度，积极利用行政调解、仲裁、人民调解、保险理赔、法律援助等方式，依法处理校园伤害事件。

9. 总园长每学年检查一次各园安全工作，遇特殊时期随时抽查。安全检查包括：日常安全管理、校舍设施管理、消防管理、监控管理、宿舍管理等，不断提高幼儿园人防、物防、技防水平。

安全事故报告制度

一、安全事故报告范围

幼儿园应当及时向上级教育主管部门和有关部门报告的安全事故包括：在园幼儿侵害事故、师幼员工非正常死亡事故、重大治安案件和刑事案件、火灾事故、交通事故、自然灾害事故、食物中毒、传染病疫情和其他影响园所和社会稳定的重大事故等。

二、安全事故报告原则

发生安全事故后，幼儿园应当在第一时间向上级教育主管部门报告，并根据事故类别向卫生、公安等部门报告，报告要符合及时、客观、真实三个原则，不得缓报、瞒报、谎报、漏报，以利于相关部门掌握事故情况及指导事故处置工作和尽早参与事故的防范与处理，争取师幼员工及时得到最大限度的救援。

三、安全事故报告时限

园内突发危险事件，最先发现事件的教职工应以最快方式报告园领导，在园领导立即启动执行各类应急管理预案，采取积极有效的措施，防止事故损失扩大。在园领导第一时间上报总园长、上级教育主管部门和相关部门。根据相关文件，第一时间范围最迟不得超过事发后的半小时。情况紧急的可先进行口头报告，事后及时补交正式书面报告。当电话和书面报送渠道因灾害受到破坏时，应采取其他安全稳定的通信方式，尽快准确完整地报送。

四、安全事故报告内容

根据事故处理阶段不同，一般可分为初次报告、过程报告和结案报告。

1. 初次报告包括以下内容：单位概况；事故发生的时间、地点及事故现场情况；事故简要经过；已经造成或者可能造成的伤亡人数及初步估计直接经济损失；已经采取的措施；其他应报告情况。

2. 过程报告包括以下内容：事故发展状况；控制情况；伤情变化；事故原因分析；已经采取和将要采取的措施等。

3. 结案报告包括以下内容：事故的详细原因和经过；事故处理结果；责任追究及整改情况等。

从发生到结案时间较短及影响较轻的安全事故，以上三个阶段的报告可以合并进行，但报告内容应该完整。

五、安全事故后续处理

1. 安全事故一旦发生，应保护好现场，因抢救伤员、防止事故扩大、疏通交通等原因需要移动现场物件时，必须做出标志、拍照、详细记录和绘制事故现场图，并妥善保存现场重要痕迹、物证等，有意破坏现场的应承担相应责任。

2. 建立事故档案，调查分析，做好调查记录，查清原因，分析责任，提出整改措施，加强防范。

3. 主动关心事故中受到伤害的人员，根据有关政策规定，做好善后工作，化解各种矛盾。

印章/证书使用管理制度

为规范幼儿园印章/证书管理，确保幼儿园印章/证书使用的严肃性、合法性和安全性，维护印章/证书的法律性和权威性，特制定本制度。

1. 印章、园所证书由总部统一保管。

2. 印章/证书使用审批程序：

(1)申请人原则上应提前两个工作日在幼儿园运营管理系统的【盖章/证书管理】

模块填写【用印/证书使用申请】，明确项目名称、用途、材料份数、章/证书种类等信息，并上传盖章材料扫描件。印章/证书使用用途包括但不限于文件、往来信函、个人证明材料开具、办理公事或私事等。

（2）执行园长审核用印/证书使用申请，在确定信息填写完整，依据充分有效后审批。

（3）总园长审核用印/证书使用申请，主要关注用途是否明确、理由是否充分。

（4）园办主任依据幼儿园运营管理系统的【用印/证书使用申请】审批记录，在确定已按规定履行审批程序后用印或提供证书。

3. 印章/证书外借使用审批程序：

（1）申请单位申请人在系统提出印章/证书外借申请，明确申请事项、申请原因、借出时间、借出人、归还时间等信息，印章/证书外借及外借期间必须有两人同时保管、使用。

（2）执行园长审核印章/证书外借申请，主要关注外借原因是否充分必要，借出方式是否符合幼儿园规定，外借申请信息是否完整规范等。

（3）总园长审核印章/证书外借申请，主要关注外借理由是否充分，程序是否规范，是否符合幼儿园规定等。

（4）园办主任根据相关规定，确认印章/证书外借申请经过恰当审批，在《印章/证书外借登记簿》登记并借出印章/证书。

（5）印章/证书外借申请人须当天归还园务办公室，进行登记并销账。

档案管理制度

幼儿园档案是指在幼儿园全部工作活动中形成的，具有保存价值的各种文字、图片、音像和实物等不同载体的历史记录，是进行工作交流、探索幼教规律的可靠依据，是幼儿园教职工辛勤劳动和智慧的结晶。为有效保护和利用档案，根据《中华人民共和国档案法》《中华人民共和国档案法实施条例》的精神，特制定本制度。

一、总则

1. 档案工作是幼儿园重要的基础性工作，各园及各部门要增强档案保管意识，及时将各类档案整理、归档，做好保管、保密工作。各园、各部门负责人是档案管理第一责任人，具体保管人是直接责任人。

2. 文件材料的归档范围包括：党群类、行政类、教学类、教科研类、教务类、卫生保健类、基建类、设备类、人事类、财会类、外事类、出版物类和其他类。

二、档案借阅制度

1. 本单位人员借阅档案，要经主管领导批准后方可借阅，做好借阅登记，外借档案借出时间一般不超过 3 个工作日。

2. 借阅者要按期归还外借档案，在外借期间，借阅者要妥善保管档案，不得将档案擅自转借或带到公共场所，以保证外借档案的安全。

3. 借阅档案者未经许可，不得随意抄录、复印和拍照原文，不得自行公布档案内容。

4. 借阅人员必须爱护档案、资料，保持档案的清洁与完整，不得对档案进行勾画、涂改、污损、抽页，注意保密，不得转借和遗失。

5. 档案保管人员对归还档案要进行认真细致的检查，核对无误后方可办理借阅注销手续。发现损毁、丢失档案及其他造成档案损失的行为，要及时向有关领导报告处理。

6. 外单位人员查阅单位档案，必须持本人有效证件，经总园长批准后，方可查阅，但一律不外借。

三、档案保密制度

1. 严格按照国家有关法律、法规的规定，开展档案密级的划分、变更与解密工作。

2. 借阅密级档案须经总园长批准，未经批准，不得擅自阅读、摘抄、复印密级档案。

3. 不得携带密级档案及其复制件外出。不得在互联网上传送保密或不宜公开的档案。

四、档案鉴定销毁制度

1. 档案的鉴定工作，应按照国家档案局的规定，以单位各类档案保管期限表为标准进行。

2. 经过鉴定仍有保存价值的档案，要延长保管期限。对确认无保存价值的档案应编制销毁清册，经主管领导批准，予以销毁。

3. 档案销毁时要按其档案的密级执行保密制度，与销毁清册登记内容核对无误后，到指定机构，由两人监销，不准随便抛弃和出卖。

合同管理制度

一、总则

1. 为规范合同管理，防范合同风险，维护幼儿园合法权益，根据《中华人民共和国民法典》和学前教育相关法律法规，结合幼儿园实际情况，制定本办法。

2. 订立、履行合同，应当遵守法律、行政法规，遵循平等互利和诚实守信的原则，维护幼儿园的合法权益。

3. 本办法适用于北京师范大学实验幼儿园直属各园签订的合同。

4. 直属各园未经幼儿园运营系统审批或法人书面授权的，一律不得对外签署合同，直属各园在授权范围内可作为一方当事人与相对方订立合同。

5. 法人或其书面授权委托的代理人在委托权限范围和期限内，可以代表幼儿园依法签订、变更和解除合同。

6. 合同应确定承办人，合同签署方(直属各园及总部各部门)是合同管理的第一责任部门。合同承办人是指合同签署方指定的、具体承担合同协商、拟定、报批和履行等事项的人员，是合同的直接责任人。

7. 按照“统一领导，归口管理，分级负责”的原则建立合同管理体制。建立分级责任机制，由合同承办人申报，执行园长、园办主任、总园长进行审核审批，层层把关负责。

二、合同的签订与审核

1. 承办部门(直属各园及总部各部门)对职责范围内的合同事务实行“集体讨论决策”，强化合同风险意识，建立和完善责任承担机制。

2. 承办部门和承办人在合同立项和洽谈过程中，应当遵循平等、自愿、公平和诚实信用原则，遵守法律、行政法规和园内规章制度，维护幼儿园合法权益。

3. 洽谈过程中，承办部门和承办人应当对合同对方的主体资格、资信状况、履约能力、签约代表的合法身份等进行调查核实，对合同所涉及的重要文件、权属证书、资质证明等进行查验、复印留存。

4. 必要时，承办部门应牵头成立由具有相关专业知识的人员参与项目工作小组，对合同项目的可行性进行论证，对合同条款进行把关。对重大项目的合同条款，聘请有关专家和法律顾问进行论证。论证过程应记录并存档。

5. 承办人负责起草的合同应保证基本条款完备，一般包括：合同当事人的姓名或名称和住所、合同标的、数量、质量、价款或酬金、支付方式、合同期限、履约地点和方式、违约责任、解决争议的方式等内容。

6. 承办人和承办部门起草合同时应审查合同内容是否与招投标或洽谈内容一致，是否符合幼儿园规定，并对所签合同的合法性、可行性、必要性与真实性负责。

7. 承办人尽量使用北京师范大学制定或国家、政府主管部门、行业协会推荐使用的合同范本，并根据洽谈成果对合同内容予以完善。若对方提供合同文本，承办人应当根据双方(各方)洽谈情况认真核对合同内容，完善有关条款，规避合同风险。

8. 合同文本拟定后，承办人在幼儿园运营管理系统申报，由执行园长、园办主任、总园长审批，审批通过的合同文本，承办人未经批准，不得擅自修改调整。

9. 园办主任对于常规性合同，应及时完成审批，盖章。非常规性合同，即法律关系较为复杂、合同标的额较大的合同，由园办主任提交法律顾问进行法律风险评估并提出法律意见，总园长审批后盖章。

10. 对于对外合作办学协议或与幼儿园利益有重大关系的合同，由总部起草，法律顾问评估风险，经幼儿园总支部委员会会议或园长办公会决策通过。及时向北京师范大学法务办公室备案。

三、合同的履行与变更

1. 合同一经签订，承办人和承办部门应对合同履行过程中各个环节(包括交货、验收及结算等)进行跟踪管理，保质、保量、按期完成合同约定事项。财务部门跟踪合同履行情况，监督承办人和对方当事人履行合同义务，总部每学年末检查各合同项目履行情况。

2. 合同履行过程中，若对方出现预期违约或违约，以及发现有失公平、条款有误、对方有欺诈行为等情形的，或因政策调整、市场变化等客观因素已经或可能导致幼儿园利益受损的，承办部门和承办人应采取必要措施将可能产生的损失降至最低，及时向总园长报告，并按照合同审批程序办理合同补充、变更和解除事宜。

3. 合同在履行过程中确需变更或解除的，承办部门和承办人应在幼儿园运营管理系统履行合同审批流程。与幼儿园利益有重大关系的变更或解除，法律顾问评估风险，提交幼儿园总支部委员会会议或园长办公会决策。

4. 变更或解除合同，承办部门和承办人应说明理由、变更或解除的条款及事项、履行期限、与原合同的关系等内容。

5. 合同履行完毕的标准以合同条款或法律规定为准。合同条款或法律无规定的，一般应以相关项目完成、货物交清、工程竣工并验收合格、价款结清、无遗留问题为准。

四、合同的保管

1. 所有合同承办人、直属各园合同归口保管人、财务主任各留档一份，支付时另给财务部门备账一份，一般包括以下内容：

(1)合同(含附件)；

(2)当事人达成的补充协议；

(3)其他需要保存的材料。

2. 合同留档保管人应当对保存的合同和相关材料进行整理、编目，建立合同台账。合同承办人还应留存相对方主体资格证明文件的复印件。

3. 承办人应及时将签订、履行、变更、解除合同的有关资料报送直属各园合同归口保管人及财务部门。园办及财务部门联合对合同档案进行定期检查，指导整改。

4. 任何人不得以任何形式泄露合同订立与履行过程中涉及的工作秘密或商业秘密。

五、合同纠纷的解决

1. 合同执行过程中出现争议时，由承办部门与承办人和对方协商解决。双方协商未达成一致的合同纠纷，承办部门和承办人应从合同纠纷的起因、双方有无违约情况、责任大小等方面收集证据，形成书面的纠纷处理意见报送总部，依情况总部或法律顾问可参与纠纷的协商与调解。

2. 须经仲裁或诉讼程序解决的合同纠纷，聘请法律顾问解决，方案报总园长审批。

3. 诉讼过程中，承办部门和承办人应当及时、准确提供相关资料和信息，全面配合法律顾问，妥善处理合同纠纷。

六、责任与追究

1. 有下列情形之一，未给幼儿园造成损失的，对直接责任者或者有责任的执行园长或部门负责人进行批评教育；造成损失的，按其情节轻重和造成损失的大小，给予不同的行政处分；违反国家法律法规的，承担相应的法律责任：

(1)相关合同管理部门及人员、负责合同实施的有关园所/部门和人员没有按本办法的规定履行职责的；

(2)超越幼儿园委托权限及期限签订合同的；

(3)未调查对方资信情况、未审查对方主体资格，或者调查、审查后应发现问题而未发现，给幼儿园造成损失的；

(4)应签订书面合同而未签订，或者合同变更应签订而未签订合同，并给幼儿园造成损失的；

(5)擅自给对方签收单据，或者私自补签单据的；

(6)丢失或者擅自销毁合同和合同附件，以及合同履行过程形成的各种函件、单据，造成证据缺失的；

(7)给幼儿园造成损失的其他情形。

2. 未经批准或授权，擅自以幼儿园名义签订的合同为无效合同，合同签订的部门或个人应承担全部责任；幼儿园将给予执行园长或部门负责人或直接责任人行政处分，直至追究其法律责任。

3. 总部定期对承办部门的合同管理情况进行抽查，对没有认真履行本办法的部门提出整改意见，并监督落实。

工程管理制度

为加强幼儿园基本建设管理，保证工程建设质量，提高投资效益，根据国家有关法律法规及北京师范大学《修购资金及项目管理办法》，结合幼儿园工程建设的实际情况，特制定本制度。

一、总则

1. 本制度适用于幼儿园修缮工程项目。

2. 为弥补专业不足，可借助外部专家智力优势，确保工程建设质量，提高工程效率，聘请相关专家做工程顾问。

3. 为了规范幼儿园工程管理，幼儿园成立工程项目领导办公室。主任：总园长；副主任：工程项目所在园执行园长；成员：工程顾问、园办主任及财务主任。工程建设领导办公室负责达招标限额的工程的设计、工程招投标、达招标限额的设备及材料的采购、合同审核。

4. 为保证工程高质量、高效率顺利完成，在工程建设领导办公室领导下，成立工程项目管理小组。组长：执行园长；副组长：总务主任；组员：保教主任、维修工。工程管理小组负责招标限额以下工程的设计及施工队伍遴选，工程的安全、质量和进度监督，工程支付，工程开工、施工和竣工管理，招标限额以下设备及材料的采购，工程验收，工程审计及相应工程资料的保管。

二、工程项目领导办公室工作职责

1. 在北京师范大学（有时简称大学）储备库中遴选工程设计和监理等服务，配合大学对 50 万元人民币以上的修缮工程设计、监理等服务采购进行公开招标。

2. 与设计单位沟通，确定工程设计施工方案。

3. 协助向大学提交修缮申请和项目立项。

4. 配合大学做好工程招投标工作。100 万元人民币及以上的基建工程项目、50 万元人民币及以上的修缮工程项目及招标限额以上的材料设备要公开招标。

5. 协助做好 10 万元人民币及以上工程项目施工队伍、设计、监理的择优选择。

6. 负责达招标限额的工程项目合同的审核、签署工作。

7. 协助对接大学做工程审计。要求施工单位按大学或上级教育行政主管部门的有关规定报送审计。审计内容包括建设项目施工合同、概预算、工程项目增减变更签证及竣工决算等。

三、工程项目管理小组工作职责

1. 负责招标限额以下工程项目施工队伍遴选。

2. 参与设计沟通，提交修缮申请及准备立项材料。

3. 在工程开工前，负责组织设计单位、施工单位、监理单位和其他相关人员进行施工图纸技术交底。

4. 在施工过程中，负责监督工程施工进度、质量与安全。

5. 负责招标限额以下材料、设备的采购。

6. 负责工程变更洽商管理。在施工过程中，施工方如提出变更洽商，必须以文字形式说明变更理由、变更概况及工程变更引起费用预算的调增、调减。变更在 3 万元以下的，各园行政会审议；变更在 3 万—5 万（不含）的，园长办公会审议；变更在 5 万—30 万（不含）的，报总支部委员会会议审议后提交大学修购项目小组审批；变更超 30 万的，报总支部委员会会议审议后提交大学修购项目小组审批，还要经大学财经领导小组审批；变更超 50 万的，还须大学分管财经工作的校领导审批。所有变更洽商都应经工程管理小组组长签字确认。

7. 负责工程款支付。严格按有关财务规章制度、工程款项支付流程和合同（协议）的约定，结算各类工程款项，确保资金支付安全。施工单位申请拨付工程进度款，填写支付申请表，由监理、工程项目管理小组成员签字认可。工程款的支付比例必须严格控制在合同约定的上限以内，不得突破。对在施工过程中因合理变更增加的费用，在工程竣工后，待大学审计处审计后再支付。

8. 负责工程验收。工程项目按设计要求完成施工后，由施工单位按竣工验收和备案制度，整理各类技术资料，提交竣工报告和验收申请，按《幼儿园内部控制管理手册》中工程项目竣工验收流程要求进行验收。

9. 督促审计进度，审核施工单位提交的工程审计材料。

10. 负责监督施工方在工程验收后对缺陷部分进行整改，负责联系施工单位进行后期的工程维修保养。

11. 负责工程资料的保管。

第二节　主要岗位工作常规

执行园长工作常规

一、学期初(末)工作常规

(一)学期初(开学第一个月)

1. 召开全园会，传达新学期全园工作指导思想，布置各部门开学工作，提出新学期对教职工的基本要求。

2. 依据总部指导思想，在分析上学期幼儿园各部门工作优势和问题的基础上，初步制订全园工作计划，提交园务会审议后定稿。

3. 协同部门主任检查开学准备工作(卫生、教育环境)。

4. 指导并审阅业务园长、保教主任、总务主任、教研员等工作计划。

5. 安排教学班常规观摩及家长会工作。

6. 查看班级幼儿(特别是新生)入园适应情况。

7. 召开家长委员会、园务会，沟通家园工作。

8. 安排好所在园优秀主题活动案例评选推荐工作。

(二)学期末(放寒、暑假前一个月)

1. 召开行政会，商讨、安排好期末收整及各岗教师轮休工作。

2. 第二学期：安排做好“好老师”评选、教职工年度考核和教职工恳谈会工作，召开新生家长会。

3. 做好下学期人事安排。

4. 做好期末总结工作，撰写全园学期工作总结。

5. 审阅业务园长、保教主任、总务主任、教研员等工作总结。

6. 协调各部门，做好园所设施设备修缮与更换、物品购置及施工工程等工作的规划与安排。

二、月工作常规

1. 每月召开一次全园会，总结上月工作，安排下月重点工作。

2. 每月组织两次政治学习，一次面向行政管理人员，另一次面向全体教职工。

3. 通过多种途径检查业务园长、保教主任、总务主任、教研员的工作，做必要的记录。

4. 月底批阅全园班务会本，并进行反馈。

5. 每月至少分别参加业务园长、保教主任、总务主任组织的教研或培训活动各一次。

三、周工作常规

1. 每周召开一次行政会，交流各部门工作，发现问题及时解决。

2. 每周用不少于八小时的时间深入教学和后勤部门，发现问题及时与部门负责人沟通解决。

四、日工作常规

1. 抽查各岗位人员到岗及工作情况。

2. 抽查、指导各部门工作。

业务园长工作常规

一、学期初(末)工作常规

(一)学期初(开学第一个月)

1. 根据全园工作计划，在分析上学期业务工作优势和问题的基础上，制订出本学期教师队伍建设计划、师德建设计划、家园共育工作计划。

2. 结合上学期教科研调查分析的结果，指导保教主任制订保教工作计划、教研工作计划，指导教研员制订教科研工作计划。

3. 协助执行园长安排、组织教学班常规观摩和家长会工作。

4. 第一学期：与教研员共同审阅教师撰写的专题计划和专题总结、本学期年级组计划。

5. 做好专职教师学期工作安排与协调。

6. 组织做好所在园优秀主题活动案例评选与推荐工作。

(二)学期末(放寒、暑假前一个月)

1. 做好教学班、专职教师期末工作的整体安排和部署。

2. 对本学期教科研工作的实施情况进行问卷调查，并和教研员共同梳理、分析出教科研的优势与问题，以此作为下学期教科研工作的依据，做阶段性总结。

3. 第二学期：协助执行园长组织“好老师”评选、教职工年度考核和教职工恳谈会工作。

4. 整理业务工作材料，做好归档工作。

5. 做好期末总结工作，撰写教师队伍建设及业务工作总结，

6. 审阅保教工作总结、年级组工作总结。

7. 组织保教主任、教研员共同审阅本学期教学班主题活动案例。

二、月工作常规

1. 根据学期计划及过程中发现的保教工作问题，有计划地组织各层教师培训，做好过程性资料的收集。

2. 每月组织和指导 2—3 次教研活动，做好过程性资料的收集。

3. 通过多种途径检查保教主任工作，做必要的记录，并给予反馈。

4. 月末撰写业务工作小结，上交执行园长。

三、周工作常规

1. 检查批阅教师课程计划、观察记录等文字材料。

2. 每周用不少于 18 小时的时间进入教学班，检查指导班级保教工作情况。

四、日工作常规

1. 抽查教学班人员到岗及工作情况。

2. 抽查、指导班级保教活动开展情况。

保教主任工作常规

一、学期初(末)工作常规

(一)学期初(开学第一个月)

1. 根据全园工作计划，制订保教工作计划和教研工作计划，审阅班级工作计划。

2. 检查、指导各班开班的区域、环境创设、文字材料准备和落实情况，并检查各班财物交接工作的落实情况。

3. 第一学期：指导新生班级做好家访工作；指导新班长召开家长会。

4. 指导资料员准备好新学期教育教学用书及玩教具等资料。

5. 检查各班一日生活常规落实情况。

6. 查看班级幼儿(特别是新生)入园适应情况。

7. 指导各年级组编新操。

8. 与业务园长、教研员共同做好所在园优秀主题活动案例评选与推荐工作。

(二)学期末(放寒、暑假前一个月)

1. 检查、指导教学班和资料员期末收整及材料的盘查、自查工作。

2. 第二学期：对本部门教职工进行年度评价，协助组织本部门教职工恳谈会。

3. 整理业务工作材料，做好归档工作。

4. 做好期末总结工作，撰写保教工作总结和教研工作总结。

5. 做好教学班工作总结、个人总结等文字材料的批阅工作。

6. 做好教学班在下学期所需物品(教学与生活)的统计，上报执行园长。

7. 与业务园长、教研员共同审阅本学期教师主题活动案例。

二、月工作常规

1. 检查“家校通”应用软件里各班信息发布情况，监督质量并反馈。

2. 每两周检查一次各班幼儿作品栏并记录，必要时反馈。

3. 对午睡、进餐、户外活动每个环节每月每班至少检查两次并记录，必要时反馈。

4. 每两周组织一次教研活动，做好过程性资料的收集。

5. 对年级组活动进行有计划的参与和指导。

6. 对资料员工作进行检查指导并简要记录，至少一次。

7. 将检查班务会工作有计划地落实到每个月，确保学期内至少参加一次每个班的班务会，并有反馈记录。

8. 月末写保教工作小结，上交执行园长。

三、周工作常规

1. 检查各班周计划表及其落实情况并做记录，必要时反馈。

2. 每周用不少于 18 小时的时间进入教学班，检查指导班级保教工作情况。

3. 批阅教师课程计划和观察记录。

四、日工作常规

1. 检查教学班人员到岗及工作情况。

2. 检查、指导班级保教工作开展情况。

总务主任工作常规

一、学期初(末)工作常规

(一)学期初(开学第一个月)

1. 带领相关人员进行安全检查，排除安全隐患。

2. 指导相关人员做好公共环境的卫生及绿化美化工作。

3. 根据全园工作计划制订总务工作计划。

4. 检查后勤各部门工作常规落实情况，确保后勤各岗工作秩序。

(二)学期末(放寒、暑假前一个月)

1. 检查、指导各部门各班做好期末收整工作，确保安全有序、卫生整洁。

2. 组织相关人员对教学班资产进行清查核对，将结果上报执行园长。

3. 第二学期：对本部门教职工进行年度评价，协助组织本部门教职工恳谈会。

4. 整理业务工作材料，做好归档工作。

5. 做好期末总结工作，撰写总务工作总结。

6. 带领相关人员进行安全检查，如设施设备需要更换或修缮，及时上报执行园长。

7. 组织相关人员盘查各类物品库存，上报执行园长，并安排好下学期物品的采购。

8. 批阅后勤各岗和保育员的个人工作总结。

9. 安排好假期值班工作。

二、月工作常规

1. 组织保健人员进行全园卫生检查，结果上报执行园长。

2. 检查库房出入库记录及存量。

3. 检查用水用电及幼儿和教职工伙食费用情况，并上报执行园长。

4. 每月召开一次后勤人员安全会议。

5. 每月组织一次伙委会，征集意见，上报执行园长。

6. 每月参加一次后勤部门的班务会。

7. 检查保健室常规工作情况并填写记录表，必要时进行反馈。

8. 月末写总务工作小结，上交执行园长。

三、周工作常规

1. 检查门卫安全工作并填写记录表，必要时进行反馈。

2. 检查厨房常规工作情况并填写记录表，必要时进行反馈。

3. 每两周批阅一次保育员观察记录。

4. 每周用不少于二十小时的时间进入各部门、各班级，检查、指导安全及卫生保健情况。

四、日工作常规

1. 检查后勤各岗人员到岗情况。

2. 检查、指导厨房工作情况：食品原料、操作规范性、卫生及安全等。

3. 检查、指导门卫、保安工作情况。

4. 检查、指导保健室人员工作情况。

5. 检查公共环境安全、卫生、绿化情况并反馈给相关人员。

教研员工作常规

一、学期初(末)工作常规

(一)学期初(开学第一个月)

1. 根据全园工作计划，制订教科研工作计划。

2. 协助保教主任检查、指导教学班开班环境创设情况。

3. 第一学期：深入新生班级协助做好新生入园适应工作；指导新生家长熟悉“家校通”应用软件的使用。

4. 第一学期：审阅教师上一学年专题总结，指导教师制订本学年专题研究计划。

5. 编写、修改园刊文稿。

6. 与业务园长或保教主任一同做好所在园优秀主题活动案例评选与推荐工作。

(二)学期末(放寒、暑假前一个月)

1. 第一学期：撰写所在园年鉴。

2. 第二学期：汇总家长满意度问卷调查结果，指导教师撰写专题总结。

3. 整理教科研资料，撰写教科研工作总结。

4. 与业务园长或保教主任共同审阅本学期教师主题活动案例。

二、月工作常规

1. 落实意识形态相关要求做好宣传工作，编写园内新闻和大型活动文稿，发布到幼儿园网站及公众号，监管应用软件运营及数据汇总分享，沟通总部和班级。

2. 协助执行园长、业务园长开展课题研究。

3. 协助保教主任或独立组织教研活动。

4. 月末写教研员工作小结，上交执行园长。

三、周工作常规

1. 批阅教师课程计划和观察记录。

2. 进入教学班，检查、指导班级教育教学活动情况。

四、日工作常规

1. 撰写需要上交的各种文字材料。

2. 填写需要上交的各种报表。

第三节 对外交流

对外培训管理制度

为规范幼儿园对外培训与接待参观等工作，确保幼儿园日常工作有序开展，特制定本制度。

1. 培训中心依据国家法律法规相关规定开展对外培训，并接受大学教育培训管理处和幼儿园的双重监管和评估。

2. 培训中心在调研的基础上制定培训方案、组织培训过程、实施效果评估，确保培训过程的专业性和科学性，维护北京师范大学及北京师范大学实验幼儿园的品牌形象。

3. 培训中心在确保幼儿园正常保教工作的前提下，有计划地统筹安排接待参观、代培等培训任务，学期培训计划报园长办公会审议。

4. 未经总园长或执行园长同意，其他人不得擅自接待任何培训、参观。

5. 接待参观的负责人应向参观者明确参观要求：可以拍照(不可以拍幼儿正面)，严禁录像，不得私取任何文字材料及教具等物品。

6. 传染病高发期，根据防控精神减少或停止接待参观、代培等任务。

7. 来园参观、代培的人员须提前向幼儿园出具本人健康证明，由培训中心负责审核。

8. 开学初为常规培养时间，原则上不接待参观、代培工作。

接待实习、见习制度

北京师范大学实验幼儿园接待的见实习生有大类本科生、公费师范生、教育硕士、留学生等。为顺利开展见实习工作，特制定本制度。

1. 每个学期初，培训中心根据大学的见实习任务，协调各园所，制订幼儿园接待见实习学期工作计划。

2. 接待见实习的园所，由执行园长负责安排见实习工作任务，指导见实习工作进程，组织见实习工作的动员会和总结会。

3. 进入幼儿园见实习的学生需要提供在见实习期内有效的体检合格证，培训中心负责审验健康证明。见实习生在见实习期间遵守幼儿园的各项规章制度。

4. 接待见实习的班级教师需指导见实习生按计划完成见实习任务，及时纠正不适宜的教育行为，并如实客观填写见实习鉴定或见实习评价表。

5. 在实践导师的指导下，教育硕士在见实习末期组织教学观摩和教研展示，培训中心协助组织观摩研讨等。

6. 培训中心与大学相关部门对接沟通见实习方案，跟踪见实习进程。

新闻采访管理制度

为进一步贯彻落实习近平总书记在党的新闻舆论工作座谈会上的重要讲话精神，规范新闻采访工作，发挥舆论监督作用，切实做到新闻舆论工作“高举旗帜、引领导向、围绕中心、服务大局”，依据《北京师范大学新闻采访管理办法》制定本制度。

1. 幼儿园对新闻采访工作实行归口管理。新闻媒体采访由园务办公室统筹协调，重要事项报大学党委宣传部批准。

2. 充分尊重和保障记者合法采访权益，积极提供协助服务，切实做到热情、礼貌、周到、客观。

3. 被采访人要以大局为重。自觉维护国家、大学及幼儿园的形象和声誉，及时、认真准备所需资料，准确、客观介绍具体情况，不发表与采访无关的言论，严禁发表违法违规言论。

4. 幼儿园举办重大活动、重要会议，需邀请媒体采访报道的，由党务办公室于活动或会议举办前至少三个工作日，向大学党委宣传部(新闻中心)提交《校外媒体宣传申请表》，由党委宣传部(新闻中心)进行联络协调。并应提前准备相关素材、撰写新闻通稿(重点突出本次活动拟向社会传递的核心信息)，经幼儿园党总支书记审核同意后，提供给前来采访的媒体记者。

5. 幼儿园教职工接受外国驻华媒体采访，须事先将拟来采访的媒体名称，采访内容与时间、方式等有关情况报党务办公室，由党务办公室报大学党委宣传部(新闻中心)，获准后才能进行。对于未经许可的记者在园内采访的，应予以拒绝。

6. 幼儿园和个人一般不接受电话采访。对确需进行电话采访的，应要求记者详细介绍采访背景、内容，报党务办公室批准，避免因理解分歧导致报道失实，给幼儿园和个人带来负面影响。

7. 未经授权，幼儿园教职工不得代表幼儿园就幼儿园政策文件与规章制度、社会敏感问题等接受媒体采访。

8. 凡涉密项目的研究工作及研究成果，不得向媒体公开。

9. 为确保新闻报道准确无误，在接受园外媒体采访后，应明确要求记者在发稿前将稿件送党务办公室审核。

10. 各园开展的重要活动，应及时撰写新闻稿件，执行园长审核后更新到幼儿园网站。

11. 严禁将内部资料编入公开发表的新闻稿中。

12. 对突发、敏感事件的报道，要加强统一管理。突发、敏感事件的报道，报党务办公室后，由党务办公室报大学领导审批后，大学党委宣传部(新闻中心)统一安排接受采访。如遇突发紧急事件，且记者已到达事发现场，现场负责人要确认记者身份、礼貌接待，并及时与党务办公室联系。

13. 突发、敏感事件发生后，事件责任部门应在第一时间向党务办公室通报信息，提供事件发生的原因、过程、危害、损失情况和初步处置意见。在突发、敏感事件期间，应及时向党务办公室通报事件处理进展情况，以便及时、客观、准确地回应社会关切。任何单位和个人对突发、敏感事件，不得隐瞒、缓报、谎报，或者授意他人隐瞒、缓报、谎报。

14. 突发、敏感事件的报道，由党务办公室会同相关部门根据事实形成新闻通稿，经大学领导审定后及时向新闻媒体发布。幼儿园和个人未经允许，不得擅自以公职身份发布消息。

15. 对不执行幼儿园规定，擅自就突发、敏感事件接受采访、发布相关信息，导致新闻失实、影响幼儿园社会声誉的，依法依规追究相关人员的责任。对散布谣言、煽动群众、扰乱正常教学生活秩序的，给予行政处分；情节严重的，移交司法机关处理。

外事工作管理制度

为全面提高幼儿园外事工作管理水平，使外事工作逐步规范化和制度化，从而促进幼儿园的国际合作与交流，特制定本制度。

1. 本制度中的“外事工作”指与国外及港澳台地区团体或个人的交流与合作，包括派遣人员出境或邀请外宾和港澳台同胞来参观、交流学习，合作研究、联合开发培训项目，人才交流、教育指导及教育培训，参加或举办国际学术会议等。

2. 外事工作遵循统一领导、归口管理、协调配合的原则。党务办公室是外事接待的综合归口管理和协调部门，幼儿园外事来访团队的管理、接待由党务办公室统一安排。

3. 教职工在对外交往中要认真贯彻执行中央的对外方针政策和外事工作规章制度，切实维护国家和幼儿园的整体利益和尊严。

4. 参加外事接待和派出人员应衣着整齐、得体，言谈举止大方，热情友好，不卑不亢，以礼相待。

5. 赠送外宾和港澳台同胞礼品原则上由党务办公室统一安排，宴请规格和礼品规格按国家有关规定执行。

6. 派遣人员出境培训或参加国际学术会议的事项、人数、经费和行程安排等均需经党支部委员会会议讨论通过，并执行大学相关审批程序。

第四节　财务管理

预算管理制度

为加强幼儿园经费管理的综合性、有效性、严肃性和可控性，更好地贯彻“量入为出、收支平衡”的原则，保证幼儿园各项工作顺利开展，根据《中华人民共和国预算法》和《中华人民共和国会计法》的总体要求，结合幼儿园的实际情况制定本制度。

一、预算编制原则

预算编制必须坚持“量入为出、收支平衡”的原则，既要考虑幼儿园学前教育发展和建设的需要，也要考虑到幼儿园财力实现的可能性。预算编制必须坚持“收支两条线”管理原则。

1. 编制收入预算，要坚持积极稳妥的原则，根据保育费的收费标准，以及招收幼儿人数，预测幼儿园的全年保育费收入，尽量避免赤字隐患。

2. 编制支出预算，要坚持量入为出、统筹兼顾、保证重点、勤俭节约的原则，在确保正常运行开支的前提下，合理安排支出。

二、预算的编制和审批程序

1. 每年九月底根据国家有关预算法规、政策和大学预算工作安排，向各园部署制定下年度预算工作。

2. 各园根据幼儿园总体目标和园所课程计划安排，提出下一年度除人员支出外所需各项费用开支的性质、用途和金额，以及使用项目资金安排，在每年十月三十日前提交总部财务室。

3. 幼儿园总部财务室根据本年度财力情况安排各园下年预算额度，汇总各园提出下年度支出预算，不超过下年安排预算额度，总部财务室复核通过，形成预算初稿。

4. 园长办公会在每年十一月审议下一年各园预算初稿，集体通过后，形成正式预算，并按照上报预算支出额度下达到各园。

三、预算编制方法

1. 支出预算要根据财力实现的可能性，参照以前年度预算执行情况，并结合各园发展需要进行编制。在编制时要根据情况制定各项经费的预算定额，使预算有据可依，防止预算编制的随意性，做到预算安排公正、合理、切合实际。

2. 收入预算。收入预算是预算年度内各园通过收取幼儿保育费的收入计划。

3. 支出预算。支出预算是预算年度中各园用于人员支出、教学科研活动、基本建设和其他事业活动的资金支出计划，按现行有关规定，主要包括如下内容。

(1)日常公用支出。包括日常办公费、水电费、交通费、差旅费、维修费、物业管理费、邮电费、会议费、培训费、教学材料及玩教具购置费、办公及专用设备购置费、图书购置费、交通工具购置费等。依据预算年度规定支出定额标准测算，按各项目编制详细预算。

(2)人员支出。包括基本工资、津贴、奖金、社会保障缴费等，按核定的编制数和工资、津贴、奖金等标准测算。

(3)对个人的补助支出。包括抚恤和生活补助、医疗费、住房补贴、住房公积金等，按照核定的人数及规定的支出标准等因素测算。

(4)专项支出。包括幼儿园房租、职工宿舍房租、取暖费、保安服务费、基础设施维修改造费等专项支出，做到“按项申报、专款专用”。

四、预算的执行和调整

1. 预算的执行。在预算执行过程中，既要积极组织收入，确保各项收入及时足额入账，又要合理安排支出，实现年度预算收支平衡。幼儿园的收入必须全部入账，纳入预算统一管理，绝对不允许私设“小金库”。

2. 预算的调整。为保证幼儿园预算的良好执行，维护预算的严肃性，预算在执行过程中原则上不予调整。如因特殊情况确需调整，说明具体原因提交申请，经园长办公会批准后，在财力允许的情况下安排支出。

五、其他事项

1. 固定资产购置必须列入年度支出预算方可安排购置。购置固定资产需专人管理，自行采购且金额超三万元的，需要做三方比价，择优选择供货商。

2. 预算实行统一管理、统一核算。预算一经批准，各园必须严格执行，并接受有关部门的监督和检查。

3. 各园的预算内外经费均纳入财务部门统一管理，经费收支实行审批制度，各部门使用经费须符合幼儿园收支管理流程。

4. 各项支出的原始凭证，经审核内容真实合法，符合财务制度规定，并有经办人、主管领导和各园执行园长审批签字后方可办理支出，否则财会人员不予报销。

5. 财务主任于每年在教代会上汇报幼儿园经费的收支情况，并接受相关部门的监督检查。

财务决算管理制度

财务决算是如实反映幼儿园财务和收支情况的书面文件，是幼儿园领导、大学领导及财政部门和上级主管单位了解情况、掌握政策、指导幼儿园预算执行工作的重要资料，为加强财务决算管理，全面、系统和准确地提供会计信息，根据《中华人民共和国会计法》《会计基础工作规范（征求意见稿）》等文件精神，结合幼儿园实际，特制定本制度。

一、总则

1. 财务决算是编制下年度幼儿园财务收支计划的基础。

2. 财务决算编制必须符合国家法律、财经法规，做到数字准确、内容完整、报送及时、说明充分。

3. 财务决算要切实做到账证相符、账表相符、表表相符。

4. 财务决算年度自公历1月1日至12月31日止。

二、财务决算的范围

1. 资产、负债、净资产和纳入幼儿园财务核算的所有收支均属于财务决算范围。

2. 反映幼儿园事业发展计划和发展规模的基础数字资料。包括幼儿园教职工人数、幼儿人数、会计人员情况；固定资产增减变动状况；教学、科研成果等情况。

三、财务决算的内容

1. 财务决算一般由会计报表、会计报表附表及文字说明三部分组成。

2. 财务决算报表包括：资产负债表、收入支出决算总表、财政拨款收入支出决算总表、收入支出决算表、收入决算表、支出决算表、支出决算明细表、项目收入支出决算表、行政事业类项目收支决算表、基本数字表、固定资产情况表、人员情况表、非税收入征缴情况表、其他收入明细情况表、主要指标变动情况表等。

3. 财务决算文字说明，依据所有报表数据，结合幼儿园实际情况写出详细分析说明，一般可以包括如下内容。

(1)幼儿园基本情况。

(2)重大会计政策变更和重大经济事项的说明。

(3)资金收支情况分析说明。

(4)存在的问题、提出的建议和措施。

(5)下年度主要财务工作的目标任务。

四、财务决算的编报

1. 财务决算在年终，根据大学财经处的决算编制工作要求，在对各项收支账目、往来款项、货币资金和财产物资进行全面的年终清理结算，办理年终完成账目的基础上，编制财务决算报表。

2. 各园、各部门必须及时、准确提供财务决算所需资料。

3. 财务决算必须按照大学财经处规定的格式、内容填报，并在规定的期限内报出。主管财务负责人对财务决算的合法性、真实性负法律责任。

4. 财务决算报表应当根据完整、无误的账簿记录和其他有关资料编制。财务决算表间关系必须相互衔接，不同年度会计报表中各项目的内容和核算方法有变更的，应当在年度财务决算报表中加以说明。

五、财务决算的审计与审批

财务室在决算期间，相应的财务数据应接受大学内部审计部门的审计，决算报告应呈报园长办公会审核，并提交大学财经处审核。

六、附则

1. 财务决算报表应按规定报送幼儿园领导及大学财经处。

2. 根据北京师范大学要求，财务决算合并到大学，大学在一定范围内公开。

财务内部控制制度

为加强幼儿园内部会计监督，规范财务和会计行为，健全财务管理制度，提高资金使用效益，根据《中华人民共和国会计法》《中小学校财务制度》《内部会计控制规范基本规范(试行)》《内部会计控制规范货币资金(试行)》等相关规定，结合幼儿园实际制定本制度。

一、总则

(一)财务内部控制制度的基本目标

1. 规范幼儿园会计行为，保证会计资料真实、完整。

2. 堵塞漏洞、消除隐患，防止并及时发现、纠正错误及舞弊行为，保护幼儿园资产的安全、完整。

3. 确保国家有关法律法规和幼儿园内部规章制度的贯彻执行。

4. 保证幼儿园能及时发现风险并控制风险。

(二)财务内部控制制度的基本原则

1. 合法性原则：符合国家有关法律法规、基本规范和幼儿园规章制度。

2. 平等性原则：约束内部涉及会计工作的所有人员，任何个人都不得拥有超越制度的权力。

3. 系统性原则：涵盖内部涉及会计工作的各项经济业务及相关岗位，针对业务处理过程中的关键控制点，落实到决策、执行、监督、反馈等各个环节。

4. 牵制性原则：保证内部涉及会计工作的机构、岗位的合理设置及其职责权限的合理划分，坚持不相容职务相互分离，不同机构和岗位之间权责分明、互相制约、互相监督。

二、内部机构岗位设置控制

有关财务岗位设置、职责和权限划分遵循牵制性原则，做到所有会计事项必须由两人以上经办、审批与经办分管，钱与账、钱与物、账与物分管，各种发票与财务专用章分管，印鉴与银行票据分管，印鉴分管。

三、货币资金内部控制

1. 根据“不相容职务相互分离”的原则，货币资金的收付、结算、审核、记账等工作，不得由一人兼管，会计和出纳岗位必须由不同人员担任，即出纳不得兼任会计的工作(档案保管和收入、费用、债权债务账目的登记)。

2. 出纳人员办理现金收付业务必须以会计编制并签章的会计凭证为依据。

3. 现金管理规定如下内容。

(1)严格遵守《现金管理暂行条例》和国库集中支付相关规定。库存现金必须控制在银行核定限额之内，不得坐支现金，库存现金做到日清月结，账款相符。

(2)收入现金要认真验证货币真伪，误收假币由当事人负责赔偿。发现长短款，必须及时查找原因，造成损失由当事人负责。

(3)定期检查现金管理执行情况。

4. 银行存款管理规定如下内容。

(1)单位银行结算账户按用途分为基本存款账户、一般存款账户和专用专款账户。单位只能在银行开立一个基本账户。

(2)严格遵守国家银行的结算制度和结算纪律，接受开户银行的监督。不准出租、出借和套用银行账号，不得开具空头支票和远期支票，不得公款私存。

(3)每月必须与银行对账，由财务主任负责。每月必须编制银行存款余额调节表，保证银行存款日记账与银行对账单核对相符，未达账项金额要及时核实并处理。如有重大问题及时向总园长报告。

5. 银行票据、印鉴管理规定如下内容。

(1)银行票据的管理和签发工作，由出纳人员承担，其他人员不能兼管票据的签发工作。

(2)银行票据必须与发票上的收款单位等信息一致，禁止签发没有真实业务或无日期、无用途、无限额的支票。办事人员领用支票，要在存根上签名，对领出的银行票据要妥善保管，如有丢失，责任自负。

(3)会计负责保管空白银行票据，设立银行票据登记簿，及时登记票据的购入、使用和注销情况。

(4)预留银行的财务印鉴由财务主任保管。

(5)负责保管印鉴的人员不得兼管发票、收据等票据。

6. 网上银行支付管理规定如下内容。

(1)网上银行支付业务必须两人完成，一人负责录入，另一人负责复核、发送。录入人员和复核、发送人员分别保管网上银行密钥和密码，不得由一人保管。

(2)出纳人员办理网银录入业务必须严格按照发票上的收款单位、银行账号、开户银行、金额和用途等信息录入。

(3)财务主任负责核对录入网上银行的信息是否与发票上的信息一致，核对一致后方可授权。

四、会计核算程序内部控制

（一）批准程序控制

1. 批准的层次，根据经济活动的重要性和金额大小确定不同的授权批准层次，保证各管理层有权有责，互相监督与控制。审批人本着“谁主管、谁审批、谁负责”的原则，对自己的业务处理行为负责。

2. 每笔经济业务，在手续上必须做到：上级审批、下级经办，使上下级之间互相监督与控制；一个岗位经办，另一个岗位复核，岗位之间受到监督与控制。

3. 为控制资金流量，单笔业务支付超过千元需经总园长审批方可支付。

4. 暂付款的管理。暂付款只能用于教学、科研、行政、后勤等各项公用性开支，因私借款一律不予借支。暂付款严格按照“一事一借，一事一清，前借不清，后款不借”的要求办理。暂付款报销时限为一个月，对无正当理由不及时办理报账手续，长期占用幼儿园资金的，财务部将从其工资中扣还借款。

（二）会计核算控制

1. 会计核算人员必须按照国家有关财经法规和幼儿园财务规章制度，认真审核每一笔经济业务的原始凭证，严格把关。对不符合规定的原始凭证不予受理。原始凭证经审核无误后录入，并打印记账凭证。

2. 财务主任对记账凭证及其所附原始凭证的各项内容、金额进行复核。

3. 会计人员在处理有关业务时，必须签名、盖章，以备追溯责任。

4. 确保原始凭证和记账凭证的装订、保管手续完整。

5. 会计账簿登记必须以经过审核的会计凭证为依据，做到全面、连续地记录和反映幼儿园的经济活动。建立总分类账和明细分类账、总分类账和日记账核对制度。现金、银行存款账户做到日清月结，每天与资金结算对账，保持一致，月底编制银行对账单。

6. 财务主任对会计凭证、会计账簿及会计报表进行全面检查，及时发现账务处理中的问题并予以解决，确保提供准确无误的会计信息。

（三）会计报表控制

会计报表的种类、格式和内容按照《中华人民共和国会计法》及《中小学校会计制度》等的规定编制，做到数字准确，内容完整，报送及时。单位负责人应对会计报表所提供会计信息的真实性、完整性负责。

五、会计电算化控制

1. 会计电算化系统的管理、维护和操作人员应相互分离、互不兼任。操作人员只能按照所授予的权限对系统进行相应操作，密码严格保密并经常更换，严禁超越权限或使用他人密码进入系统操作。

2. 财务数据必须定期进行备份并妥善保存；对用于数据备份的磁盘、光盘等存储介质应注意防潮、防尘和防磁。

3. 会计软件的修改必须经过周密计划和严格记录，修改过程的每一个环节必须设置必要的控制，修改的原因和性质应有书面形式的报告，经批准后方能实施修改，所有与软件修改有关的记录必须打印存档，系统操作人员不得参与软件的修改。

六、风险控制

1. 幼儿园对筹资方向、筹资渠道、筹资规模、偿还来源、资金用途及效益等诸方面筹资风险实施全面控制。

2. 所有资产不得以任何形式对外担保、抵押、质押。

财务工作制度

为规范财务工作，切实把经费收好、管好、用好，根据《中华人民共和国会计法》的有关规定，结合幼儿园实际情况制定本制度。

1. 贯彻执行国家有关财经的方针、政策、制度，确保各项财务收支业务合理、合法、合规。

2. 幼儿园总部财务办公室对各园财务实时监督管理。每季度各园财务人员向执行园长汇报财务状况。

3. 真实、准确和完整地反映财务收支情况，按月编制财务报表，按规定期限报送登记管理机关、业务主管单位和财政部门，并接受监督和检查。

4. 按规定使用各种票据，严禁使用“白条凭证”和假发票。

5. 不属于所在园的经济往来，不得在所在园的银行账户开支，不准租借银行账户、支票、公章和代开发票。

6. 严格执行现金库存限额、现金使用范围、现金发放手续的规定，不得账外设账；严禁现金坐支、套取现金；严禁设立“小金库”。

7. 严格现金收付手续，坚持“账钱分管”的原则，指定专职出纳人员办理；建立现金日记账，逐笔登记现金收支，做到日清月结，账账相符，账实相符。

8. 为保证安全，大量现金送行必须有两人同行。

9. 按照国家规定配备具有岗位证书的专职或兼职财务人员，会计不得兼任出纳。会计人员或出纳人员调动工作或因故离职的，必须与接管人员办理交接手续，没有办好交接手续前，不得离职。

10. 严格实行收支两条线，幼儿园所有的收费项目均须开具票据。

11. 重大开支须报总支部委员会/园长办公会讨论决定。报销手续必须健全，原始发票必须具有名称、填制日期、经济业务内容、数量、单价和金额，大小写必须相符，开票人签字。原始发票内容如不能反映详细情况的，需附件说明。报销单据必须有经手人及验收人签字，方可由会计审核，总园长签字同意后报支。

12. 1000元以上（含1000元）支出须使用支票或银行电汇。各园使用支票须提前在幼儿园运营管理系统提交申请，填写《支票申请单》，并专款专用。不得拆解支出，变相使用连号发票报销。

13. 加强财务档案管理。各园每年形成的档案，由财务人员按照归档要求整理立卷、装订成册，并编制档案清册。保证档案妥善保管，严防毁损和散失。

会计档案保管制度

会计档案是指会计凭证、会计账簿、会计报表、年度预决算和重要的经济合同等会计资料，是记录和反映幼儿园经济活动的重要历史资料和证据。为加强会计档案的管理，根据《会计档案管理办法》，结合幼儿园实际，制定本制度。

一、会计档案的范围

会计档案的范围主要包括会计凭证、会计账簿、会计报表和其他会计资料，应及时对会计档案进行收集、分类、清理、装订，做到妥善保管、存放有序、查找方便。

1. 会计凭证类：原始凭证、记账凭证、汇总凭证，银行存款余额调节表等其他会计凭证。

2. 会计账簿类：总账、明细账、日记账、固定资产卡片、银行对账单、辅助账簿、其他会计账簿。

3. 会计报表类：月度、季度会计报表、年度决算会计报表、附表、附注及文字说明，其他财务报告。

4. 其他类：会计档案移交清册、会计档案保管清册、会计档案销毁清册、工资明细表、其他应当保存的会计核算专业资料。

二、会计档案的保管期限

会计档案的保管期限，从会计年度终了的第一天算起，根据会计档案的特点，保管期限可分为永久、定期两类。定期保管期限分为十年和三十年等，具体见会计档案保管期限表(表 2-2)。

表 2-2　会计档案保管期限表

类别	档案名称	保管期限	备注
会计凭证类	各种原始凭证和记账凭证、汇总凭证	三十年	
	银行存款余额调节表	十年	
	涉及外事的会计凭证	永久	
会计账簿类	日记账	三十年	
	总账	三十年	
	明细分类、分户或登记簿	三十年	
	现金出纳、银行存款账	三十年	
	银行对账单	十年	
	固定资产明细账(卡片)		固定资产报废清理后保存五年
	其他辅助账簿	三十年	包括工资表、涉及财务方面的合同文书等
	涉及外事账簿	永久	

续表

类别	档案名称	保管期限	备注
会计报表类	月度、季度会计报表	十年	包括经费报表、工资报表及资产负债表等
	年度决算会计报表	永久	包括年度报表分析
其他类	会计移交清册	三十年	
	会计档案保管清册	永久	
	会计档案销毁清册	永久	

三、会计档案的借阅与销毁

1. 幼儿园保存的会计档案不得借出。如有特殊需要，经总园长批准，可以提供查阅或者复制，并办理登记手续。查阅或者复制会计档案的人员，严禁在会计档案上涂画、拆封和抽换。

2. 对于保管期限满的会计档案，除未结清的债权债务原始凭证和涉及其他未了事项的原始凭证不得销毁外，可采用下列程序销毁。

(1)编制会计档案销毁清册，列明要销毁的会计档案明细资料。

(2)总园长在会计档案销毁清册上签署意见。

(3)销毁时应由总务主任与会计人员共同监销，并共同清点要销毁的会计档案，并在会计档案销毁清册上签字。

收退费及公示制度

为保障幼儿园及幼儿家长的合法权益，加强幼儿园收费管理工作，促进幼儿园健康发展，根据《幼儿园收费管理暂行办法》《北京市幼儿园收费管理实施细则(试行)》《北京市市级财政支持学前教育事业发展补助资金管理使用实施细则(修订)》等文件的要求，结合幼儿园实际情况特制定本制度。

一、严格规范收费行为，严格执行以下内容

1. 严格执行收费许可证的管理制度，审批制度，严格审批程序。

2. 实行收费公示制度，亮证收费。

3. 按财政等部门批准的收费项目收取各种费用，不得扩大收费范围。按财政等部门审批的收费标准收取各种费用，不得擅自提高标准。

4. 收取的保育教育费一律使用财政统一的收费票据(电子票)。

二、收费具体项目

1. 保育教育费：幼儿在园期间的保育、教育费用，按月计算(以下简称保育费)。

2. 伙食费：幼儿在园的生活餐点费用(食物过敏或有禁忌的幼儿请家长在入园前事先声明)。

3. 生活用品费：幼儿入园一次性缴纳的被褥的费用(包含被罩 2 个、被胎 1 个、褥罩 2 个、褥胎 1 个、枕套 2 个、枕芯 1 个、夏被 1 个)。

三、收费具体操作程序

1. 依照主管部门相关文件规定的收费标准，向家长收取规定的费用，不以各种名义擅自提高和乱收费。

2. 入园幼儿按月收取保育教育费、伙食费，以及入园时一次性缴纳的生活用品费。其中生活用品费、伙食费属于代办服务性收费项目，按照“确有必要，家长自愿；即时发生，即时收取；据实结算，定期公布”的原则收取。

3. 收费标准：执行《北京市幼儿园收费管理实施细则(试行)》要求。

4. 财务室按照保健室提供的幼儿考勤表统计幼儿出勤天数，并负责编制每名幼儿当月需要交纳的收费明细。

5. 财务室拟定收费通知，由各班级班长负责通知家长。家长应在规定时间内如数缴清。

6. 财务室办理收取费用的手续。每月收取保育费及伙食费。

7. 对于未按时缴费的幼儿，班级教师给家长发催缴通知单，家长在接到催缴通知单后五个工作日内缴清费用，若仍未缴清费用，视为自动退园，不再保留入托名额。

8. 幼儿放寒暑假期间不收保育费和伙食费。

四、退费具体操作程序

幼儿园因幼儿园自身原因或确属幼儿患病(有医院开具的病假条且开病假条日期与幼儿休病假周期同步)，或转、退园，造成幼儿连续缺勤天数超过当月法定工作日一半时，退还当月保育费的二分之一，(在上述情况下)当月全缺勤时，退还当月全部保育费。幼儿在园期间伙食费按实际缺勤天数退还。

五、退园具体操作程序

幼儿因各种原因需退园的，家长需提前填写《退园申请表》，由所在园的执行园长、班主任、保健室等相关岗位依次签字后，送到财务部门，经财务部门确认后，符合保育费退费情况的，办理相关退园手续。

六、规范使用收费票据

幼儿园收取保育费、收取代办服务性收费使用财政部门统一要求的收费系统进行开具。

七、收费公示

1. 依据《幼儿园工作规程》，幼儿园应严格按照公示规定向家长进行收费公示，接受社会监督。

2. 幼儿园须在大门附近明显位置设立公示栏，公示栏须可长期置放以满足方便家长和社会人士查看的需要。

3. 幼儿园向家长及社会公示内容包括：收费项目、收费标准、收费依据、收费范围、计费单位、收费期限、投诉电话等相关内容。

4. 公示内容须做好档案管理。

膳食费民主管理制度

为实现对幼儿园膳食费的民主管理，更好地对幼儿的膳食费精打细算，保证每月盈亏在正常范围之内，科学合理地管理幼儿营养和膳食，特制定本制度。

1. 各园成立膳食管理委员会，由执行园长、总务主任、保健人员、炊事人员、保教人员、财务人员及家长代表组成。

2. 膳食管理委员会每月召开一次会议，必要时随时召开，征求教师和家长的意见，总结经验，以不断提高膳食质量。膳食管理委员会制定会议签到表，并将会议讨论的议题及内容记录在儿童膳食管理委员会会议记录册上。

3. 膳食管理委员会成员参与幼儿园食品采购招投标过程，同时家长代表也可以向幼儿园推荐优质供货商，参与供货商考察的过程。

4. 膳食管理委员会监督幼儿园的膳食管理，保证膳食费专款专用，师幼膳食严格分开。每月幼儿和教师膳食费的收入支出及幼儿退费都要有明细账，膳食委员会对膳食账目进行监督。

5. 幼儿园在制定膳食收费标准时，应以保证幼儿正常生长发育为基本原则。如遇亏损，提请膳食管理委员会调研核算，并上报园长办公会审议，经家长代表会表决通过，调整膳食收费标准。

6. 幼儿园膳食费要做到精打细算、量入为出、杜绝浪费。每学期膳食费盈亏不超过2%，每周在园门口宣传栏明显位置向家长公示食谱，每月向家长公示膳食费收支情况。

7. 厨房管理员和库房管理员要定期对所购常用食品价格与市场价格及前期供货价格进行对比，并将结果提交总务主任。如发现供货商随意调价，及时上报总部。

第三章　人事管理

第一节　干部管理

干部选拔任用制度

为了坚持和加强党的全面领导，落实党要管党、全面从严治党特别是从严管理干部的要求，坚持新时期好干部标准，建立科学规范的党政领导干部选拔任用制度，推进干部队伍革命化、年轻化、知识化、专业化，建设一支符合好干部标准的高素质管理干部队伍，根据《党政领导干部选拔任用工作条例》的精神，结合幼儿园实际情况，特制定本管理制度。

一、指导思想

以马克思列宁主义、毛泽东思想、邓小平理论、“三个代表”重要思想、科学发展观、习近平新时代中国特色社会主义思想为指导，全面贯彻落实科学的发展观和人才观，立足建设“国内领先，世界一流，有较大国际影响力的专业化学前教育机构”，按照中共中央《党政领导干部选拔任用工作条例》和北京师范大学《处级干部选拔任用工作实施办法》的精神，坚持党管干部、党管人才，进一步优化幼儿园干部队伍结构，努力建设一支作风优良、业务精湛、清正廉洁的干部队伍，为幼儿园发展提供强有力的组织保障。

二、干部选拔任用原则

1. 党管干部。
2. 德才兼备、以德为先，任人唯贤。
3. 事业为上、人岗相适、人事相宜。
4. 公道正派、注重实绩、群众公认。
5. 民主集中制。
6. 依法依规办事。

三、选拔任用条件

1. 自觉坚持以马克思列宁主义、毛泽东思想、邓小平理论、“三个代表”重要思想、科学发展观、习近平新时代中国特色社会主义思想为指导，努力用马克思主义立场、观点、方法分析和解决实际问题，坚持讲学习、讲政治、讲正气，牢固树立政治意识、大局意识、核心意识、看齐意识，坚决维护习近平总书记核心地位，坚决维护党中央权威和集中统一领导，自觉在思想上政治上行动上同党中央保持高度一致，经得起各种风浪考验。

2. 具有共产主义远大理想和中国特色社会主义坚定信念，坚定道路自信、理论自信、制度自信、文化自信，坚决贯彻执行党的理论和路线方针政策。全面贯彻党的教育方针，坚持社会主义办学方向，坚持马克思主义的指导地位，坚持立德树人根本任务，培养德智体美劳全面发展的社会主义建设者和接班人。

3. 坚持解放思想，实事求是，与时俱进，求真务实，认真调查研究，能够把党的方针政策同本地区本部门实际相结合，卓有成效地开展工作，落实“三严三实”要求，主动担当作为，真抓实干，讲实话，办实事，求实效。

4. 有强烈的革命事业心、政治责任感和历史使命感，有斗争精神和斗争本领，有实践经验，有胜任领导工作的组织能力、文化水平和专业素养，工作业绩突出。

5. 坚持原则，敢抓敢管，依法办事，以身作则，艰苦朴素，勤俭节约，坚持党的群众路线，密切联系群众，自觉接受党和群众的批评、监督，加强道德修养，讲党性、重品行、作表率，带头践行社会主义核心价值观，廉洁从教、廉洁用权、廉洁修身、廉洁齐家，做到自重自省自警自励，反对形式主义、官僚主义、享乐主义和奢靡之风，反对任何滥用职权、谋求私利的行为。

6. 坚持和维护党的民主集中制，有民主作风，有全局观念，善于团结同志，包括团结同自己有不同意见的同志一道工作。

7. 近三年师德考核及绩效考核合格。

8. 具有正常履行职责的身体条件。

9. 具体岗位任职条件、资格在发布干部选拔信息时予以明确。

四、选拔任用程序

（一）分析研判和动议

1. 人事部门全方位、多角度、近距离了解干部。根据日常了解情况，对领导班子和领导干部进行综合分析研判，为党总支选人用人提供依据和参考。

2. 党总支或者人事部门根据工作需要和领导班子建设实际，结合综合分析研判情况，提出启动干部选拔任用工作意见，就选拔任用的职位、条件、范围、方式、程序和人选意向等提出初步建议。

个人向党组织推荐领导干部人选，必须负责地写出推荐材料并署名。

3. 人事部门将初步建议向总支部委员会汇报，对初步建议进行完善，在一定范围内进行沟通酝酿，形成工作方案。

研判和动议时，根据工作需要和实际情况，如确有必要，也可以把公开选拔、竞争上岗作为产生人选的一种方式（本单位没有合适人选，可通过公开选拔；本单位符合资格条件人数较多且需比选择优，可通过竞争上岗）。公开选拔、竞争上岗应当结合岗位特点，坚持组织把关，突出政治素质、专业素养、工作实绩和一贯表现，防止简单以分数、票数取人。

（二）民主推荐

选拔任用党政领导干部，应当经过民主推荐。民主推荐包括谈话调研推荐和会议推荐，推荐结果作为选拔任用的重要参考，在一年内有效。

领导班子换届程序如下。

1. 进行谈话调研推荐，提前向谈话对象提供谈话提纲、换届政策说明、干部名册等相关材料，提出有关要求，提高谈话质量。同时可开展民主推荐。

谈话调研推荐一般由下列人员参加：党政领导班子成员、党支部委员、党小组长、群团组织主要领导成员，其他需要参加的人员，可以根据知情度、关联度和代表性原则确定。

2. 综合考虑谈话调研推荐和民主推荐情况、人选条件、岗位要求、班子结构等，党总支开会讨论推荐参考人选，原则上差额提出。

个别提拔任职，或者进一步使用需要进行民主推荐的，民主推荐程序参照领导班子换届程序。必要时也可以先进行会议推荐，再进行谈话调研推荐。根据工作需要，可以在民主推荐前对推荐职位、条件、范围、符合职位要求和任职条件的人选，在单位领导班子范围内进行沟通。

(三)组织考察

1. 确定考察对象，党总支应当根据工作需要和干部德才条件，将民主推荐与日常了解、综合分析研判及岗位匹配度等情况综合考虑，深入分析、比较择优，防止把推荐票等同于选举票，简单以推荐票取人。

2. 有以下情形之一的，不得列为考察对象：

(1)违反政治纪律和政治规矩的；

(2)群众公认度不高的；

(3)上一年年度考核结果为基本称职以下等次的；

(4)有跑官、拉票等非组织行为的；

(5)受到诫勉、组织处理或者党纪政务处分等影响期未满或者期满影响使用的；

(6)其他原因不宜提拔或者进一步使用的。

3. 对新进领导班子的考察对象，应当在一定范围内公示。考察对象一般应当多于拟任职务人数，个别提拔任职或者进一步使用时意见比较集中的，也可以等额确定考察对象。

4. 考察党政领导职务拟任人选，必须依据干部选拔任用条件和不同领导职务的职责要求，全面考察其德、能、勤、绩、廉，严把政治关、品行关、能力关、作风关、廉洁关，具体要求如下：

(1)突出政治标准，注重了解政治理论学习情况，深入考察政治忠诚、政治定力、政治担当、政治能力、政治自律等方面的情况；

(2)深入考察道德品行，加强对工作时间之外表现的考察，注重了解社会公德、职业道德、家庭美德、个人品德等方面的情况；

(3)强化专业素养考察，深入了解专业知识、专业能力、专业作风、专业精神等方面的情况；

(4)注重考察工作实绩，深入了解履行岗位职责、贯彻新发展理念、推动高质量发展取得的实际成效；

(5)加强作风考察，深入了解为民服务、求真务实、勤勉敬业、敢于担当、奋发有为，遵守中央八项规定精神，反对形式主义、官僚主义、享乐主义和奢靡之风等情况；

(6)强化廉政情况考察，深入了解遵守廉洁自律有关规定，保持高尚情操和健康情趣，慎独慎微，秉公用权，清正廉洁，不谋私利，严格要求亲属等情况。

5. 人事部门制定考察工作方案报总支部委员会会议通过，可采取个别谈话、发放征求意见表、民主测评、实地走访、查阅干部人事档案和工作资料等方法，广泛深入地了解情况，注意了解考察对象生活圈、社交圈情况；同考察对象面谈，进一步了解其政治立场，思想品质，价值取向，见识见解，适应能力，性格特点，心理素质等方面情况，以及缺点和不足，鉴别印证有关问题，深化对考察对象的研判；综合分析考察情况，与考察对象的一贯表现进行比较、相互印证，全面准确地对考察对象作出评价。

6. 考察党政领导班子成员拟任人选，个别谈话和征求意见的范围一般为：上级部门领导成员、所在园所或部门领导成员、直属单位主要领导成员、其他有关人员。

7. 考察党政领导职务拟任人选，必须形成书面考察材料，建立考察文书档案并由党总支书记和纪检委员签字。考察材料必须写实，评判应当全面、准确、客观，用具体事例反映考察对象的情况，包括下列内容：

(1)德、能、勤、绩、廉方面的主要表现，以及主要特长、行为特征，就考察对象廉洁自律情况提出结论性意见；

(2)主要缺点和不足；

(3)民主推荐、民主测评、考察谈话情况；

(4)核查信访举报等情况的结论。

8. 党总支和人事部门选派高素质人员组建考察组，由两名以上成员组成，党总支书记担任组长。考察组必须坚持原则，公道正派，深入细致，如实反映考察情况和意见，对考察材料负责，履行干部选拔任用风气监督职责。

9. 考察组研究提出人选任用建议，向党总支报告。

(四)讨论决定

考察组逐个介绍拟任人选的推荐、考察和任免理由等情况，党总支讨论干部任免事项必须有三分之二以上成员到会，并保证与会成员有足够时间听取情况介绍、充分发表意见。与会成员对任免事项，应当逐一发表同意、不同意或者缓议等明确意见，党总支书记应当最后表态。在充分讨论的基础上，采取口头表决、举手表决或者无记名投票等方式进行表决，以党总支应到会成员超过半数同意形成决定。意见分歧较大时，暂缓进行表决。需要复议的，应当经党总支超过半数成员同意后方可进行。

有下列情形之一的，不得提交会议讨论：

(1)没有按照规定进行民主推荐、考察的；

(2)拟任人选所在单位党总支对廉洁自律情况没有作出结论性意见的，或者纪检委员未反馈意见的，或者纪检委员有不同意见的；

(3)线索具体、有可查性的信访举报尚未调查清楚的；

(4)巡视巡察、审计等工作中发现重大问题尚未作出结论的；

(5)其他原因不宜提交会议讨论的。

(五)任职

1. 党政领导职务实行选任制、委任制，部分专业性较强的领导职务可以实行聘任制。

2. 在党总支讨论决定后、下发任职通知前，应当在一定范围内公示。公示内容应当真实准确，便于监督，涉及破格提拔的还应当说明破格的具体情形和理由。公示期不少于五个工作日。公示结果不影响任职的，办理任职手续，签署《管理干部岗位责任书》。

3. 实行任职谈话制度。对决定任用的干部，由党总支指定专人同本人谈话，肯定成绩，指出不足，提出要求和需要注意的问题。

4. 干部任职三年，新任职者试用期为一年，试用期满后，经考核胜任现职的，正式任职；不胜任的，免去试任职务，一般按照试任前职级或者职务层次安排工作。

5. 对破格提拔及通过公开选拔、竞争上岗任职的干部，试用期满正式任职时，党总支还应当指定专人进行谈话。

五、免职、辞职、降职

1. 党政领导干部有下列情形之一的，一般应当免去现职：

(1)达到任职年龄界限或者退休年龄界限的；

(2)受到责任追究应当免职的；

(3)不适宜担任现职应当免职的；

(4)因违纪违法应当免职的；

(5)辞职或者调出的；

(6)非组织选派，个人申请离职学习期限超过一年的；

(7)因病学年或年度内，事假连续两周或累计三周、病假连续45天或累计两个月；

(8)因工作需要或者其他原因应当免去现职的。

2. 引咎辞职、责令辞职和因问责被免职的党政领导干部，一年内不安排领导职务，两年内不得担任高于原任职务层次的领导职务。同时受到党纪政务处分的，按照影响期长的规定执行。

3. 党政领导干部在年度考核中被确定为不称职的，因工作能力较弱、受到组织处理或者其他原因不适宜担任现职务层次的，应当降职使用。

4. 因不适宜担任现职调离岗位、免职的，一年内不得提拔。

5. 对符合有关规定给予容错的干部，应当客观公正对待。

六、纪律和监督

1. 选拔任用党政领导干部，必须严格执行本制度的各项规定，并遵守下列纪律：

(1)不准采取不正当手段为本人或者他人谋取职务、提高职级待遇；

(2)不准违反规定程序动议、推荐、考察、讨论决定任免干部，或者由主要领导成员个人决定任免干部；

(3)不准私自泄露研判、动议、民主推荐、民主测评、考察、酝酿、讨论决定干部等有关情况；

(4)不准在干部考察工作中隐瞒或者歪曲事实真相；

(5)不准在民主推荐、民主测评、组织考察和选举中搞拉票、助选等非组织活动；

(6)不准利用职务便利私自干预下级或者单位干部选拔任用工作；

(7)不准在干部选拔任用工作中任人唯亲、排斥异己、封官许愿，拉帮结派、搞团团伙伙，营私舞弊；

(8)不准篡改、伪造干部人事档案，或者在干部身份、年龄、工龄、党龄、学历、经历等方面弄虚作假。

2. 加强干部选拔任用工作全程监督，严肃查处违反人事纪律的行为。对违反本制度规定的事项，按照有关规定对党总支主要领导成员和有关领导成员、人事部门有关领导成员及其他直接责任人作出组织处理或者纪律处分。

3. 对无正当理由拒不服从组织调动或者交流决定的，依规依纪依法予以免职或者降职使用，并视情节轻重给予处分。

4. 党总支及其人事部门对干部选拔任用工作和贯彻执行本制度的情况进行监督检查，认真受理有关干部选拔任用工作的举报、申诉，制止、纠正违反本制度的行为，并对有关责任人提出处理意见或者处理建议。纪检委员按照有关规定，加强对干部选拔任用工作的监督检查。

5. 党总支及其人事部门在干部选拔任用工作中，必须严格执行本制度，坚持出以公心、公正用人，严格规范履职用权行为，自觉接受党内监督、社会监督、群众监督。

干部管理制度

为了适应幼儿园发展的需要，建立健全权责明确、管理科学的制度体系，加强幼儿园内部干部的管理，使各项管理工作有章可循，充分发挥管理干部工作的积极性和创造性，依照《事业单位领导人员管理规定》《干部教育培训工作条例》等国家现行相关法律法规，结合幼儿园实际情况制定本制度。

一、工作守则

1. 必须坚持以马克思列宁主义、毛泽东思想、邓小平理论、“三个代表”重要思想、科学发展观、习近平新时代中国特色社会主义思想为指导，贯彻执行党的基本路线和教育方针，坚持社会主义办学方向。

2. 具备优良的职业道德和正直无私的个人品质。

3. 有高度的责任心和事业心，处处以幼儿园的利益为重，为幼儿园的发展作出最大贡献。

4. 坚持求真务实的工作作风，为全体教职工做好服务。

5. 具备创新能力，通过培训及自我学习吸收新知识和新理念，使个人素质与幼儿园的发展保持同步。

6. 具有敬业和奉献精神，讲究工作方法和效率，追求精益求精、卓越高效。

7. 要善于协调，融入集体，有团队合作精神和强烈的集体荣誉感，分工不分家。

8. 对于干部兼职行为的管理如下。

(1)干部未经幼儿园领导书面批准，不得在外兼任获取薪金的工作。

(2)禁止下列情形的兼职：

①在幼儿园内从事外部的兼职工作，或者利用单位的工作时间和其他资源从事所兼任的工作；

②因兼职影响本职工作或有损幼儿园组织形象。

二、干部行为准则

1. 必须坚定不移贯彻国家的方针政策，在大是大非面前不能态度暧昧，不能动摇基本政治立场，不能被错误言论所左右。

2. 严格落实“三严三实”相关要求：严以修身、严以用权、严以律己；谋事要实、创业要实、做人要实。

3. 以身作则坚决反对形式主义、官僚主义、享乐主义和奢靡之风。

4. 贯彻落实意识形态工作责任制，做好属地建设和管理，不发表错误言论。发现苗头性倾向性问题，及时按流程上报。

5. 带头严格遵守幼儿园各项规章制度。

6. 服从幼儿园的组织领导与管理，对未经明示事项的处理，应及时请示，遵照指示办理。

7. 干部必须尽职尽责、爱岗敬业、积极进取。

8. 应严格保守单位的业务、财务、人事等机密，未经幼儿园授权或批准，不准对外提供幼儿园文件，以及其他未经公开的资料及数据。

9. 干部必须服从上级安排，做到令行禁止。如有正当意见，应在事前陈述，如遇同事工作繁忙，应协同办理，服从幼儿园指挥。

10. 在公众面前做到仪表整洁，举止端庄，行为检点，谈吐得体。切记每位干部的言行都是幼儿园组织形象和风貌的体现。

11. 干部之间要团结合作，互相信任，互相学习，沟通思想，交流感情。

三、幼儿园合格干部“十不准”

1. 不准散布违背国家方针政策的言论，不准发表违背党中央决定的言论，不准参与非法组织和非法活动，不准制造、传播谣言及丑化党和国家形象的言论等。

2. 不准在群众中发牢骚、抱怨，有困难和需要找组织。

3. 不准搞小团体，更不准利用职务之便以物质交换获取个人利益或靠金钱联络感情。

4. 不准奢侈浪费、贪慕虚荣，不准崇尚拜金主义、享乐主义。

5. 不准利用职务之便以权谋私。

6. 不准有影响组织团结、有损组织形象和声誉的言行。

7. 不准拒不服从组织的工作安排或与组织谈条件。

8. 不准在工作中回避矛盾与问题，推诿扯皮，逃避责任和担当。

9. 不准收取家长以任何形式馈赠的礼金或礼品。

10. 不准阳奉阴违、弄虚作假，对党组织说假话。

四、干部教育培训制度

1. 干部教育培训以深入学习贯彻习近平新时代中国特色社会主义思想为主题主线，以党的理论教育、党性教育和履职能力培训为重点，注重知识培训，全面提高干部素质和能力。

2. 干部参加教育培训期间必须严格遵守学习培训和廉洁自律各项规定。

3. 干部因故未按规定参加教育培训或者未达到教育培训要求的，应当及时安排补训。对无正当理由不参加教育培训的，视情节轻重给予批评教育、组织处理。

4. 干部接受教育培训情况作为干部考核的内容和任职、晋升的重要依据。

5. 干部教育培训考核的内容包括干部的学习态度和表现，理论、知识掌握程度，党性修养、作风养成和遵规守纪情况等。干部教育培训考核不合格的，年度考核不得确定为优秀等次。

五、工作汇报制度

1. 强化管理层次观念，坚持一级对一级负责，实行逐级请示汇报，一般情况下不准越级汇报，越级指挥。

2. 各级管理人员必须按职责要求，不折不扣地完成本职工作任务，凡涉及两个或两个以上部门、岗位的工作，要在接到任务时立即协调，明确主办和协办关系，并将分工情况报告上级领导。

3. 凡涉及单位利益的问题，责任人必须事先向主管领导请示，严格按领导指示执行，不允许“先斩后奏”。

4. 正在处理中的问题，应向主管领导随时汇报相关进展情况。

5. 汇报的方式采用口头或书面两种形式，凡涉及单位整体利益的重大事项，必须采用书面形式，递交有关领导答复处理。

六、对所属部门的管理制度

1. 管理干部应该率先垂范，为下属提供指导，致力于开发下属的技术和能力，帮助下属调整好个人状态，而不仅仅是监督和管控员工。

2. 干部在所属部门中，一定要淡化权力意识，加强责任意识；制定部门目标时，要遵循五大原则：明确性、可衡量性、可接受性、实际性、时限性。

3. 干部召开所属部门会议时，要尽力避免不守时、不负责、不决策、不执行四种不良倾向。

干部问责制度

为进一步加强幼儿园责任体系建设，推进和完善干部管理监督机制，防止和减少管理过失，严肃幼儿园工作纪律，提高工作效率，强化管理干部的责任意识，根据上级有关要求，结合幼儿园实际，特制定本制度。

一、总则

1. 问责坚持权责统一、责罚适当、实事求是的原则；公平、公正和追究责任与改进工作相结合的原则；教育与惩处相结合的原则。确保问责工作健康发展。

2. 管理干部对岗位职责内发生的应该问责行为承担直接责任；对分管部门发生的应该问责行为承担重要领导或主要领导责任。

二、问责的范畴

1. 管理干部应当严格履行规定的职责，认真完成幼儿园交办的各项工作，严格按照规定和流程执行工作，自觉接受监督。

2. 管理干部有下列情形之一的，应当依照本制度问责。

(1)无正当理由，未完成幼儿园各项规章制度中明确指明应承担的工作任务或未认真执行幼儿园的指示、决策和交办事项的。

(2)不履行或未认真履行职责，致使幼儿园重要工作未能按时完成，影响幼儿园整体工作部署的。

(3)对教职工、家长提出的申诉、建议不办理、不答复，造成不良影响和工作损失的。

(4)责任意识淡薄，致使幼儿园利益或员工合法权益遭受损失或造成不良社会影响的：

①因工作失职、渎职，影响校园稳定，出现失火、盗窃、食物中毒等事故的；

②在发生各种自然灾害、重大突发事件等事关师幼员工生命财产安危的紧急时刻，拖延懈怠，推诿塞责，造成不良后果和恶劣影响的；

③瞒报、虚报、迟报重大突发事件、事故或重要情况、重要数据的。

(5)违反规定程序，盲目决策，造成严重不良影响或重大经济损失的：

①重大项目发生重大失误或存在严重质量问题的；

②随意处置幼儿园资产和使用资金，造成资金浪费或资产流失的；

③违规采取重大行政措施，导致员工或家长大规模投诉，或引发其他社会不良影响，损害幼儿园形象的。

(6)管理不严、监督不力，造成严重不良影响或其他严重后果的：

①监督管理不力，致使下属多次发生滥用职权、徇私舞弊和失职、渎职等严重违纪、违规行为的；

②管理效率低下，工作态度生硬，工作质量差，员工反映强烈的；

③对员工违法、违纪行为进行包庇、袒护或纵容的。

④指使、授意他人弄虚作假，骗取荣誉或进行违法、违纪活动的；

(7)在人事调配、职务评聘、招生、评优等工作中，不按程序，违规操作，造成不良后果的。

(8)在公开场合发表有损幼儿园形象的言论，或行为失于检点，举止不端，有损干部形象，或在社会上造成不良影响，损害幼儿园形象的。

(9)幼儿园认为应当问责的其他情形。

三、问责程序

1. 党总支书记/总园长可根据下列情况启动问责程序。

(1)教师、家长和其他组织向幼儿园提出的附有相关证据材料的举报。

(2)上级主管部门在幼儿园专项考核评比中提供的幼儿园工作出现重大失误的材料。

(3)上级部门的指示或建议。

(4)新闻媒体曝光的材料。

(5)出现重大责任事故。

(6)幼儿园发现问责情形。

2. 问责程序启动后，党总支书记责成问责对象汇报情况。

3. 党总支书记和纪检委员听取情况汇报和意见后，认为问责事实清楚的，提出处理建议，提请总支部委员会会议讨论决定问责方式；认为需要进一步调查核实的，可责成有关部门调查核实。

4. 党总支书记在总支部委员会会议决定后一日内将问责决定书面通知行政问责对象。问责对象对处理有异议，可自收到处理意见起七日内，向幼儿园领导申请复核。

四、问责制施行

幼儿园人事部负责实施问责的组织协调和具体承办，各部门依照各自职责协助做好相关工作。

后备干部选拔培养和管理制度

为建立科学规范的青年后备干部选拔、培养和管理机制，培养造就一支素质优良、数量充足、结构合理、能够担当教育事业发展重任的青年后备干部队伍，深入贯彻中共中央《党政领导干部选拔任用工作条例》，结合幼儿园实际，制定本制度。

一、总则

1. 以马克思列宁主义、毛泽东思想、邓小平理论、“三个代表”重要思想、科学发展观、习近平新时代中国特色社会主义思想为指导，深入贯彻新时代党的组织路线和干部工作方针政策，立足建设“国内领先，世界一流，有较大国际影响力的专业化学前教育机构”，把“政治上靠得住，工作上有本事，作风上过得硬，群众信得过”的人才选拔到后备干部队伍中来，加强对青年后备干部的专业素养、思想素养、领导素质的培养，为幼儿园教育事业可持续发展提供优秀的干部后备人才。

2. 本制度所指的后备干部是指具有担任主任及以上领导职务潜质的，经过有计划、有针对性的培养和锻炼，能够胜任领导岗位的优秀中青年干部。

3. 后备干部选拔原则如下。

(1)党管干部。

(2)德才兼备、以德为先，任人唯贤原则。

(3)事业为上、人岗相适、人事相宜。

(4)公道正派、注重实绩、群众公认。

(5)民主集中制。

(6)依法依规办事。

二、后备干部基本条件

1. 自觉坚持以马克思列宁主义、毛泽东思想、邓小平理论、“三个代表”重要思想、科学发展观、习近平新时代中国特色社会主义思想为指导，努力用马克思主义立场、观点、方法分析和解决实际问题，坚持讲学习、讲政治、讲正气，牢固树立政治意识、大局意识、核心意识、看齐意识，坚决维护习近平总书记核心地位，坚决维护党中央权威和集中统一领导。

2. 具有共产主义远大理想和中国特色社会主义坚定信念，坚定道路自信、理论自信、制度自信、文化自信，坚决贯彻执行党的理论和路线方针政策，全面贯彻党的教育方针，坚持社会主义办学方向，坚持马克思主义的指导地位，坚持立德树人根本任务，培养德智体美劳全面发展的社会主义建设者和接班人。

3. 坚持解放思想，实事求是，与时俱进，求真务实，认真调查研究，能够把党的方针政策同本地区、本部门实际相结合，卓有成效地开展工作，落实“三严三实”要求，主动担当作为，真抓实干，讲实话、办实事、求实效。

4. 有强烈的革命事业心、政治责任感和历史使命感，热爱教育事业，有奉献牺牲精神，有胜任领导工作的组织能力、文化水平和专业素养，工作业绩突出。

5. 坚持原则，敢抓敢管，依法办事，以身作则，艰苦朴素，勤俭节约，坚持党的群众路线，密切联系群众，自觉接受党和群众的批评、监督，加强道德修养，讲党性、重品行、作表率，带头践行社会主义核心价值观，廉洁从教、廉洁用权、廉洁修身、廉洁齐家，做到自重、自省、自警、自励，反对形式主义、官僚主义、享乐主义和奢靡之风，反对任何滥用职权、谋求私利的行为。

6. 坚持和维护党的民主集中制，有民主作风，有全局观念，善于团结同志，包括团结同自己有不同意见的同志一道工作。

7. 后备干部原则上应在下一级岗位工作两年以上，有突出业绩的可破格提拔。后备干部年龄一般不超过45周岁。

8. 具有正常履行职责的身体条件。

9. 近三年师德考核及绩效考核合格。

10. 具有大学本科及以上文化程度。

三、后备干部选拔

1. 后备干部选拔程序如下。

(1)党总支或者人事部门根据工作需要和领导班子建设实际，结合综合分析研判情况，提出启动干部选拔任用工作意见，就选拔任用的职位、条件、范围、方式、程序和人选意向等提出初步建议。

(2)进行谈话调研推荐，提前向谈话对象提供谈话提纲、换届政策说明、干部名册等相关材料，提出有关要求，提高谈话质量。同时可开展民主推荐。

(3)综合考虑谈话调研推荐和民主推荐情况、人选条件、岗位要求、班子结构等，党总支开会讨论确定后备干部人选。

2. 后备干部数量视园所发展情况灵活调整。

四、后备干部培养

1. 后备干部选定后，要确定培养方向，制订培养计划，落实培养措施。

2. 培养后备干部要立足当前，着眼长远。按照“缺什么补什么”、把提高思想政治素质摆在首位的原则，有计划地加强对后备干部的理论培训和实践锻炼。

3. 重点开展马克思列宁主义、毛泽东思想、邓小平理论、“三个代表”重要思想、科学发展观教育培训，全面加强习近平新时代中国特色社会主义思想教育培训，加强党的路线方针政策教育培训。

4. 培养方式：采取集中学习、一对一师徒结对指导、跟岗代培、调查研究和自学等多种形式相结合的方式。

五、后备干部管理与使用

1. 党总支和人事部门跟踪后备干部成长情况，考察与培养目标相比存在的缺点、不足的改正情况等，不仅要了解他们思想、工作方面的情况，而且要了解他们生活、社交等方面的情况。

2. 对后备干部实行动态管理，及时调整不符合要求的后备干部，补充新发现的优秀年轻干部。

3. 后备干部凡有下列情况之一的，应调整出后备干部名单：

(1)政治思想、道德品质、党风廉政等方面出现问题的；

(2)在后备干部考察中，表现“不称职”的；

(3)学年考核中，考核“不合格”的；

(4)工作失职，造成较大损失或不良影响的；

(5)由于身体原因，不能胜任工作的；

(6)由于其他原因，不宜继续作为后备干部的。

4. 后备管理干部队伍建设要做到备用结合。提拔管理干部原则上从后备管理干部中选拔。后备管理干部的提拔使用，原则上应与培养目标相结合。

第二节　专业发展

教师专业技术职务聘用制度

为进一步完善幼儿园教师职务聘任制度，建立教师职务聘用激励机制，充分调动广大教师工作积极性和创造性，特制定本制度。

一、专业技术职务评定原则

1. 客观公正，规范操作。整个职务聘任过程坚持实事求是、民主公开、科学合理、规范操作，结果力求客观公正。

2. 择优聘用，促进发展。职务聘任坚持择优聘用原则，鼓励教职工不断提高业务知识水平和工作技能。

3. 以德为先，注重实绩。职务聘任把师德放在首位，注重教职工在履行岗位职责中的实际表现和对幼儿园的实际贡献。

二、专业技术职务岗位设置

1. 教师岗位等级分为正高级、副高级、中级、助理级和员级，其对应的职称(职务)名称依次为正高级教师、高级教师、一级教师、二级教师和三级教师。

2. 统一后的教师职称(职务)，与原教师专业技术职务的对应关系是：原中学高级教师(含在幼儿园中聘任的中学高级教师)对应高级教师；原中学一级教师和小学(幼儿园)高级教师对应一级教师；原中学二级教师和小学(幼儿园)一级教师对应二级教师；原中学三级教师和小学(幼儿园)二级、三级教师对应三级教师。

三、专业技术职务评审基本条件

1. 拥护党的领导，胸怀祖国，热爱人民，遵守宪法和法律，贯彻党和国家的教育方针，忠诚于人民教育事业，具有良好的思想政治素质。

2. 具有崇高的职业理想和坚定的职业信念，爱岗敬业，关爱幼儿，为人师表，教书育人，牢固树立爱与责任的意识。任现职以来师德考核合格。

3. 具备相应的教师资格及专业知识和教育教学能力，工作在教育教学一线。承担相应职务的教育教学、教科研等工作任务，切实履行教师岗位职责和义务。

4. 身心健康。

四、专业技术职务评审实施细则

（一）高级以上教师职务聘任

1. 正高级教师任职资格条件。

（1）育人。长期工作在教育教学一线，能根据幼儿年龄特点，有效进行思想道德教育，积极引导幼儿健康成长，教书育人成果突出。任现职以来教学工作量达到幼儿园要求且年均周课时数不低于 10 课时，且担任班主任达到 3 年，出色完成班主任工作。申报教育教学管理学科人员对课时数和班主任任职年限不作要求。

（2）教学。具有深厚的理论基础，精深的专业知识，对课程体系建设有贡献。具有课程与教学领导力，能够创造性地对教育教学方法进行改革，并取得良好效果。形成独到的教学风格、独特的教学思想和精湛的教学艺术；具有值得借鉴和推广的教学经验；教学业绩卓著。

（3）教育教学研究。具有主持、指导和引领本学科领域或一定区域内教育教学研究的能力。在教育思想、课程改革、教学方法等方面取得创造性成果，并广泛应用于教学实践。在实施素质教育中，发挥了示范和引领作用。任现职以来主持省部级教学科研项目 1 项。在本学科领域公开发表教育教学研究成果（包括教材、论文、著作）5 项，其中第一作者不少于 3 项。论文要求：字数 3000 字以上；可以是基于专题总结、活动案例或教育随笔等形成的文章，但内容不只限于现象、过程描述（实录），要有教师自己的总结、概括和分析、思考，思考或分析总结部分篇幅不少于全文的 25%。

（4）影响力。在本学科教学领域享有很高的知名度，是同行公认的教育教学专家，在指导、培养一级、二级、三级教师方面作出突出贡献，在本区域或幼儿园教育教学改革中发挥突出作用。

（5）学历经历。大学本科及以上学历毕业后，在高级教师岗位任教满 5 年。累计从事教育教学、教研、科研工作满 20 年；申报教育教学管理学科人员应累计从事教育教学和教育教学管理满 20 年，其中从事教育教学管理工作满 10 年，且现任教育教学管理相关岗位主任及以上职务。

2. 高级教师任职资格条件。

（1）博士研究生学历，毕业后在一级教师岗位任教 2 年以上；或者大学专科及以上学历，在一级教师岗位任教 5 年以上。

申报教育教学管理学科人员还应具备：专职从事教育教学管理工作满 5 年，且累计从事教学、教育教学管理工作满 10 年，现任教育教学管理相关岗位副主任及以上职务。

（2）育人。长期工作在教育教学一线，任现职以来教学工作量达到幼儿园要求且年均周课时数不低于 10 课时，且担任班主任达到 3 年。能根据幼儿年龄特点，积极引导幼儿健康成长，比较出色地完成班主任工作，教书育人成果比较突出。申报教育教学管理学科人员对课时数和班主任任职年限不作要求。

(3)教学。具有坚实的理论基础、专业知识，系统地掌握课程体系。具有很强的专业技能，能够对教育教学方法进行改革试验。教学经验丰富，并形成个人的教学风格，得到同行和幼儿普遍认可，教学效果突出。

(4)教育教学研究。具有指导与开展教育教学研究的能力，在课程改革、教学方法改革等方面取得显著的成果，在素质教育创新实践中取得比较突出的成绩。任现职以来作为骨干参与省部级教学科研项目1项。在本学科领域公开发表的教育教学研究成果(包括教材、论文、著作)2项，其中第一作者不少于1项。论文要求：字数3000字以上；可以是基于专题总结、活动案例或教育随笔等形成的文章，但内容不只限于现象、过程描述(实录)，要有教师自己的总结、概括和分析、思考，思考或分析总结部分篇幅不少于全文的25%。

(5)影响力。在本学科教学领域享有较高的知名度。在指导、培养二级、三级教师方面发挥了重要作用，取得了明显成效。同等条件下，指导教师参加由教育行政部门举办的或者教育行政部门委托的学会、协会举办的教学比赛获奖者优先；在培养教师方面作出突出成绩者优先。

3. 实施办法。

(1)根据上级安排，公示相应的评定标准和申请条件、资格。

(2)教师个人申报职称级别，向幼儿园人事部递交基本情况简表及相关证明材料。

(3)幼儿园人事部审查申报资格条件，通知通过资格审查的申报人填写申报表。应聘人做课、述职答辩，幼儿园评委组将突出品德、能力、业绩导向，分专业制定评审标准，将工作绩效、创新成果、解决实际问题能力等作为评价的核心内容，创新突破、理论文章、研究成果、获奖教案等业绩成果均可作为代表性成果参加职称评审。师德建设与监督委员会进行师德评议，经总支部委员会研究决定，在年度岗位设置方案限额内提出推荐人选，园内公示。

(4)大学人事处复核推荐人选的申报材料，复核通过者提交学科评议组，学科评议组通过听课评课、面试答辩和专家评议等方式对参评人员进行考核。

(5)总评委会召开会议，对学科评议组推荐人选进行审定。

(6)幼儿园根据最终审定结果，聘任教师到相应的岗位，并向北京师范大学人事处备案，人事处颁发职称证书。

(二)一级教师职务聘任

1. 一级教师任职资格条件。

(1)博士研究生学历，毕业后在教育教学岗位工作满1年；或者硕士研究生学历，毕业后在二级教师岗位任教满2年，其中申报教育教学管理学科人员应从事教育教学管理工作满1年；或者大学专、本科学历，毕业后在二级教师岗位任教满4年，其中申报教育教学管理学科人员应从事教育教学管理工作满2年；或者中等师范学校学历，毕业后在二级教师岗位任教满5年，其中申报教育教学管理学科人员应从事教育教学管理工作满2年。

(2)育人。具有正确教育学生的能力，能根据幼儿年龄特征进行思想道德教育。任现职以来教学工作量达到幼儿园要求且年均周课时数不低于10课时，担任班主任达到2年(博士研究生学历不作要求)，并较好地完成班主任工作。申报教育教学管理学科人员对课时数和班主任任职年限不作要求。

(3)教学。具有比较扎实的基础理论和专业知识。有较强的专业技能，较好地掌握教学原则和教学方法，参与教学实践和园本课程开发。教学经验比较丰富，并形成一定的教学特色，教学效果好。

(4)教育教学研究。具有一定的开展教育教学研究的能力，并承担一定的教育教学研究任务，在素质教育创新实践中积累了一定经验。在本学科领域公开发表或获奖教育教学研究成果(包括教材、论文、著作)1项(第一作者或唯一作者)，论文可以是基于专题总结、活动案例或教育随笔等形式的文章。

2. 实施办法。

(1)一级教师职务聘任由幼儿园人事部负责统一安排。

(2)成立幼儿园初级评委小组9人(总园长、执行园长、研究中心主任、总园长行政助理)。

(3)根据上级安排，在幼儿园公示相应的评定标准和申请条件、资格。

(4)教师个人申报职称级别，向初级评委递交申报表及相关证明材料。

(5)初级评委通过申报材料、听课评课、听取述职报告和答辩对参评人员进行评价，评价将突出品德、能力、业绩导向，分专业制定评审标准，将工作绩效、创新成果、解决实际问题能力等作为评价的核心内容，创新突破、理论文章、研究成果、获奖教案等业绩成果均可作为代表性成果参加职称评审。师德建设与监督委员会进行师德评议，经总支部委员会研究决定，在年度岗位设置方案限额内提出推荐人选，园内公示。

(6)初级评委整理职评材料，上交大学学科评委评议。

(7)幼儿园根据最终审定结果，聘任教师到相应的岗位，并向北京师范大学人事处备案，人事处颁发职称证书。

(三)二、三级教师职务聘任

1. 二级教师任职资格条件。

(1)大学本科或硕士研究生学历，毕业后在教育教学岗位工作满1年并考核合格；或者大学专科学历，毕业后在三级教师岗位任教满2年并考核合格；或者中等师范学校学历，毕业后在三级教师岗位任教满3年并考核合格。

(2)育人。比较熟练地掌握教育的原则和方法；能够胜任班主任工作，教育效果较好。

(3)教学与教育教学研究。掌握教育学、心理学和教学法的基础理论知识，具有所教学科必备的专业知识；积累了一定的教育教学经验，教学效果较好；掌握教育教学研究方法，积极参与教育教学研究和创新实践。

2. 三级教师任职资格条件。

(1)大学专科学历毕业后，在教育教学岗位工作满1年并考核合格。或者中等师范学校学历毕业后，在教育教学岗位工作满1年并考核合格。

(2)育人。基本掌握教育的原则和方法，能够正确教育和引导学生。

(3)教学与教育教学研究。具有教育学、心理学和教学法的基础知识，基本掌握所教学科的专业知识和教法；能够胜任教学工作；学习教育教学研究方法，并运用到教育教学实践中。

3. 实施办法。

(1)各园执行园长组织安排。

(2)各园成立职务聘任小组：执行园长、保教主任、年级组长、教研员。

(3)教师个人申报职称级别，提交相关证明材料。

(4)各园职务聘任小组可根据申报材料、看课评课和述职环节重点考察品德、能力、业绩，投票确定推荐人选，征求党小组意见，报行政会讨论通过，各园园内公示。

(5)执行园长负责参评人员职务聘任档案中评价意见的填写、签字，整理齐全上交幼儿园人事部审核，审核情况报园长办公会审议。

(6)幼儿园人事部在申报表上盖章，聘任材料归档。

五、其他要求

1. 申报职务评审的教师，继续教育应根据岗位要求和专业发展，在五年内完成不少于360学时、获得36学分的学习任务。

2. 凡有职称的教职工均应履行相应的职称职责，否则高评低聘，降低职称津贴。

骨干教师管理制度

为进一步加强教师队伍建设，充分发挥骨干教师在职业道德修养、教书育人、教育教学改革、指导培养青年教师等方面的示范、引领作用，进而促进幼儿园教师专业发展和教师队伍整体素质的提高，办好人民满意的教育，根据《北京市幼儿园、中小学、中等职业学校学科教学带头人、骨干教师选拔和管理暂行办法》和各区相关文件精神，结合幼儿园实际情况特制定本制度。

一、评选

(一)园级骨干教师评选条件

1. 坚持以习近平新时代中国特色社会主义思想为指导，牢固树立“四个意识”，坚定“四个自信”，做到“两个维护”，拥护中国共产党的领导，拥护党的路线方针政策，全面贯彻党的教育方针，忠于祖国，忠于人民，恪守宪法原则，遵守法律法规，自觉履行公民义务，依法履行教师职责，模范遵守社会公德，带头践行社会主义核心价值观，自觉传承中华优秀传统文化、革命文化和社会主义先进文化。

2. 落实立德树人根本任务，树立崇高的职业理想，热爱教育事业，坚持以德立身、以德立学、以德施教、以德育德；遵循教育规律和幼儿成长规律，因材施教，教学相长，引导幼儿树立正确的国家观、历史观、民族观、文化观，帮助幼儿养成良好个人品德和社会公德，为幼儿健康成长发挥指导者和引路人的作用；坚持五育并举，在全面实施素质教育中发挥了引领和示范作用。

3. 具有扎实的专业知识，具有开阔的视野、创新的思维，了解并掌握教育前沿信息、现代教育理论和现代教育信息技术。具有终身学习的意识和能力，能够根据社会时代发展和教育的发展不断更新教育观念，不断提高自身专业化水平和教育信息化素养。具有较高的业务能力和水平，有组织并实施在线教育教学的能力，在教育教学工作中取得全园公认的突出成绩。

4. 具有良好的团队协作精神，能够发挥辐射带动作用，积极承担培养和指导青年教师任务，在指导青年教师提高专业知识水平、教育教学能力和指导青年教师开展教科研工作方面发挥重要作用，并取得一定成果，为幼儿园教师队伍建设作出贡献。

5. 具有符合《中华人民共和国教师法》规定的教师资格证。

6. 具有大学专科及以上学历和二级教师及以上教师职务。

7. 在北京师范大学实验幼儿园教育教学或教科研岗位工作满 2 年。

8. 近 3 年内平均周课时不少于 6 课时（专职教研员每月 1—2 次，不少于 4 课时）。

9. 全面贯彻落实《幼儿园教育指导纲要（试行）》《3—6 岁儿童学习与发展指南》，近三年承担过园级及以上优秀半日活动展示、游戏及教学活动展示、公开课或评优课、教科研展示交流活动；或在园级及以上教育活动展示、案例评优、玩教具制作等活动获奖。

10. 有一定的教育理论修养，具有较强的教育科研能力。近 3 年内具备以下条件之一：承担或参与园级及以上科研课题并有阶段性成果，在园级及以上刊物上发表本人撰写的相关文章；在园级及以上刊物上发表与专业有关的教育教学文章；文章获区级及以上奖励。参加园级及以上教材的编写。

11. 近 2 年内，年度绩效考核和师德考核无不合格情况。

（二）评选办法与程序

1. 个人申报：递交申报表及相关证明材料。

2. 各园行政班子根据评选条件，并征求党小组意见，择优选拔推荐，推荐名单在各园公示 3 天。

3. 人事部门审查材料，把审查情况在园长办公会汇报，讨论确定骨干教师名单，园内公示三天，无异议后即可认定。骨干教师占主班教师和教研员的比例不超过 35%。

4. 园级骨干教师每三年评选一次，三年一届。当年 1 月组织评选工作。

5. 区级学科带头人和骨干教师在园级骨干教师中按照区级评选条件推选；市

级学科带头人和骨干教师在区级学科带头人和骨干教师中按照北京市评选条件推选。

二、职责与义务

1. 教育教学：坚持工作在教育教学第一线，在教育教学工作中发挥示范作用，每周任课平均不少于6课时(专职教研员每月1—2次，不少于4课时)。

2. 在师德建设方面发挥表率作用。热爱幼儿，积极投身幼儿园教育教学改革，全面实施素质教育，做遵守社会公德、职业道德的楷模和教育教学改革的促进者。在任周期内，至少有一次师德考核优秀或绩效考核良好等次及以上。(专职教研员因为不参与师德考评，任期内无绩效考核不合格情况即可)

3. 在教育教学方面发挥示范作用。在幼儿园教育教学改革中发挥示范作用。园级骨干教师每年承担园级及以上示范课(包括优秀半日活动展示、游戏及教学活动展示、公开课或评优课、教科研展示交流活动、专题讲座)不少于1次，区级及以上学科带头人和骨干教师不少于2次。

4. 在进修学习方面发挥带头作用。自觉学习进修，不断更新教育观念，努力提高自身政治、业务素质和学科专业水平，及时了解教育前沿信息，不断拓宽专业知识面。每年研读一本教育专著和1—2种专业期刊，至少撰写1篇读书笔记，字数不少于800字。

5. 在教学教研方面发挥引领作用。任期内完成其中一项：承担或参与园级及以上科研课题的实施和实验；至少有一篇文章在区级及以上评选中获奖；在园级及以上刊物、学术会议上发表1篇论文、经验总结或科研报告；参加园级及以上教材的编写。

6. 在指导青年教师方面发挥传、帮、带作用。积极承担培养青年教师的任务，每年有计划地指导青年教师。园级骨干教师每年指导1—2名，或参与园级及以上教育教学指导、评选，总指导时长不少于5课时；区级及以上学科带头人、骨干教师每年指导2—3名，或参与园级及以上教育教学指导、评选，总指导时长不少于8课时。

三、待遇

1. 在职务聘任、评优、评先等方面，同等条件下，享有优先权。

2. 优先安排参加学术交流、培训进修、考察学习、科研立项、经验总结等活动。

3. 搭建专业发展平台，帮助骨干教师不断进步。

4. 每年考核合格，园级骨干发放一次性奖励津贴；市区级骨干奖励津贴标准按上级文件执行，不重复领取园级骨干奖励津贴。

四、管理与考核

1. 每年12月进行年度考核，骨干教师填写年度考核表，由骨干教师评选认定工作小组审议，将考核结果在园内公示三天。

2. 骨干教师因病不能正常工作者（病假年累计30天及以上），暂不取消称号，当年不参加考核，停止发放津贴。

3. 有以下情形之一者，当年考核不合格，停止发放其津贴。

(1)事假年累计15天及以上。

(2)未履行骨干教师职责的。

4. 有下列情形之一者，取消其称号及相应待遇。

(1)任期内有违法违规违纪行为，违反教师职业道德规范，或师德考核不合格者。

(2)不履行岗位职责，绩效考核不合格者。

(3)任期内离职者。

(4)其他应取消称号的情形。

5. 本制度自发布之日起执行，原2018年制定的《骨干教师管理制度》同时废止。

预备入职实习生管理制度

预备入职实习生指的是经幼儿园面试初步选拔出来的有意向留园工作的各院校在校应届毕业生（不包括竞争事业编制的实习生）。为了规范预备入职实习生的管理工作，确保实习工作稳定、规范、有序地开展，特制定本制度。

一、实习时间

实习生原则上自来园之日起至少要保证一学期实习时间。

二、实习内容

1. 中、大专学历实习生实习内容。

第一周：以培训与见习为主。培训1—2天，培训内容主要是幼儿园一日常规工作、教学班各岗教师职责、保育工作实操及要求等；见习3—4天，熟悉工作环境、工作内容、工作环节、工作对象及工作要求。

第二周：保育工作实习。在实习指导教师的指导下，实习保育员工作，掌握保育工作一日流程及各项卫生消毒工作要领。

第三周及以后：中专实习生继续实习保育工作；大专实习生视园所情况及本人实习情况可安排实习助理教师工作。实习结束前一周上交个人实习总结。

2. 本科及研究生学历实习生实习内容。

第一周：见习及保育员实习。培训1天，培训内容主要是幼儿园一日常规工作及教学班各岗教师职责；见习2天，熟悉工作环境、工作内容、工作环节、工作对象及工作要求。保育员工作实习2天，在实习指导教师的指导下，实习保育员工作，熟悉保育工作一日流程及各项卫生消毒工作要领。

第二周：前3天实习保育员工作，能达到掌握工作内容及要求。后2天观察班员教师工作，在实习指导教师的指导下，组织幼儿的日常生活和游戏环节。

第三周：前2天在实习指导教师的指导下，撰写教案，组织教育活动。后3天撰写半日活动计划及教案，带半日活动。

第四周开始：在实习指导教师的指导下，全面实习班员教师工作。撰写半日活动计划及教案，带半日活动。

第四周或第五周：组织一次公开的教育活动，各园执行园长及保教主任看课。实习结束前一周上交个人实习总结。

3. 实习教师不得替代正式教师独立带班，只能跟岗实习。

三、实习生职责

1. 树立正确的教育观、儿童观，能够做到尊重、理解、接纳幼儿，严禁体罚和变相体罚幼儿。

2. 进行教学须认真撰写日计划，做好教学活动前及环节中的准备工作，学会独立组织幼儿园综合教育活动及幼儿游戏活动的方法。按计划的要求组织实施，在教学中注意培养幼儿观察、分析、处理问题的能力，创设条件，满足幼儿动手操作机会。

3. 实习过程中，注意观察幼儿，确保幼儿安全。在指导教师协助下进行带班，完成教学工作。

4. 积极参加园本教研活动和幼儿园各项培训活动。

四、实习要求

1. 严格遵守幼儿园的各项规章制度，服从幼儿园的实习安排及管理，上班不能迟到或早退。

2. 着装必须保持朴实整洁、庄重得体，与幼儿园工作环境相宜。

3. 实习期间不得随意请假，保证实习时间。如学校有考试或办理毕业事宜需请假时，应在来园第一天向幼儿园说明情况，请假要向所在园执行园长递交书面请假申请，并附上学校相关通知，经批准后方可休假。

4. 学生终止实习，须提前一周在幼儿园运营管理系统提交离职申请，经所在园执行园长批准后方可终止实习。如未经批准终止实习的，视对幼儿园造成影响大小扣除当月实习补贴的30%—60%。提前终止实习的实习生不予开具实习证明和实习鉴定(实习时间满三个月，幼儿园视情况给予开具实习证明、实习鉴定)。

5. 每周向指导教师上交观察笔记，实习班员教师工作的实习生还要上交半日活动计划及教案。

6. 本科及以上学历的学生所做的公开教育活动要依据本班的课程计划、幼儿年龄特点及兴趣来确定。

五、实习工资

实习生在实习期间，每月发放实习补贴。

六、人事部管理职责

1. 负责实习生的选拔及园所分配，与实习生签署实习协议(新校区园、未来一幼、珠海实幼自行签署)。

2. 对实习教师的身份进行核查，包括身份证、学生证、在读学校出具的实习介绍函或推荐信，核查其有无犯罪记录。

3. 了解实习生的实习情况并向其学校反馈。

4. 与学校沟通，终止不符合北京师范大学实验幼儿园用人标准的实习生的实习。

5. 对于提前终止实习的实习生，向学校反馈报备相关情况。

6. 对于体检结果不符合幼儿园工作要求的实习生，由人事部与其所在学校及本人沟通，退回学校；对于初次体检不合格，但经短时间治疗能恢复健康的实习生，在复查合格前，可先安排在资料室实习；对于初次体检不合格，第二次复查也不合格且影响实习考察的实习生，由人事部与其所在学校沟通，退回学校。

七、各园管理职责

1. 建立实习生管理台账，与实习生签署安全承诺书，留存健康证明、安全承诺书等相关资料。

2. 实习前，各园执行园长、业务园长与保教主任召开实习动员会，明确指导教师的职责及对实习生的实习要求，给实习生指定指导教师。

3. 实习期间，各园执行园长、业务园长及保教主任做好实习生的安全宣传、教育、监督和管理，及时掌握、关心实习生的学习、工作及生活情况，记录实习生的出勤情况。对于个别能力很弱或者品行、纪律有问题的实习生，及时上报人事部，由人事部与学校沟通，退回学校。

4. 指导教师负责对所带实习生进行思想品德教育和专业思想教育，检查、提醒实习生遵守纪律情况，发现问题及时向主管领导报告。带领实习教师尽快熟悉本班幼儿的情况，特殊儿童要重点强调，并传授教育方法、经验。及时对实习教师的工作给予点评（即提出优点和评价意见）。批阅实习生的观察笔记等文字材料。

5. 实习期间，如实习教师导致幼儿发生意外伤害事故时，指导教师及时向主管领导汇报，不得隐瞒、拖延，人事部报告实习生所在学校主要负责人，共同妥善解决。

6. 对于提前终止实习的实习生，执行园长向人事部反馈报备相关情况。

7. 实习结束前，业务园长或主任确保对每个实习生进行全面的工作观察及考核。

8. 实习结束时，指导教师如实严格、公正评定实习成绩，写出评语。实习转正的《实习评价表》由业务园长或主任、执行园长签字，报幼儿园人事部，通知办理入职手续。

教职工培训管理制度

为保障教职工培训工作的有序高效开展，不断提升教职工业务水平，建设一支具有良好专业素养的教职工队伍，特制定本制度。

一、园内培训

1. 培训对象：幼儿园全体教职工。

2. 培训内容：兼顾思政性和专业性，体现时代性、针对性、有效性。

3. 培训形式：综合运用专题式、研讨式、案例式、体验式，提升各岗位教职工专业能力。

4. 培训过程：调研需求、确定目标、制订计划、组织培训、评估效果。

5. 培训档案：分类整理方案、签到记录、照片、课程资源、调查问卷、合同等档案资料，做好存档保密工作。

6. 培训安全：严格落实国家信息安全等级保护和数据分类分级保护等制度，加强培训课程的信息安全筛查，建立线上线下培训安全保障监督管理体系。外请专家，需要根据意识形态相关制度要求，上报上级主管部门审批。

7. 培训纪律：教职工应积极参加各项培训活动，凡连续两次不参加培训中心活动的(指无故缺勤，请假未获批准)，通报批评。请假程序参照病事假请假流程，报培训中心备案。

二、外出培训

1. 外出培训包括不同类型、级别的培训、观摩、考察、参会交流等活动。

2. 培训项目和参加人员应由幼儿园园长办公会讨论决定。通知培训中心登记备案。

3. 赴外地培训项目应由培训中心统一报名、联络行程。

4. 根据规模选派一至两名领队全权负责。学习结束后由领队将学习影像资料、学习体会整理成文上交培训中心留档备案。

5. 培训人员须遵守组织单位的有关纪律和要求，维护幼儿园形象。

6. 幼儿园出资提供的外出学习项目如遇双休日或节假日，学习费与加班费相抵。

7. 举办方(或会务组)统一规定的培训费/会务费和出京返京的交通费、出差期间的住宿费，由幼儿园财务人员或领队统一办理，住宿费由领队统一缴纳，回园报销。

8. 除举办方(或会务组)规定项目以外的因公务发生的交通费应本着节约、集体出行的原则由领队决定出行交通工具，此交通费允许回园报销。其他交通费均由个人自理。

9. 若培训费或会务费中不包含餐费，由个人自行用餐，幼儿园发放伙食补助每人每天50元。出国参观、学习、交流、培训或参会不发放伙食补助。

第三节　日常管理

师德建设与监督委员会工作制度

为贯彻落实教育部等七部门印发的《关于加强和改进新时代师德师风建设的意

见》和《中共北京师范大学委员会关于进一步加强师德建设的意见》等文件精神，进一步加强师德建设，完善师德监督机制，幼儿园成立师德建设与监督委员会，并制定本办法。

一、委员会工作职责

1. 制定幼儿园有关师德监督、考核方面的政策。

2. 监督、调查和审定教职工违反师德的行为。

3. 监督师德年度考核、晋升专业技术职务师德考核，受理教职工对师德考核结果的申诉。

4. 监督引进人才和聘用教师的政治审查和师德审查。

5. 监督幼儿园直属管理的各园、各部门的师德建设、教育、监督、考核评价等文件的落实情况。

二、委员会组成

主任：党总支书记。

副主任：总园长、党总支纪检委员、各园执行园长。

委员：党总支委员会委员、党支部纪检委员、工会主席、教职工代表8人等。

三、委员会议事规则

1. 师德建设与监督委员会原则上每年召开一次全体会议，根据工作需要，随时召开。

2. 全体会议的议题，由副主任提出初步意见，报委员会主任审定。

3. 全体会议可以根据议题，邀请各园和部门有关同志、违反师德调查小组成员等列席。

4. 全体会议由委员会办公室负责记录并整理形成会议记录。

5. 师德建设与监督委员会研究决定的事项，按照分工负责的原则，由各园和部门贯彻执行。

6. 全体会议对违反师德行为的调查结果或对师德考核的申诉进行审议认定时，须按以下办法执行。

(1)会议决议以无记名投票的方式进行，须有全体委员的三分之二以上出席，应到会人数的二分之一以上通过方为有效。

(2)委员会成员存在下列情形之一的，应当主动向委员会提出回避：

①与举报人、被举报人或申诉人存在近亲属关系的；

②与举报人、被举报人或申诉人存在其他密切关系，可能影响公正处理的；

③与举报的处理结果存在直接利害关系的。

四、师德考核申诉

1. 会议对违反师德行为形成事实认定后，须将认定结果通知举报人和被举报人，并设立十个工作日为申诉期。举报人或被举报人对认定结果如有异议，可在申诉期内提出申诉，须明确申诉原因并附相关证据材料。

2. 师德建设与监督委员会接到申诉后，由办公室对申诉材料和师德建设与监督委员会相关材料进行复核，给出受理建议。

3. 师德建设与监督委员会主任根据建议作出受理决定。对受理的申诉，须召开全体会议对考核结果进行审议认定。全体会议决议以无记名投票的方式进行，须有全体委员的三分之二以上出席，应到会人数的二分之一以上通过方为有效。

五、附则

1. 师德建设与监督委员会委员、调查小组成员应遵守保密要求，不得泄露举报和调查的任何情况。

2. 本办法由师德建设与监督委员会负责解释。

师德师风建设制度

为落实习近平总书记提出的“四有”好老师标准，构建师德师风建设长效机制，进一步规范教师行为，建设一支师德高尚、业务精湛的教师队伍，根据《中小学教师职业道德规范》《关于加强和改进新时代师德师风建设的意见》《新时代幼儿园教师职业行为十项准则》《幼儿园教师违反职业道德行为处理办法》等文件要求，特制定本制度。

一、幼儿园教师职业道德规范

1. 爱国守法。热爱祖国，热爱人民，拥护中国共产党的领导，拥护社会主义。全面贯彻党的教育方针，自觉遵守法律法规，依法履行教师职责。不得有违背党和国家方针政策的言行。

2. 爱岗敬业。热爱幼儿教育事业，志存高远，勤恳敬业，甘为人梯，乐于奉献。对工作高度负责，不敷衍塞责。

3. 关爱幼儿。关心爱护每一名幼儿，尊重幼儿人格，平等公正对待幼儿。保护幼儿安全，维护幼儿权益，促进幼儿身心健康发展。不讽刺、挖苦、歧视幼儿，不体罚或变相体罚幼儿。

4. 保教育人。遵循教育规律，实施素质教育。循循善诱，诲人不倦，因材施教。培养幼儿良好品行，激发幼儿创新精神，促进幼儿全面发展。

5. 为人师表。坚守高尚品德，知荣明耻，严于律己，以身作则。衣着得体，语言规范，举止文明。关心集体，团结协作，尊重同事，尊重家长。作风正派，廉洁奉公。自觉抵制有偿家教，不利用工作之便谋取私利。

6. 终身学习。崇尚科学精神，树立终身学习理念，拓宽知识视野，更新知识结构。潜心钻研业务，勇于探索创新，不断提高专业素养和教育教学水平。

二、幼儿园教师职业行为十项准则

1. 坚定政治方向。坚持以习近平新时代中国特色社会主义思想为指导，拥护中国共产党的领导，贯彻党的教育方针；不得在保教活动中及其他场合有损害党中央权威和违背党的路线方针政策的言行。

2. 自觉爱国守法。忠于祖国，忠于人民，恪守宪法原则，遵守法律法规，依法履行教师职责；不得损害国家利益、社会公共利益，或违背社会公序良俗。

3. 传播优秀文化。带头践行社会主义核心价值观，弘扬真善美，传递正能量；不得通过保教活动、论坛、讲座、信息网络及其他渠道发表、转发错误观点，或编造散布虚假信息、不良信息。

4. 潜心培幼育人。落实立德树人根本任务，爱岗敬业，细致耐心；不得在工作期间玩忽职守、消极怠工，或空岗、未经批准找人替班，不得利用职务之便兼职兼薪。

5. 加强安全防范。增强安全意识，加强安全教育，保护幼儿安全，防范事故风险；不得在保教活动中遇突发事件、面临危险时，不顾幼儿安危，擅离职守，自行逃离。

6. 关心爱护幼儿。呵护幼儿健康，保障幼儿快乐成长；不得体罚和变相体罚幼儿，不得歧视、侮辱幼儿，严禁猥亵、虐待、伤害幼儿。

7. 遵循幼教规律。循序渐进，寓教于乐；不得采用小学教育方式提前教授小学内容，不得组织有碍幼儿身心健康的活动。

8. 秉持公平诚信。坚持原则，处事公道，光明磊落，为人正直；不得在入园招生、绩效考核、岗位聘用、职称评聘、评优评奖等工作中徇私舞弊、弄虚作假。

9. 坚守廉洁自律。严于律己，清廉从教；不得索要、收受幼儿家长财物或参加由家长付费的宴请、旅游、娱乐休闲等活动；不得推销幼儿读物、社会保险或利用家长资源谋取私利。

10. 规范保教行为。尊重幼儿权益，抵制不良风气；不得组织幼儿参加以营利为目的的表演、竞赛等活动，或泄露幼儿与家长的信息。

三、师德教育制度

1. 高度重视统筹推进，将师德专题教育纳入学年工作要点，组织广大教职工开展有计划安排、有形式创新、有学时要求、有时间节点、有督促检查、有效果总结的系统化学习。突出工作重点，覆盖全体教职工，力戒形式主义。

2. 教育内容。

(1)深入学习习近平总书记关于师德师风的重要论述，包括习近平总书记关于“三个牢固树立”“四个引路人”“四个相统一”“六要”“教育家精神”“四有”好老师等重要论述精神。

(2)强化教师“四史”学习教育。将“四史”学习作为教师思想政治“必修课”，以党史学习教育为主线，深入开展党史、新中国史、改革开放史、社会主义发展史教育，组织教师认真学习党领导人民进行艰苦卓绝的革命奋斗史、理论创新史和自身建设史，学习党的光荣传统、宝贵经验和伟大成就。

(3)开展师德优秀典型先进事迹宣传学习。持续选树宣传教师优秀典型。指导教师深入学习先进事迹，组织受表彰的教师先进典型、工作满30年的教师代表等深入幼儿园进行事迹宣讲、作师德专题报告，开展交流座谈等，面向广大教师讲好师德故事，用身边的榜样传递师德的力量。

(4)引导教师学习践行新时代师德规范。组织教师强化学习《新时代幼儿园教师职业行为十项准则》，结合《教师职业行为负面清单》和《教师师德失范行为处理办法》等文件，在教师中开展准则的宣传解读和贯彻落实，帮助教师全面理解和准确把握准则内容，做到全员全覆盖、应知应会、必会必做。

(5)集中开展师德警示教育。定期组织教师召开师德警示教育大会，以教育部等官方网站公开曝光的违反教师职业行为十项准则典型案例为反面教材，分类介绍师德违规问题和处理结果，引导教师以案为鉴、以案明纪。幼儿园出现师德违规问题的，要在会上详细通报师德违规问题及处理结果，组织教师讨论剖析原因、对照查摆自省，做到警钟长鸣。

3. 每学期开展师德教育活动不少于四次。教职工每年师德学习时长不少于20学时。

4. 每年五月确定为师德师风建设月，每年确定一个师德师风教育主题，围绕主题教育活动召开专题动员会议，开展形式多样的师德教育活动。

5. 创新教育形式。集中学习和自我学习相结合，专题辅导、实践反思、讨论交流、典型案例分析相结合；组织新教师入职宣誓、拜师活动，进行职业信念教育；组织退休教师座谈会，传承职业信念和宝贵经验；树标兵、楷模，用身边的人和事教育引领教师以德施教，以德立身。

6. 严格学习考勤制度，全体教职工保证参与培训学习，一般不得请假，凡因特殊情况请假者，须自学完成培训学习内容。

四、师德宣传制度

1. 业务园长(保教主任)负责师德宣传工作，崇德尚美，营造风清气正的育人环境。

2. 充分利用幼儿园网站、应用软件、微信公众号、园刊、橱窗等媒体平台宣传政策文件、优秀事迹，及时报道师德专题教育开展情况和实效，引导教师细微之处见师德，日常之中守师德。

五、师德检查制度

1. 教学部门和后勤部门主任在日常工作检查中，重视师德行为检查，发现问题及时解决，绝不能让微小的师德问题蔓延，影响师风、园风。

2. 以班级为单位实时自查，教师之间互相监督、及时提醒，防微杜渐。发现有违反师德行为，有责任向主管领导汇报。

3. 每学年总部对各园师德师风建设工作进行一次全面检查，总结经验与不足，不断提升师德师风建设工作实效。

六、师德考核制度

1. 师德考核组织：在师德建设与监督委员会领导下，成立由幼儿园管理者、家长、教师组成的师德考评小组具体负责师德考评工作。每学年末采取问卷调查的方式让家长(幼儿)对本班教师进行评价，教师评价采取自评、互评和领导评的方式。

2. 师德主要从爱国守法、爱岗敬业、关爱幼儿、保教育人、为人师表、终身学习六个方面进行考核。

3. 考核结果分优秀、合格、不合格三个等次，并以适当方式在幼儿园公示。

4. 考核结果存入教师档案。考核优秀者在职务聘任、岗位聘用、评优奖励时，同等条件下优先考虑。考核评定为不合格者在职务聘任、岗位聘用、绩效考核、评优奖励等环节实行一票否决。

七、师德奖惩制度

1. 每学年评选表彰师德师风优秀教师、“师德标兵”和“后勤服务标兵”，幼儿园认真总结师德师风典型事迹，做好宣传，扩大影响。

2. 建立师德师风责任追究和连带责任追究制度，教职工发生不遵守师德师风规范的行为，按以下条款进行责任追究和连带责任追究。

(1)违反师德师风规范，视情节轻重，给予当事人批评教育，责令作出检查，园内通报批评，本学年考核不合格，直至解除劳动合同等处理。

(2)上级领导或知情教职工发现违反师德师风规范行为，迟报、谎报、瞒报的，视情节轻重，给予通报批评、责令检讨、取消当年评优晋职晋升资格、诫勉、降职等处理。

八、师德监督制度

1. 幼儿园成立师德建设与监督委员会，加强师德建设，完善师德监督机制。

2. 每年九月，教职工签署《北京师范大学实验幼儿园师德承诺书》。

3. 设立师德举报电话(园长办公室电话)、师德举报信箱(园门口门卫处)，聘请师德师风监督员(家委会全体成员)，及时了解师德师风动态，有针对性采取措施，不断改进师德师风建设工作。

4. 对举报的师德师风问题，幼儿园师德建设与监督委员会都须进行认真调查核实，情节属实严肃处理。如不属师德问题，也要及时做好解释、宣传工作，做到事事有回音，件件有答复。

招聘管理制度

为了优化幼儿园人力资源配置，为幼儿园持续稳定发展提供人力资源保障，同时明确和规范幼儿园招聘流程，特制定本管理制度。

一、招聘原则

1. 计划原则：根据幼儿园的人员状况及发展需要制订人员招聘需求计划。

2. 人岗匹配原则：根据岗位需求及任职要求招聘能胜任岗位任务的人员。

3. 公开公正原则：坚持按照招聘选拔程序操作，做到科学合理、公开公正。

二、职责

1. 人事部：协助总园长认真负责招聘工作；负责招聘相关制度的拟定、实施、修改；审核各园招聘需求；负责幼儿园整体招聘计划的制订；负责集团园的人员调配。

2. 执行园长：负责各园人力资源需求申报；负责所在园的人员调配；负责人员到岗后的实习考察；有大局意识，各园相互支持，协助人事部的人员调配。

三、招聘需求审批程序

各园因新学期用人需求或员工离职需补充人员，由执行园长向人事部提出用人需求，人事部根据人员配备标准审核后招聘。

四、招聘纪律

1. 严禁不按规定程序面试或考核就录用人员。

2. 面试小组成员如遇朋友、同学或以前的同事前来应聘应主动回避。

3. 原则上不招聘与员工有直接亲属关系的人员，若为急需人员由总园长审批。如有此情况发生不能在同一所园内工作。

4. 招聘面试小组至少由两位管理干部组成。

5 有下列情形之一的，不能录用：

(1)在北京师范大学实验幼儿园或其他单位任职被开除者；

(2)未满 16 周岁的人员；

(3)体检不合格者(不符合国家或北京市有关幼儿园工作人员体检要求)；

(4)心理不健康者；

(5)有犯罪记录者；

(6)在其他单位任职，未解除劳动合同关系者；

(7)应聘时提供资料不真实者；

(8)从北京师范大学实验幼儿园离职的人员(因家里突发情况离职，且有支撑性材料能证明的除外)。

五、招聘及入职流程

(一)招聘流程

1. 人事部根据学期招聘计划及用人需求，通过招聘网站等渠道发布招聘公告，明确招聘岗位、任职条件、职位数量、应聘流程等信息。

2. 应聘人员根据招聘公告，提交简历。

3. 人事部根据应聘人员教育培训背景、工作经历、技能特长等方面对简历进行初步筛选，报经人事部主任复审后，通知简历合格人员参加面试，面试由人事部牵头组织，并由至少两名管理人员组成招聘面试小组，面试小组通常由总园长和人事部人员组成。

4. 人事部通知面试通过者体检，并将个人资料准备齐全(包括身份证、健康证、无犯罪记录证明、原单位离职证明、资格证书、学历证明等)。

(二)入职流程

1. 人事部通知新员工在规定时间到指定地点报到，通知内容包括时间、地点、报到材料清单等。新员工到园后，各园安排新员工在具体岗位试工，新员工按照岗位内容和要求试工，且工作时长满足规定时长，试工期内不得单独接手财物。

2. 部门主管、主任及执行园长注意考察新员工的工作态度、工作能力、沟通合作能力、品行等，查询有无犯罪记录，入职后第四个工作日，执行园长与合格者签订劳动合同。

3. 新员工在幼儿园运营管理系统根据要求填写个人资料，提交入职工资申请单，上传学历证书、从业资格证书、无犯罪记录证明及离职证明等。

4. 执行园长审核新员工个人资料及入职工资申请单，重点关注新员工信息填写是否完整准确，提交的资料是否合格等。

5. 人事部审核个人资料及入职工资申请单，重点关注新员工提交资料的真实性、完整性，提交信息与应聘信息是否一致等；审核完成后，在幼儿园运营管理系统录入该新员工相应的薪酬信息。

6. 总园长在确定新员工已履行规定的入职程序后，审批入职申请。

7. 财务部给新员工发工资及上社保。

8. 新员工试用期两个月，试用期满前各园对其做考核，填写《试用期满考核评价表》，考核合格者转正。

考勤制度

为维护正常的工作秩序，强化全体教职工的纪律观念，制定本制度。

一、门禁

教师进出幼儿园均需刷门禁卡。未带门禁卡的教师进出园时间由门卫登记，教师本人签字确认。门禁卡丢失，需及时补办，费用自理。

二、请假

请假必须由本人亲自申请，除特殊情况外，不得由他人代请。未获批准擅自休假视为旷工，根据情节轻重给予扣除工资奖金或解聘处理。

执行园长外出一天以上须提前一周报总园长批准。

（一）病假

1. 三天及以内的病假必须向执行园长申请，得到批准方可休假。三天至五天的病假经各园行政会审批，紧急情况各园行政班子微信群审批。五天以上的病假由执行园长报园长办公会决议审批，紧急情况在园长微信群里审批。

2. 请假时间不得迟于当日上岗时间。超过上岗时间请假，此段时间视为迟到。

3. 凡请病假者须出示个人社保定点医院或三级医院的诊断证明及请假条。无诊断证明及假条者按事假处理。

（二）事假

1. 三天及以内的事假必须向执行园长提出申请，得到批准方可休假。三天至五天的事假经各园行政会审批，紧急情况各园行政班子微信群审批。五天以上的事假由执行园长报园长办公会决议审批，紧急情况在园长微信群里审批。

2. 请假时间必须提前一天，如有特殊情况由执行园长酌情处理。

(三)给子女开家长会

教职工中如有上中小学的子女需开家长会，须持子女所在学校通知书办理请假手续，每孩每学年可参加一次家长会，一次以上的算事假。

三、迟到

延迟到岗的教职工按迟到处理。如无门禁系统，迟到职工须按实际延迟时间自觉记录，不自觉记录者加重处罚。当月迟到累计三次以上(含三次)按违反劳动纪律处理。迟到半小时按事假半天处理。

四、旷工

凡未请假或请假未经批准不上班或擅自离开工作岗位；或请假已满没有续假；或续假未获批准而逾期不在岗；或谎请病假者，视为旷工。连续旷工三天或当月累计旷工七天立即给予解聘。

五、倒休和存休

青年节、妇女节放假未休的，以不影响工作为前提，两周内倒休。因工作需要，产假未休完提前上班者，经主管领导批准可存休，学期内休完。

六、加班

教职工应不断提高业务水平和时间管理能力，确保在工作时间内完成各项工作职责。工作原因确需加班，提交加班申请，经总园长审批后视为加班，幼儿园根据具体情况，安排补休或另发加班费。

备注：幼儿园对全勤或违反考勤制度者，给予不同程度的奖惩，详见奖惩制度。

休息、休假制度

休息、休假包括国家法定节日放假、双休日及应有的带薪假期。根据国家休息、休假制度的相关规定，结合幼儿园工作性质，制定休息休假制度。

1. 全体教职工(除门卫按弹性工作时间计算)均可享受国家法定休息日。包括：新年一天(1 月 1 日)，劳动节一天(5 月 1 日)，国庆节三天(10 月 1 日、2 日、3 日)，春节三天(农历正月初一、初二、初三)，清明、端午、中秋各放假一天，双休日。

2. 女教师在妇女节可享受半天假，28 周岁以下的教师在青年节可享受半天假(在两周内轮休，轮休时间为下午，过期不补休。如节日当天遇双休日，不再轮休)。

3. 有 14 周岁以下孩子的教职工，遇儿童节在工作日可享受半天假。

4. 婚假。

(1)教职工本人结婚，婚假十天(含双休日)。

(2)因工作性质原因，每学期开学第一个月不得休婚假。

5. 丧假。

(1)指职工直系亲属(父母、配偶及子女)、配偶的父母死亡，按国家规定，可享受丧假。

(2)假期：北京市三天，外地五天。

6. 寒暑假。

寒假三到四周，暑假四到五周，含法定假期。教职工不再另行安排探亲假期，应在寒暑假期间探亲。

女职工生育休假制度

为鼓励女职工响应国家计划生育政策，确保女职工生育休假的权利，根据国家相关法律，特制定本制度。

一、女职工生育休假

1. 女职工自怀孕之日起，可享受国家规定的产检假(怀孕第一至六个月月末，每月半天；怀孕第七至八个月月末，每两周半天；怀孕九个月以上，每周半天)，按正常出勤计算工资。

2. 女职工因孕期身体不适请假，均持医生证明按病假处理。

3. 女职工怀孕七个月后可申请不带班。

4. 女职工生育除享受国家规定的产假 98 天外(其中产前可以休假 15 天)，享受延长生育假 60 天。男职工享受陪产假 15 天。女方自愿减少延长生育假的，男方享受的陪产假可以增加相应天数。难产的，增加产假 15 天。生育多胞胎的，每多生育一个婴儿，增加产假 15 天。

5. 女职工在国家规定的产假及生育奖励假期间，正值寒、暑假的，实际占用寒、暑假的天数不予顺延，发放带薪假工资。

6. 女职工哺乳期在不影响工作的前提下，可享受每日一小时的哺乳时间，直到孩子一周岁为止。多胞胎生育的，每多哺乳一个婴儿，每日增加一小时哺乳时间。

7. 按规定生育子女的职工，在子女满三周岁前，每年享受五个工作日的育儿假；育儿假天数按照三周岁以下子女数量累加，每年按照子女满周岁计算。育儿假原则上不在每学期开学第一个月休假，不和小长假、寒暑假连休。教职工可自愿用育儿假抵扣病事假。

二、女职工流产的休假

1.“计划内流产”可休产假，不满四个月流产的，给予 15 天的小产假期。怀孕满四个月以上流产的，给予 42 天的引产假期。“计划内流产”指的是妇女怀孕生产是符合计划生育规定的，在怀孕期间自然流产或者实施人工流产的情形。

2.“计划外流产”请假按病假处理。

三、产假待遇

执行国家相关标准，产假期间不享受幼儿园其他福利待遇。

教职工绩效管理制度

为促进教育事业科学发展，贯彻《教育部关于做好义务教育学校教师绩效考核工作的指导意见》和《北京市事业单位工作人员考核暂行办法》，本着以提高教师队伍素质、促进教师绩效和充分调动全体教职工工作的积极性、主动性、创造性的目的，特制定本制度。

一、考核原则

1. 尊重规律，以人为本。

尊重教育规律，尊重教职工的主体地位，充分体现幼儿保教工作的专业性、实践性、长期性特点。

2. 以德为先，注重实绩。

完善绩效考核内容，把师德放在首位，注重教职工履行岗位职责的实际表现和贡献。

3. 激励先进，促进发展。

鼓励教职工全身心投入幼儿教育事业，引导教职工不断提高自身素质，以及教育教学、卫生保健、后勤服务的能力。

4. 客观公正，简便易行。

坚持实事求是、民主公开、科学合理、程序规范，力求使考核过程简便，利于操作。

二、考核内容

考核内容包括教职工职业道德、职责履行和工作成果三个大的方面，考核的重点是职责履行。

1. 职业道德包括爱国守法、爱岗敬业、关爱幼儿、为人师表、终身学习等方面。

2. 职责履行主要考查教职工在日常工作中履行岗位职责的情况，各岗位职责不同，具体考查的内容也不同。

3. 工作成果主要考查各岗位的工作成效。

三、考核周期

考核评价工作每学年末进行一次，考核结果与岗位聘任及薪酬挂钩。第一学期初评，各园管理者针对问题给予阶段性评价反馈，第二学期进行学年考核。

四、考核方式

绩效考核采取日常检查与学期末和学年末考核相结合、领导评和群众评相结合的方式，包含教职工自我评价、同事间互评、家长问卷评、领导评、评审组终审评价等评价方法。

五、考核小组

总园长是绩效考核工作的总指挥，人事部负责组织实施，由各园执行园长具体落实。园长办公会对考核结果进行终审。

六、考核具体操作细则

1. 凡签订劳动合同(或劳务协议)的聘任制教职工和在编教职工都参加绩效考核，实习生不参加绩效考核。

2. 凡有下列情况之一者，学年度考核结果评定为不合格：违反国家法律法规的；违反教师职业道德规范的；严重违反劳动纪律的；出现较大责任事故的；不服从幼儿园工作安排、以不当方式表达诉求等影响幼儿园正常工作的。

3. 教职工请事假年度累计十五天以上人员和病假年度累计三十天以上人员不参加学年考核，无绩效奖。

4. 部门主管要加强各岗位的日常工作检查与记录，将检查结果及时反馈给教职工本人，促进教职工改进工作；并注意积累日常考核资料，学期末对下属的工作情况进行评价，为学年末的绩效考核做好准备。各部门主管对下属的日常考核作为其岗位职责的一部分，纳入绩效考核。

5. 绩效考核结果共分为四档：优秀、良好、合格、不合格，其中“优秀”和“良好”分别占总人数的15%，按分数从高到低确定；70分以下为“不合格”；其余为“合格”。

6. 结果公示三天，有异议者，可在公示期内向奖惩争议调解小组提出。公示结束，园领导与教职工谈话，反馈考核结果。

7. 凡考核优秀、良好，合格者，发绩效奖；考核不合格者，无绩效奖，并视情况可调岗或解聘。

奖惩制度

为了激励广大教职工(包括在编和聘任制教职工)努力工作，调动全体工作人员的积极性、主动性、创造性，进一步提高保教工作质量，奖勤罚懒，特制定本制度。

一、奖惩原则

1. 精神奖励与物质奖励相结合。

2. 思想教育与处罚相结合。

3. 实事求是、奖惩有据。

4. 公平、公开、公正。

二、奖励细则

(一)效益奖

1. 每学期结束后，幼儿园根据财务状况及员工完成工作情况给予一定的奖励，每学期初发放上学期效益奖。

2. 对于本学期作出特殊贡献的员工，经园长办公会讨论决议后，将效益奖上浮一档。

3. 对于完成本学期工作离职的员工，将效益奖下调一档。

4. 对未完成本学期工作离职的员工，没有效益奖及其他奖励。

备注：特殊贡献指各园遇新开园、验收等重大事件时起到引领作用的人员。

(二)全勤奖

一学期内全勤者获全勤奖，按学期发放。

(三)安全奖

一学期内无任何安全事故者获安全奖，按学期发放。

(四)好老师奖

每学年末发放满意度调查问卷，评选家长心目中好老师、幼儿心目中好老师、双优教师，比例为10%。

(五)优秀班集体奖

每学年根据班级幼儿体质达标率、幼儿出勤率、教师出勤率、安全无事故、班级卫生、劳动纪律、家长工作、承担任务、好老师评比、团结协作指标评选出优秀班集体，比例为10%。

(六)师德标兵

每学年根据绩效考评表和家长满意度问卷中关于师德部分的评价成绩，结合日常表现，各园行政班子推荐师德标兵，经师德建设与监督委员会讨论确定，比例为30%。

(七)后勤服务标兵

每学年根据绩效考核成绩、服务意识、团结协作和业务能力等指标评选后勤服务标兵，由各园行政班子推荐候选人，比例为10%。

(八)奖励获得国家、市、区、园级荣誉称号的个人或集体

每年12月统计获奖名单，在教职工新年联欢会上表彰并颁发奖金。

(九)奖励论文获奖、课题获奖的个人或集体

每年12月统计获奖名单，在教职工新年联欢会上表彰并颁发奖金。

(十)奖学金(详见《奖学金制度》)

(十一)绩效奖(详见《教职工绩效管理制度》)

三、惩罚细则

1. 严重违纪、违法者，解除劳动合同。若给幼儿园造成经济损失，除解除劳动合同外，承担赔偿责任。

(1)刑事犯罪。

(2)偷窃。

(3)连续旷工3天及以上或月累计旷工7天。

(4)体罚幼儿或以侮辱、歧视等方式变相体罚幼儿。

(5)工作失误、玩忽职守，危及幼儿生命安全者(如喂错药、幼儿独自走出幼儿

园、食物中毒等）。

(6)教师过错被家长投诉造成幼儿调班、退园者。

(7)吃幼儿食物者。

(8)不认真履行本岗职责，消极怠工，经批评教育三次仍不改进者，或工作出现重大失误者。

(9)不服从分配、不服从管理、撂挑子、不协作、制造事端影响工作，经教育仍不悔改，严重影响幼儿园工作者。

(10)收取家长礼金，卡券及贵重物品者。

2. 违反规章制度给予批评、警告，扣除部分工资奖金。

(1)迟到、早退，扣除当月部分奖金。一个自然月中，迟到三次以上，通报批评。学期累计出现五次迟到，无全勤奖，效益奖降档。

(2)旷工 3 天以下。

(3)教态不端。

①对幼儿态度冷淡。

②溺爱、偏爱幼儿，有失公平教育原则。

(4)财务人员、库房管理员、资料员出现一千元以下现金或物品损失。

(5)工作出现较大失误，造成一定影响或损失。

3. 安全事故。

小事故：缝合两针以下(含两针)、脱臼等；大事故：缝合三针以上(含三针)、骨折、骨骺损伤、骨裂等；重大事故：缝合五针及以上、重度骨折、喂错药、幼儿走失、食物中毒等。

(1)总园长：

各园发生事故一次，扣当月安全奖金 30%；

各园发生事故累计两次，扣当月安全奖金 60%；

各园发生事故累计三次及以上，扣当月安全奖金 100%。

(2)执行园长：

发生事故一次扣当月安全奖金 50%；发生事故两次及以上扣当月安全奖金 100%。

(3)业务园长、主任：

发生事故一次扣当月安全奖金 60%；发生事故两次及以上扣当月安全奖金 100%。

(4)班级成员：

大事故：扣岗位津贴的 60%(聘任制)，扣质量奖的 60%(在编)；扣当月安全奖金；

小事故：扣岗位津贴的 40%(聘任制)，扣质量奖的 40%(在编)；扣当月安全奖金。

(5)后勤人员：

大事故：扣岗位津贴的60%(聘任制)，扣质量奖的60%(在编)；扣当月安全奖金；

小事故：扣岗位津贴的40%(聘任制)，扣质量奖的40%(在编)；扣当月安全奖金。

(6)出现重大责任事故，执行园长和部门主任扣当月安全奖；责任人扣当月岗位津贴，并解除劳动合同；其他相关责任人按上述大事故标准扣除相应津贴。对于触犯法律者，移交公安司法机关处理。

第四节　职工福利

教职工福利制度

教职工福利体现幼儿园对每位教职工的关怀，是增强凝聚力、调动积极性的重要因素。幼儿园教职工福利项目如下。

1. 节日补贴："五一""十一""教师节"等节日补贴；新年家属慰问金。
2. 开班费：第一学期开班费。
3. 结婚贺金。
4. 生育贺金。
5. 丧假慰问金(教职工及其父母、配偶)。
6. 奖学金(详见《奖学金制度》)。
7. 带薪假期(详见《休息、休假制度》)。
8. 发展奖效金，视幼儿园效益情况发放。
9. 每年不定期组织教职工开展春、秋游或文体活动。
10. 定期向全体教职工发放劳保用品。
11. 对全体工作人员一年进行一次免费体检。

备注：具体发放金额根据幼儿园效益状况而定。

奖学金制度

授予奖学金是鼓励全体教师在职进修的一项福利政策。幼儿园根据教师专业发展需要特制定本制度。

一、申请条件

1. 申请奖学金须同时满足以下条件。

(1)在北京师范大学实验幼儿园工作满三年，在职期间考取并攻读大专、本科、研究生学历。

(2)获得国家认可的大专、本科、研究生学历证书。

(3)所学专业对口(教育类、艺术类、心理类、管理类、医学类)。

2. 参考条件。

(1)教师持有教师资格证，其他岗位持有相应资格证书。

(2)近三年绩效考核合格。

二、办理奖学金程序

1. 教职工本人在幼儿园运营管理系统申请，上传毕业证书扫描件，并将毕业证书复印件及学费发票原件交给执行园长。

2. 执行园长审核后，将申请人的毕业证书复印件及学费发票原件交给人事部审查，经总园长审批后，人事部将申请材料交给财务部。

3. 每年 12 月办理此项工作，在新年教职工联欢会上进行表彰发放。

三、授予奖学金金额

1. 大专：1000 元/年，分三年逐年发放，每自然年底发放一次。

2. 本科及以上：1200 元/年，按学习年限(专升本三年、高起本四年)逐年发放，每自然年底发放一次。

四、其他

1. 在职期间只可申请一次奖学金，自行选择学历级别。

2. 在领取奖学金期间如果本人提出辞职，不再发放剩余奖学金。

第五节　劳动关系

离职管理制度

为加强幼儿园教职工离职管理，规范离职办理程序，保证幼儿园工作顺利开展和信息资产安全，特制定本制度。

一、离职类型及定义

1. 辞职：在任职期间内，由员工本人主动提出解除劳动合同的行为。

(1)员工提前三十日提交《员工离职申请表》，可以解除劳动合同。

(2)员工在试用期内提前三日提交《员工离职申请表》，可以解除劳动合同。

2. 辞退：在任职期间内，员工的工作表现、技能不符合幼儿园要求，或违反幼儿园规章制度，或因劳动合同无法继续履行等，幼儿园决定解除与员工的劳动合同的行为。

(1)员工在任职期间有下列情形之一的，幼儿园可以即时解除劳动合同：

①在试用期间被证明不符合录用条件的；

②严重违反幼儿园规章制度的；

③严重失职、营私舞弊，给幼儿园带来不良影响的；

④同时与其他用人单位建立劳动关系，对幼儿园工作造成严重影响，或者经幼儿园提出但拒不改正的；

⑤提供虚假信息或隐瞒犯罪记录、疾病史，致使幼儿园错误决定录用的；

⑥被依法追究刑事责任的。

(2)员工在任职期间有下列情形之一的，幼儿园提前三十日以书面形式通知员工本人，可以解除劳动合同：

①员工患病或非因公负伤，经治疗后不能从事原工作，也不能从事幼儿园另行安排的工作的；

②员工不能胜任工作，经过培训或调整工作岗位，仍不能胜任工作的；

③劳动合同订立时所依据的客观情况发生重大变化，致使劳动合同无法履行，经协商未能就变更劳动合同内容达成协议的。

3. 自离：在合同期内，员工未经幼儿园批准或未办理离职手续而擅自离开工作岗位的行为。有下列情况之一者，幼儿园将按员工自动离职处理，并暂时冻结其工资、停上保险直至办完离职手续。

(1)连续旷工三天及以上或当月累计旷工七天及以上者。

(2)未按正规手续申请离职而自行离开幼儿园者。

(3)已申请离职但未办理离职手续而自行离开幼儿园者。

4. 劳动合同终止：有下列情形之一的，劳动合同终止。

(1)劳动合同期满的：

①幼儿园根据情况不再与员工续签劳动合同，提前三十天通知员工；

②员工不愿与幼儿园续签劳动合同，提前三十天通知幼儿园。

(2)员工达到法定退休年龄或开始享受基本养老保险待遇的。

(3)法律、行政法规定的其他情形。

二、离职程序

1. 员工辞职程序。

(1)当员工由于自身原因需要离职，须提前三十天在幼儿园运营管理系统提交《员工离职申请表》。

(2)员工所在园执行园长对离职申请进行批复。

(3)审批通过后，离职员工按时办理离职手续，完成相关的离职交接工作。人事部与辞职员工进行离职沟通，到财务部门结算工资，人事部开具《解除/终止劳动合同证明》。

2. 辞退员工程序。

(1)员工有符合辞退规定的情形，执行园长可提出解除该员工劳动合同，在管理系统提交《员工辞退表》；将《解除劳动合同通知书》送达被解除劳动合同的员工。

(2)被解除劳动合同员工持《员工辞退表》按时办理离职手续，完成相关的离职交接工作，到财务部门结算工资，人事部为辞退员工开具《解除/终止劳动合同证明》。

3. 自离程序。

(1)执行园长应在员工连续旷工的第四天或当月累计旷工的第八天将自离人员

的名单报到人事部。

(2)人事部将《解除劳动合同通知书》通过邮寄形式寄达被解除劳动合同的员工。

4. 劳动合同终止程序。

(1)幼儿园不同意与员工续签劳动合同的，执行园长提前三十天给员工发《终止劳动合同通知书》。

(2)员工不同意续签劳动合同的，须提前三十天在幼儿园运营管理系统提交《员工离职申请表》。

(3)被终止劳动合同的员工持《员工离职申请表》按时办理离职手续，完成相关的离职交接工作，到财务部门结算工资，人事部为辞退员工开具《解除/终止劳动合同证明》。

三、相关事项规定

1. 辞职员工在提交《员工离职申请表》后的三日(试用期)或者三十日(正式合同期)内，应当继续履行劳动合同约定的岗位责任并遵守幼儿园的相关规章制度，如有违反将按幼儿园相关制度给予惩戒。

2. 员工未按照幼儿园规定办理离职手续致使幼儿园不能为其办理相关手续的，由此而产生的责任由员工自行负责；如给幼儿园造成其他损失，则由该员工承担相应的赔偿责任。

3. 学期中离职员工属于班级图书、玩教具及电子设备类的资产负责人的，需做好物品交接，由部门的上级主管盘点并在班级资产交接本上签字。

4. 各园执行园长要加强并规范幼儿园的各项管理工作，减少不必要的人员流动，学年离职率超过20%的，将视情况开展民意调查。

5. 人事部应将离职员工人事档案与在职员工人事档案分离，自离职生效之日起，离职员工人事档案保存三年。

6. 人事部每年做一次离职率统计，上报总园长，通报各园。

7. 凡辞退及自离人员，幼儿园永不再录用。

劳动争议调解制度

为促进幼儿园的和谐发展，保护教职工的正当权益，根据《中华人民共和国工会法》《中华人民共和国劳动争议调解仲裁法》等文件精神，特制定本制度。

1. 幼儿园设立劳动争议调解委员会。组长：工会主席；组员：争议发生所在园执行园长、职工代表1人、工会委员1人、人事部/法律顾问1人。共5人组成。

2. 调解委员会依法调解幼儿园与职工之间发生的下列劳动争议：

(1)因幼儿园开除、辞退职工和职工辞职、自动离职发生的争议；

(2)因执行国家有关工资、社会保险、福利、培训、劳动保护的规定发生的争议；

(3)因履行劳动合同发生的争议；

(4)法律、法规规定应当调解的其他劳动争议。

3. 调解委员会调解劳动争议应当遵循以下原则：

(1)当事人自愿申请，依据事实及时调解；

(2)对当事人在适用法律上一律平等；

(3)同当事人民主协商；

(4)尊重当事人申请仲裁和诉讼的权利。

4. 调解委员会应积极受理发生的劳动争议，在查明事实、分清是非的基础上，依法、及时、公正地做好调解工作。

5. 经调解达成协议的，调解委员会制作调解协议书，做到一案一卷，并督促当事人自觉履行调解协议。

6. 调解委员会应当自当事人申请调解之日起三十日内结案，到期未结案的，视为调解不成。

教职工工伤事故处理办法

为保障教职工权益，规范工伤及工伤保险管理，及时、合理地处理工伤事故，根据《工伤保险条例》等文件精神，特制定本制度。

1. 职工有下列情形之一的，应当认定为工伤：

(1)在工作时间和工作场所内，因工作原因受到事故伤害的；

(2)工作时间前后在工作场所内，从事与工作有关的预备性或者收尾性工作受到事故伤害的；

(3)在工作时间和工作场所内，因履行工作职责受到暴力等意外伤害的；

(4)患职业病的；

(5)因工外出期间，由于工作原因受到伤害或者发生事故下落不明的；

(6)在上下班途中，受到非本人主要责任的交通事故或者城市轨道交通、客运轮渡、火车事故伤害的。

(7)法律、行政法规规定应当认定为工伤的其他情形。

2. 职工有下列情形之一的，视同工伤：

(1)在工作时间和工作岗位，突发疾病死亡或者在48小时之内经抢救无效死亡的；

(2)在抢险救灾等维护国家利益、公共利益活动中受到伤害的；

(3)职工原在军队服役，因战、因公负伤致残，已取得革命伤残军人证，到用人单位后旧伤复发的。

职工有上述第1项、第2项情形的，享受工伤保险待遇；职工有上述第3项情形的，享受除一次性伤残补助金以外的工伤保险待遇。

3. 职工符合第一、第二条的规定，但是有下列情形之一的，不得认定为工伤或者视同工伤：

(1)故意犯罪的；

(2)醉酒或者吸毒的；

(3)自残或者自杀的。

4. 提出工伤认定申请应当提交下列材料：

(1)工伤认定申请表(包括事故发生的时间、地点、原因、职工伤害程度等基本情况)；

(2)与用人单位存在劳动关系(包括事实劳动关系)的证明材料；

(3)医疗诊断证明或者职业病诊断证明书(或者职业病诊断鉴定书)。

5. 工伤处理程序。

(1)由当事人或现场目击者将事故发生情况如实向执行园长汇报。

(2)执行园长核实情况后，上报园长办公会。

(3)当事人或代理人准备工伤认定申请材料，提交幼儿园财务部门审核。

(4)幼儿园财务部门递交材料到社会保障局办理。

6. 工伤假。

教职工符合《工伤保险条例》等有关工伤规定，需治疗和休养的，根据医院诊断证明、病休证明可给予工伤假。

文本资源

第四章　教育教学管理附表

第四章　教育教学管理

第一节　日常保教

幼儿一日生活作息制度

科学合理的一日生活，应该符合幼儿的神经、消化系统及其他器官系统的生长发育规律。根据2—6岁幼儿生理特点，制定以下生活作息制度(表4-1)。

1. 幼儿每日7点40分入园，17点至17点30分离园。

2. 幼儿每日户外活动不少于2小时，其中，体育活动时间不少于1小时，特殊天气根据教委要求酌情调整。

3. 幼儿每日三餐一点，正餐间隔时间为3.5—4小时，幼儿进餐时间为20—30分钟，餐后安静活动或散步时间10—15分钟。

4. 幼儿每日午睡时间以2—2.5小时为宜，大班幼儿午睡时间为2小时。

表4-1　幼儿一日作息时间安排

时间	内容
7:40	幼儿开始入园
7:50—8:30	早餐与餐后活动
8:30—9:45	室内活动
9:45—11:00	户外活动
11:00—11:20	餐前准备
11:20—12:00	午餐与餐后活动
12:00—14:30(或14:00)	午睡
14:30(或14:00)—15:00	午点与室内活动
15:00—16:00	户外活动

续表

时间	内容
16:00—16:15	餐前准备
16:15—17:00	晚餐与餐后活动
17:00—17:30	家长接幼儿离园

交接班制度(教学班)

为保障幼儿一日生活的安全、有序，各班教师需按时按要求做好交接班工作，认真如实填写交接班记录本，替班教师同样执行本制度。

1. 教师离岗前须与接班教师做好交接工作，接班教师要主动与离岗教师进行交接，沟通当日班级工作和幼儿情况。

2. 交接班登记册须填写内容如下。

(1)幼儿出勤和离园人数，中途接走的幼儿人数与姓名。

(2)记录在全日健康观察中发现的与幼儿健康有关的问题(精神状态、饮食、睡眠、情绪等情况)。

3. 主管领导要定期或不定期审阅交接班记录本，及时反馈发现的问题，并做好复查。

幼儿发展情况报告制度

依据《幼儿园教育指导纲要(试行)》《3—6 岁儿童学习与发展指南》《幼儿园保育教育质量评估指南》及北京师范大学实验幼儿园《幼儿发展性评价手册》，教师要重视对本班幼儿发展情况的了解与评价，做到根据幼儿发展水平制定教育目标、改进教育教学。为保证此项工作的科学性、实效性，特制定本制度。

1. 日常教育过程中，注重对幼儿的持续观察和过程性评价，教师要综合采用观察、谈话、一对一倾听、作品分析、家园联系等多种方法，客观、全面地了解和评价幼儿的发展状况，有效运用评价结果调整改进日常教育工作。

2. 教师可以采用检核表、作品取样、综合报告、成长档案等任何一种方式报告幼儿一学期的发展情况。不管何种方式，要能反映以下情况。

(1)幼儿在各个领域的发展优势。

(2)幼儿在各个领域需要特别关注的方面。

(3)针对幼儿发展的优势与不足提出下阶段教育的措施。

3. 学期班级工作总结和计划中要体现教师对幼儿发展情况的分析，针对幼儿发展的优势和不足提出下阶段教育的措施，并且注意学期目标、月目标及周目标之间的衔接与落实。

4. 每学期，教师须与家长至少进行一次幼儿发展情况的全面交流。

5. 新学年，教师之间要交接幼儿发展的情况。

教师文字材料书写制度

为保证幼儿园日常保教工作的有序开展，促进保教质量和教师素质的不断提升，制定本制度(表 4-2)。

表 4-2 教师书写文字材料一览表

<table>
<tr><th>项目</th><th>班长教师</th><th>班员教师</th><th>助理教师</th><th>保育员</th></tr>
<tr><td>学期计划与总结</td><td>学期初：班计划(任年级组长的还要写年级计划)
学期末：班总结(年级总结)</td><td>不写专题研究总结的班员教师写个人学期工作总结</td><td>不写研究专题总结的助理教师写个人学期工作总结。</td><td>个人工作总结</td></tr>
<tr><td>专题研究</td><td colspan="3">班长教师(其他自愿)每学年初写专题研究计划，第一学期末写研究小结，第二学期末写专题研究总结</td><td>无</td></tr>
<tr><td>班级周计划表</td><td colspan="4">开班务会时班长教师主持讨论班级一周主要活动安排</td></tr>
<tr><td>班务会本</td><td colspan="4">班长教师主持开班务会，将主要内容记录在班务会本</td></tr>
<tr><td>活动计划</td><td colspan="2">新教师每周书写半日活动计划 2 篇(上午、下午各 1 篇)
新教师每周至少写 1 篇集体活动计划</td><td>无</td><td>无</td></tr>
<tr><td>自主游戏观察日志</td><td colspan="2">每周 4 篇(新教师 2 篇)</td><td>每周 2 篇</td><td>两周 1 篇</td></tr>
<tr><td>自主游戏案例</td><td colspan="2">每学期 1 篇(新教师自愿)</td><td>自愿</td><td>自愿</td></tr>
<tr><td>主题活动案例</td><td colspan="4">每学期每班上交 1 个主题活动案例，活动应以班长教师为主开展</td></tr>
<tr><td colspan="5">备注(一)：以上文字材料上交时间
1. 每周五 14 点前上交自主游戏观察日志
2. 新教师的活动计划本每周四上交
3. 每月最后一周班务会结束后当天上交班务会本
4. 自主游戏案例、主题活动案例在学期末上交
5. 班级周计划表每周五下班前打印张贴，每周一检查
6. 班总结、年级总结、个人工作总结在每学期末上交
7. 每学年的第一周上交上一学年的个人专题研究总结；每学期第三周的周一上交班计划、年级计划；每学年第四周的周一上交本学年个人专题研究计划
备注(二)：班级其他专栏更新或检查时间
1. 班级信息栏根据内容要求按时更新，每月第一周检查
2. 幼儿作品栏每两周更新一次，更新周的周五检查</td></tr>
</table>

专职课管理制度

幼儿园设置专职课的主要目的是让幼儿在相关领域有更深入、更系统的感受和熏陶，专职教师应不断提升业务水平，引领相关领域的教育教学，促进教学班教师相关领域素养的提升。为更好地发挥专职课优势，特制定本制度。

1. 每学期初专职教师须制订学期课程计划，每周撰写两篇教学活动计划，由保教主任批阅。

2. 专职教师应该按照指定的周课程表授课。

3. 执行园长(或业务园长)和保教主任每月听专职课一次，给予指导，促进专职教师专业成长。

4. 专职教师每学期在园内做一次教学观摩活动。

5. 依据园所实际情况，专职教师与班级教师组建共同学习小组，组织教研，学年末上交教研成果及档案。保教主任或教研员每学期指导教研两次。

幼儿意外伤害事故处理制度(教学班)

为积极预防、妥善处理在园幼儿伤害事故，通过制定合理处理程序和上报制度，将意外事故对幼儿造成的伤害降到最小，特制定本制度。

1. 幼儿意外伤害事故处理程序如下。

(1)幼儿发生任何磕碰、受伤等事件后，教师迅速观察幼儿受伤情况，必须第一时间将幼儿送到保健室，不适合带到保健室的情况应迅速请保健人员到现场完成处理。教师个人不得自作主张擅自处理。

(2)教师须向保健人员叙述事故发生时间、地点和经过，由保健人员安排具体处理方案，在必要情况下查看监控录像，了解事故过程。

(3)如果需要外出就诊，保健人员必须第一时间通知家长，确定就诊医院，并将情况上报保教主任、后勤主任、执行园长，做好外出就诊准备；班级根据情况安排一名主班教师陪同保健人员带幼儿前往就诊。

(4)就诊完毕后，如发生缝合、骨折等重大事故，教师应与保健人员一起向执行园长做就诊过程详细汇报，请示执行园长后由班长具体安排看望幼儿事宜。

(5)事故发生的当班教师要向保健室递交事故情况分析表，保健室要填写事故登记表。

(6)陪同就诊的保健人员须与班长教师共同负责后续处理工作。

(7)大事故或特殊情况，执行园长组织相关人员讨论分析事故原因，作出完善措施并在全园会做通报与提醒。

2. 幼儿园相关规定如下。

(1)各园发生大事故或特殊情况，必须第一时间向总园长报告。

(2)遇大事故或特殊情况，业务园长或主管主任要陪同当事教师一起家访看望幼儿、安抚家长(教学班出事故由业务园长或保教主任陪同，执行园长是否前往，视事故情况而定)。

3. 安全事故处理办法依据奖惩制度。

特殊需要儿童管理制度

幼儿园特殊需要儿童包括身体发育异常儿童和智力、心理异常儿童。为使特殊需要儿童在发展关键期内能被尽早发现并得到有效干预，促进特殊需要儿童的发展，保障所有在园儿童的安全和权益，特制定本制度。

1. 发现鉴定。

(1)新生入园后，教师在1—2个月的观察中，如果发现某儿童在行为表现上与其他儿童存在显著差异，向教学管理人员报告，申请对该儿童进行进一步观察。

(2)业务园长、保教主任、教研员均要观察该儿童的在园一日生活情况，集体分析其行为特点，进一步讨论家园共育及教育指导策略。

(3)业务园长或保教主任与班长教师约谈家长，了解儿童在家的行为表现，根据情况建议家长寻求专业帮助。如有专业机构鉴定结果的，建议家长如实向幼儿园反馈，便于幼儿园有针对性地开展教育指导。

2. 登记建档。

(1)确定个别特殊需要儿童，进行登记建档。

(2)登记内容包括：儿童姓名、性别、班级、出生年月、病症诊断书、家长姓名、家长职业、家庭详细住址、联系电话等。

(3)建立特殊需要儿童成长档案。将教师观察笔记、约谈家长记录、特殊需要儿童教育计划与总结存入档案。除本班教师、幼儿园教学管理人员外，其他人不得借阅。

3. 教育引导。

(1)幼儿园邀请特殊需要儿童教育专家开展相关培训，丰富教师的特殊需要儿童教育理论知识和教育实践策略。

(2)班级教师留意关注特殊需要儿童，做好重点观察，及时记录有关儿童的特殊表现。用正面的、正确的方式方法引导、鼓励，促进特殊需要儿童的健康成长。

(3)班级教师学习掌握特殊需要儿童指导策略和方法，定期研究分析其成长状况，提高指导个别特殊需要儿童的实效性。

(4)教研员指导班级教师制订特殊需要儿童学期教育计划，充分与家长沟通需要配合的内容，家长应积极配合幼儿园教育工作。

(5)对于情况严重的或经常对班级其他儿童有攻击伤害行为的特殊需要儿童，与家长沟通安排专人陪同、指导，或建议家长让该儿童接受园外专业机构的治疗与干预，辅导帮助儿童健康成长。

(6)陪同人员需遵循两点要求。一是入园前体检，达到幼儿园的健康标准。

二是遵守幼儿园规章制度，配合教师的教育工作。

(7)在陪同过程中，教师根据儿童的发展情况，及时请示保教主任调整家长的陪同时间与方式；教师通过儿童的发展判定不再需要陪同的，应明确告知家长结束陪同，家长应予以配合。

4. 家园联系。

(1)教师至少每一到两周与特殊儿童家长沟通一次，共同商量对策，促进儿童成长进步。

(2)教师要积极教育和引导，使班级其他儿童及其家长能够接纳与包容特殊需要儿童。

(3)对于情况严重的特殊需要儿童，可建立“家长＋教师＋专业机构”帮扶组，加强联系，集各方力量为特殊需要儿童的健康成长创造一个良好的环境。

第二节　教育科研

教科研工作制度

“以教科研为先导，促保教工作质量提高”是北京师范大学实验幼儿园的传统，为保证教科研工作的顺利开展与实效性，特制定本制度。

1. 在总园长的领导下，总部研究中心负责全园整体性教科研工作：教科研发展规划的制订；课题申报、过程性研究、结题等的组织指导；全园性教科研工作的交流；全园性教科研成果的总结、推广等。

2. 教科研工作须与日常保教工作紧密结合，以教科研促全园保教质量的提高和教师的专业发展。

3. 各园的教科研工作由执行园长领导，业务园长、保教主任和教研员根据教科研发展规划和各园工作计划制订适宜本园的教科研工作学期计划。

4. 执行园长要参与、指导教科研活动。业务园长、保教主任和教研员负责园本教科研活动的组织开展。

5. 教科研活动原则上隔周开展一次；每次活动提前做好计划，注意实效性；做好本次活动的总结和下次活动安排；做好教科研记录和相关资料留存。

6. 学期末，业务园长、保教主任和教研员共同完成教科研工作总结，梳理成果与不足。

7. 每五年开展一至两次全园性的教科研成果交流活动。

园本教研制度

为解决保教工作中的共性问题，促进教师专业素养、教育教学能力稳步提升，提升保教工作质量，制定本制度。本制度中的园本教研包括专题教研和日常教研。

一、组织机制

（一）执行园长

负责所在园园本教研的整体安排，包括组织相关人员讨论确定园本教研的方向、主题及人员分工等。

（二）业务园长/保教主任

1. 负责制订所在园/部门教研工作计划并进行教研工作总结。
2. 组建教研组，设计组织或指导教研活动，发挥专业引领作用。
3. 在教研中培养骨干教师，发挥其示范带头作用。
4. 充分发挥教师的主体性，使保教工作中的问题得到及时解决。

二、保障机制

（一）时间保障

1. 专题教研原则上两周开展1次，每学期至少8次。
2. 日常教研根据需要安排。

（二）经费保障

1. 在园所经费预算中为教研活动预留专项经费。
2. 专项经费用于购买与教研主题相关的书籍、资料和邀请专家等。

三、考评机制

1. 每位教师都要积极参与教研活动，发挥主动性，贡献智慧，提升自己的专业素养和能力。做到不迟到、有事提前请假，需要签到并做好记录。

2. 各组教研负责人安排专人做好记录和拍照，重视过程性资料的积累和保管，确保资料的连续和完整。

3. 学年末，总部对各园园本教研工作进行考评并反馈意见，园本教研考评成绩计入各园业务管理干部个人绩效考核成绩。

课程实施制度

为有效落实北京师范大学实验幼儿园"以儿童为本"教育理念和园本课程目标，保证幼儿园教育教学质量，特制定本制度。

一、制订课程计划

1. 教师须认真学习《幼儿园教育指导纲要（试行）》《3—6岁儿童学习与发展指南》《幼儿园保育教育质量评估指南》，深入学习和理解北京师范大学实验幼儿园"发展课程"理念，并以此作为制订课程计划的依据。

2. 主班及助理教师，须按照幼儿园相关要求和规定制订课程计划。

3. 班级教师要在每周班务会上进行集体讨论，根据班级幼儿年龄特点、实际发展水平、兴趣和需要并考虑季节、节庆等内容，对下周课程内容进行商讨、确定和分工，在此基础上，制订适宜的课程计划。

4. 在课程计划制订过程中，要遵循整合性、游戏性、操作性、生活化的原则，在课程计划中体现对幼儿学习特点和方式的理解，对本班幼儿个体差异的尊重，以及对幼儿学习品质的重视。

二、组织实施

1. 教师依据课程计划组织实施课程，可依据具体情况进行调整，需注明原因。

2. 幼儿一日生活皆课程，教师需将幼儿发展目标落实到互动性教育环境、自主性生活活动、开放性区域活动、多样性主题活动、全员性大型活动等各类活动之中，统筹协调，做好活动之间的衔接。

3. 教师需依据课程的目标、内容选择集体活动、小组活动或个体活动等不同的课程组织方式。

4. 课程的组织实施需以游戏为基本活动，确保幼儿每天有充分的自主游戏时间。

5. 教师要合理运用现代教育技术及各类课程资源；课程实施过程中为幼儿提供安全、适宜、互动性强的学习材料。

6. 课程实施既要考虑全班幼儿的整体发展水平，又要关注幼儿的个体差异，根据需要采取不同的策略；课程实施过程中要注意观察幼儿的行为表现并做必要的记录，在客观全面分析的基础上，对课程进行调整。

7. 教师要对课程实施过程和效果及时进行反思，动态生成后续课程。

教育评价制度

教育评价是衡量教育效果与质量的手段。为保证幼儿园高质量的保教工作，促进幼儿身心和谐发展，特制定本制度。具体评价项目见下表（表 4-3），评价的相关资料视情况由各园或相关部门留档。

表 4-3　教育评价项目一览表

评价周期	评价内容	评价主体	评价对象	评价标准
学期	半日活动常规	执行园长、业务园长、保教主任、总务主任、教研员、保健人员及教学班教师	教学班主班教师、助理教师、保育员、幼儿	每项内容有单独的评价标准，此处略
	班级教育环境	执行园长、业务园长、保教主任、教研员及教学班教师	教学班教师、助理教师、保育员	
	自主游戏案例	执行园长、业务园长、保教主任、教研员及教学班教师、总部研究中心成员	教学班教师	

续表

评价周期	评价内容	评价主体	评价对象	评价标准
学年	幼儿间操	执行园长、业务园长、保教主任、教研员及教学班教师	教学班教师	每项内容有单独的评价标准，此处略
	优秀班集体	执行园长、业务园长、保教主任、总务主任、教研员、保健人员、教学班教师	教学班教师、助理教师、保育员	
	幼儿心目中的好老师 家长心目中的好老师	家长、幼儿	教学班教师、助理教师、保育员、专职教师	
	师德标兵	家长、幼儿、各岗教师		

教师业务档案管理制度

为了使日常保教工作的档案资料得到妥善保管，特制定本制度。

1. 教师业务档案由专人整理与保管。档案存放要整齐有序，标明内容和类别，以便查找，部分资料由个人保管。

2. 教师业务档案具体内容如下。

(1)资料室留存档案。

①年级、班级、个人的学期工作计划与学期工作总结。

②班级周活动计划表。

③教师课程计划。

④教师观察记录。

⑤班务会本。

⑥主题活动案例/自主游戏案例。

⑦教师的其他业务档案。

(2)业务主管留存档案。

①执行园长：全园学期工作计划与工作总结、全园月总结，业务园长、保教主任的学期工作计划与工作总结、月小结，主持的各种会议记录、日常全园工作检查指导记录(包括查班本和各种记录表)。

②业务园长：教师队伍建设规划，师德建设档案，家园共育档案，园本教研档案，日常保教工作检查指导记录(包括查班本和各种记录表)。

③保教主任：教师分层培训工作档案，园本教研档案，大型活动档案，日常保教工作检查指导记录(包括查班本和各种记录表)。

④教研员：教师获奖或发表的文章电子版，优秀主题活动案例及电子版(包括文字和原始照片)，教师专题计划和专题总结，科研课题档案，日常保教工作检查

指导记录(包括查班本和各种记录表)。

3. 教师应及时完成以上材料并按时上交业务主管部门。

4. 凡借阅档案材料者，须做好借阅登记，及时归还。

5. 非本单位人员未经主管领导许可，不得随意翻阅业务档案。

6. 三年以前的文字材料幼儿园不再留档，可以发放给教师本人。

第三节　教育资源

班级财物管理制度

为加强幼儿园教学班财物的管理，保证幼儿园教学班资产的安全完整、有效使用及顺利交接，特制定本制度。

1. 教学班应将以下三类物品分类建立名册。

(1)幼儿园固定资产：指登记在幼儿园固定资产账上的班级物品。

(2)除固定资产外的幼儿用品用具：包括幼儿园提供的幼儿生活用品和学习用品。

(3)教师教学用品用具：包括图书资料、玩教具等教学用品用具。

2. 每学期末，班级全体教师应对照物品名册进行自查、班长确认并签字，保教主任审核并签字。每个学年末，库房管理员、资料员与班长教师共同对照物品名册进行清查、记录并签字，保教主任审核并签字。

3. 在物品自查和清查中，有丢失和破损的要记录清楚，依据责任确定赔偿或报废。

4. 新学年和变更班长教师时，原班长与新班长须进行物品交接，包括实物和名册，双方签字确认。

电教设备使用及管理制度

为进一步加强电教设备管理，提高其使用效能，确保幼儿园电教设备的运行安全，保护幼儿园的资产，特制定本制度。

1. 幼儿园所有电教设备使用都需要服务于工作。不得利用电教设备做与工作无关的事情。

2. 规范使用电教设备，出现问题时，应及时上报登记并请教专业人员处理。切忌擅自处理，以免造成更严重的后果。

3. 不得删除计算机C盘的系统文件，教育教学文档、图片等资料不得保存在C盘(包括“文档”、桌面)，应该存在其他盘。

4. 要及时升级计算机病毒库，每次使用优盘必须先杀毒再打开。

5. 下班之前必须切断电教设备电源。

教师图书资料及教具设备使用制度

此处的教师图书资料及教具设备，指幼儿园资料室里的教师图书资料和教具设备，供全园教师使用。为确保教师图书资料、电子资料和教具设备的有效利用，并减少损耗，特制定本制度。

一、图书资料使用

1. 使用图书资料须履行登记手续：在借书记录卡上填写编号、书名、借出日期，待资料员核对清楚后方可把资料借走。

2. 资料室图书每位教职工借阅数量最多为五本，期限一个月，到期可续借。

3. 图书资料要按期归还，归还时资料员检查图书资料是否完好，在借阅记录卡上登记归还日期。

4. 每学期末资料员检查借出图书资料的归还情况，提醒教师归还，如有遗失按相关规定赔偿。

5. 工作人员离职前均要将所借的图书资料全部归还，不能归还者按丢失情况处理。

6. 借出的图书资料应妥善保管，如有丢失、损坏须参照以下规定赔偿。

(1)丢失图书、期刊、配套光盘赔偿规定如下。

①丢失图书资料，应购买原书刊赔偿。不能赔偿原书时，按原价双倍赔偿。

②丢失出版年代久远图书资料，按原价五倍赔偿。

③丢失成套图书资料之一者，按全套价格赔偿。

④丢失外文图书，按原价五倍赔偿。

⑤丢失损毁书刊查不到原价或价格系外币、旧币者，按资料室估价折合为人民币赔偿。

(2)损坏图书、期刊、配套光盘赔偿规定如下。

①损坏程度影响内容完整或损坏装帧者，应购买原书刊赔偿。不能赔偿原书时，按原价双倍赔偿。

②对有意撕毁、盗窃或以其他办法调换书刊等行为，将没收借书证，并双倍赔偿。

③毁坏孤本藏书，须按原价五倍赔偿。

二、教具设备使用

1. 借用资料室的摄像机、照相机、笔记本式计算机、投影仪、数码录音笔等电教设备及其他教具须履行登记手续。

2. 借用教具设备时，借用人在借物本上登记借用教具设备的名称(含附件)、借出日期并签本人姓名，资料员核查无误后方可借出。

3. 用完及时归还，资料员检查教具设备是否完好，登记归还日期。

4. 如有人为损坏或丢失，须赔偿维修费或照价赔偿。

5. 教师离职，须将借用的物品如数归还，如有遗失照价赔偿。

6. 资料员要熟悉各种电教设备的使用，保管好设备和说明书、保修单。定期检查电教设备，发现问题及时维修。

7. 各班照相机、计算机等电教设备由班长负责管理，发现问题及时上报维修，每学期末资料员到各班清查。

公共教室使用及管理制度

为满足教育教学的使用需求并保证公共设施的完好与合理使用，制定如下规定。

1. 各班和各办公室使用公共教室要提前申请，资料员提前调试好公共教室设备。

2. 使用者要爱惜公共教室的设施设备和物品，用后物归原位。教学班应教育幼儿爱护公共财产和维护公共卫生。

3. 公共教室派专人维护、打扫、清理。

4. 公共教室的钥匙由专人保管，每天早晚按时开关。

5. 使用公共教室后应及时关门、关窗、关灯、关空调，切断电源。

户外玩教具使用及管理制度

户外玩教具指幼儿园购买、供全园幼儿使用的户外玩教具。为保证户外玩教具的有效利用并减少损耗，对户外玩教具的使用及管理作如下规定。

1. 由专人负责对户外玩教具进行拍照、登记、造册，存放于固定地点。

2. 每天由专人负责摆放和收整户外玩教具。

3. 使用前和使用中教师要查看户外玩教具是否安全完好，发现问题马上停止使用，并报相关人员处理。

4. 每次户外活动后，主班教师要带领幼儿收整户外玩教具。

5. 玩具房每月由专人带领班级教师进行整理。

6. 每学期末进行全面检查、清点并记录，将不能使用的按规定报废。

资料室出入库制度

资料室里的教具、图书资料及电教设备是幼儿园的公共财产，也是教育教学的公用资源，需要严格执行出入库制度。

(一)入库制度

资料员负责入库登记工作，具体程序如下。

1. 根据购置发票、清单，核对购置物品的名称、数量、金额，清点无误后在发票背面签字，复印购物清单和发票留档。

2. 对新购置教具进行拍照，并登记在教具出入库账本上。

3. 对于新购置图书，在扉页加盖资料室专用图章；给图书编号、贴标签；在图书账本上登记书名、出版社、单价、数量、金额。

4. 对新购置电教设备进行拍照，并登记在电教设备出入库账本上。

5. 将购置的教具、图书、电教设备分类，摆放整齐。

(二)出库制度

1. 教师在领用教具、图书、电教设备时，须在领物本上登记领出教具、图书、设备的名称和数量，并签名。

2. 资料员根据领物本填写账本。

3. 教师借用和归还教具、图书资料或电教设备，履行借用、归还登记手续(详见前面相关制度)。

(三)盘库

1. 每学期末，资料员在业务园长或保教主任的督导下对照账本对资料室物品进行全面盘点。

2. 盘库的要求是“账物相符”，如有不符，查明原因，依据相关规定解决。

第四节　家园共育

家长委员会制度

幼儿健康成长是幼儿园和家庭教育的共同目标。根据《幼儿园工作规程》《教育部关于建立中小学幼儿园家长委员会的指导意见》等文件精神，建立家长委员会，特制定本制度。

一、家长委员会的性质

家长委员会是非行政性的组织，附设于幼儿园，履行信息传达、咨询、参谋、议事等职责。

二、家长委员会的主要任务

1. 参与幼儿园管理。对幼儿园工作计划和重要决策，特别是事关幼儿和家长切身利益的事项提出意见和建议；支持配合幼儿园管理工作；帮助幼儿园改进工作，每学期召开一至二次会议。

2. 参与教育工作。发挥家长的资源优势，为幼儿园教育教学活动提供支持；为幼儿开展校外活动提供教育资源和志愿服务；配合幼儿园提高家长科学育儿水平，促进幼儿全面和谐、富有个性地发展。

3. 沟通幼儿园与家庭。在幼儿园和家庭之间，起到桥梁沟通作用。向家长介绍幼儿园近期的重要工作，听取并转达家长对幼儿园工作的意见和建议；听取并转达幼儿园对家长的希望和要求，促进幼儿园和家庭的相互理解。

三、家长委员的条件

1. 具有正确的教育观念，关心幼儿教育，热爱幼儿园。

2. 有较强的服务意识，责任心强，富有奉献精神。

3. 具有一定的组织协调能力和语言表达能力，善于沟通。

4. 公平公正，能辩证地看待与处理问题。

5. 有一定的时间与精力承担家长委员工作。

四、家长委员会的组成

1. 本着公正、公平、公开的原则，家长委员由各班家长自荐和教师推荐，每班 2—3 名，经班级家长同意，共同组成幼儿园家长委员会。

2. 中途如有委员退出，由班级家长向家长委员会提出增补建议人选，家长委员会审定通过。

3. 家长委员由幼儿监护人担任，实行一年一聘制，可连选连任。

家园联系制度

为促进家园密切合作、保持家园沟通顺畅，实现幼儿园、家庭、社会(社区)教育的一体化，促进幼儿身心全面发展，使家长工作做到制度化、科学化，特制定以下制度。

一、幼儿园家园联系制度

1. 幼儿园利用家长会、网站、“家校通”应用软件、公共宣传橱窗、各班家长园地、幼儿作品栏等各种方式，向家长介绍幼儿园教育理念、幼儿发展状况、幼儿保健工作等，定期宣传教学重点、科学育儿、防病及卫生保健知识等内容，取得家长的支持。

2. 设立园长信箱，行政领导每天轮流在园门口接待幼儿和家长，及时了解家长对幼儿园工作的建议，随时改进幼儿园工作。

3. 幼儿园每年 7 月召开全体新生家长会，介绍幼儿园家园共育的原则、内容、方法等。9 月开学前后，班级教师对全体新生进行家访。

4. 开办家长学校，每学期至少组织两次讲座，向家长介绍科学育儿知识。

5. 挖掘和利用家庭教育资源，鼓励家长积极参与幼儿园的保教活动。

6. 每学年通过家长满意度调查问卷，征求家长对幼儿园工作的意见、建议。

二、教学班家园联系制度

1. 新生在入园前后，教师必须进行家访，并做记录。

2. 每学期至少召开一次家长会，介绍本班幼儿基本情况，学期(班级)教育工作目标，具体工作计划，以及需要家长了解与配合的事项等。

3. 每学期至少组织一次向家长开放的活动，使家长了解幼儿在园情况，参与幼儿园的活动(非常时期除外)。

4. 教师根据需要随时与家长保持联系。当幼儿缺勤时，教师必须当日向家长了解情况并做记录。

5. 及时更新信息栏、“家校通”应用软件等家园交流平台的内容，定期向家长介绍教育目标，教学内容，幼儿发展情况，科学育儿、防病、卫生保健知识等内容。

三、规范和要求

1. 园务办公室、保健室和教学班应备有幼儿花名册，以便有事及时和家长联系。幼儿及家长信息、联系电话属个人隐私，任何人不得外传。

2. 借助网络平台的家园联系，只发布与幼儿园教育、家庭教育及家园沟通有关的内容，不得发布其他无关内容。

家长开放活动制度

为做好家园共育工作，增加家长对幼儿在园情况的了解，鼓励家长积极参与幼儿园的活动，规范幼儿园组织家长开放活动的方式，特制定本制度。

一、家长开放活动的类型

家长开放活动包括半日开放、节日游艺、亲子运动会、春秋游、因课程需要而安排的特定活动等。

二、家长开放活动的时间

1. 半日开放时间：每年 11 月。
2. 节日游艺：每年元旦和六一。
3. 运动会：每年春季或秋季。
4. 特定活动：根据班级教育活动需要安排。

三、家长开放活动组织原则

1. 幼儿园统一组织的开放活动应提前讨论制定方案，做好安全预案。
2. 提前通知家长，做好家长参加开放活动的宣传和指导。
3. 活动结束后应以问卷或其他形式征集家长意见和建议。
4. 每学年组织家长开放活动不少于 2 次，遇疫情及非常时期除外。
5. 班级组织的个性化家长开放活动应上报主管领导批准。

文本资源

第五章　卫生保健管理附表

第五章　卫生保健管理

第一节　健康检查与信息收集

儿童入园健康检查制度

为了解准备入园儿童的生长发育及健康状况，判定儿童能否适应集体生活，并及早发现传染病和其他疾病，特制定儿童入园健康检查制度。

一、儿童入园

1. 儿童入园前须到辖区卫生行政部门指定的医疗卫生机构进行健康体检，体检合格后方可入园。

2. 儿童入园时要持《儿童入园健康检查表》《北京市儿童保健记录》《北京市免疫预防接种证》到保健室办理入园手续，持保健室入班证明方可进班。

3. 家长需将儿童基本情况、既往病史、过敏史等如实填写在《儿童入园健康检查表》上并确认签字。

二、离园儿童返园

1. 在园儿童，凡离园三个月以上者，返园时必须按入园要求重新进行健康检查。

2. 对特殊情况（如短期赴外埠、出境、有传染病接触史等）的离园儿童应按卫生行政部门公布的疫情或《中华人民共和国国境卫生检疫法》接受相关部门的检查及相应传染病的检疫，保健人员进行询问并加强晨检，必要时进行检查与检疫。

三、转园儿童再次入园

1. 转园的健康儿童需持原幼儿园保健人员填写的《儿童转园健康证明》《北京市儿童保健记录》《北京市免疫预防接种证》办理转园手续。《儿童转园健康证明》自离园之日起三个月内转园有效。

2. 转园时，原幼儿园提供该儿童《儿童转园健康证明》《北京市儿童保健记录》；

如所提供资料不全，或《儿童转园健康证明》过期，须到辖区卫生行政部门指定的医疗卫生机构重新进行健康检查。

儿童定期健康检查制度

为了解在园儿童生长发育状况，掌握园所儿童生长发育水平，对在园儿童生长发育进行监测和评价，促进儿童健康成长，特制定本制度。

1. 儿童定期健康检查项目包括：测量身长(身高)、体重；检查口腔、皮肤、心肺、肝脾、脊柱、四肢等；测查视力、听力；检测血红蛋白或血常规；儿童心理行为发育问题预警征象。

2. 体检次数安排：3 岁以下，一年安排两次健康检查(分别是 2 岁 5 个月至 2 岁 6 个月、2 岁 11 个月至 3 岁)；3 岁以上，一年安排一次健康检查，体检时间尽可能安排在每年的 3 月至 8 月进行；全园儿童每半年测量一次身高、体重；每半年请专业人员来园进行一次口腔检查。

3. 开展儿童健康检查前，保健室要制定详细的工作方案，与检查人员、教学班教师及相关人员做好沟通工作；提前安排好健康检查所需要的场地和设备；提前告知家长并征得家长的同意。

4. 开展儿童健康检查时，保健人员要注意检测工具和双手的清洁卫生，预防交叉感染；保持适宜的室内温度；检查动作轻柔，注意医疗安全，避免伤害隐患。

5. 健康检查后，保健人员要根据儿童生长发育检测和评价方法对检查结果作出评价，准确填写《北京市儿童保健记录》，录入北京市妇幼保健网络信息系统，并向家长进行反馈。对于出现早期发育偏离或异常情况的儿童，要及时向家长说明情况，请家长带儿童到正规医院复诊或治疗，对于复诊和治疗结果要及时追访，并针对儿童营养、喂养、心理行为发育、疾病和伤害预防向家长提供科学育儿知识和相关技能指导。

6. 保健人员要定期进行健康检查数据的质量控制，按要求汇总上报，保证录入数据的准确性和完整性。

儿童晨午晚检及全日健康观察制度

为了解儿童全日的健康状况，做到早期发现异常，针对具体情况及时采取措施，以保证在园儿童的健康，特制定本制度。

1. 保健人员和教师每日要对在园儿童进行晨午晚检及全日健康观察。晨检由保健人员负责，午晚检及全日健康观察由班级教师负责。

2. 晨检人员做到一摸有无发热，二看咽部、皮肤和精神，三问饮食、睡眠、大小便情况，四查有无携带不安全物品，发现问题及时处理并与家长沟通。传染病防控期间建立询问机制和排查记录。

3. 教师对在园儿童实施全日健康观察，内容包括饮食、睡眠、大小便、精神状况、面色、有无皮疹及某些传染病的早期表现，做好交接班登记工作，将发现的情况详细记录在交接班登记册上。

4. 保健人员每日深入班级巡视两次，如发现患病儿童应及时与家长联系，疑似传染病儿童应尽快隔离并及时到医院诊治，追访诊治结果。

5. 保健人员将发现的问题及处理措施及时记录在《晨午晚检及全日健康观察登记册》上。

6. 患病儿童应当离园休息治疗，痊愈后方可返园，如确诊为传染病需提供相关材料返园。

工作人员健康检查制度

为掌握幼儿园内工作人员健康状况，杜绝将传染源带入园内，保护在园儿童的健康，特制定本制度。

一、上岗前健康检查

1. 幼儿园工作人员（新入园职工和实习人员）上岗前须到辖区卫生行政部门指定的医疗卫生机构进行健康检查，取得《托儿所、幼儿园工作人员健康证明书》。

2. 厨房工作人员还需取得《北京市公共卫生从业人员健康检查证明》和《卫生法规知识培训合格证》后方可上岗。

3. 精神病患者或者有精神病史者不得在托幼机构工作。

二、定期健康检查

1. 幼儿园每年组织在岗职工进行一次健康检查。

2. 在岗工作人员患有精神病者，应当立即调离托幼机构。

3. 凡患有下列症状或疾病者须离岗，治愈后须持卫生行政部门指定的医疗卫生机构出具的诊断证明，方可回园工作。

(1)发热、腹泻等症状。

(2)流感、活动性肺结核等呼吸道传染性疾病。

(3)痢疾、伤寒、甲型病毒性肝炎、戊型病毒性肝炎等消化道传染性疾病。

(4)淋病、梅毒、滴虫性阴道炎、化脓性或者渗出性皮肤病等。

三、健康检查管理

1. 全园教职工体检率要求达到100%，保健室负责管理健康档案，并定期做好查验工作。

2. 保健室配合体检单位对检出患有特定疾病的工作人员进行管理，做好记录、保密工作等。

3. 患有传染性疾病的工作人员治愈后，须持辖区卫生行政部门指定的医疗卫生机构出具的诊断证明，由体检单位决定是否签发《托儿所、幼儿园工作人员健康证明书》。

信息收集与管理制度

为了解在园儿童的身心发育状况，分析幼儿园卫生保健工作质量，不断发现问题改进工作，促进儿童健康发展，特制定本制度。

一、工作要求

1. 建立在园师幼健康档案，包括工作人员健康合格证、《儿童入园健康检查表》《北京市儿童保健记录》《儿童转园健康证明》等。

2. 对卫生保健工作进行记录，内容包括：出勤、晨午晚检及全日健康观察、膳食管理、卫生消毒、预防接种、体弱儿管理、传染病、意外事故和体格检查等记录。

3. 定期对儿童出勤、体格发育评价、膳食评价、视力矫正、口腔矫治和传染病等数据进行统计分析，掌握儿童健康及营养状况。应用统计结果分析园内相关问题，写入每年工作总结，指导实际工作。

4. 工作记录和健康档案应当真实、完整、字迹清晰。工作记录应当及时归档，至少保存三年。

5. 每月向上级主管上报出勤、传染病、卫生消毒及意外伤害等统计分析情况；每季度向上级主管部门上报营养计算情况，每年 7 月按要求完成北京市妇幼保健网络信息系统的数据录入工作。

二、卫生保健登记

1.《北京市托幼机构卫生保健记录》共有十一册和两张登记表，各项登记统计要做到及时、准确、完整、清楚、规范、真实。

2. 十一项登记内容如下：

(1)晨午晚检及全日健康观察登记册；

(2)交接班登记册；

(3)健康教育册；

(4)疾病与传染病防控工作登记册；

(5)儿童膳食管理委员会会议记录册；

(6)体弱儿童与肥胖儿童登记册；

(7)儿童伤害与事故登记册；

(8)传染病登记册；

(9)大型玩具检查登记册；

(10)视力矫正登记册；

(11)龋齿矫治登记册。

3. 两张登记表为：

(1)身高(身长)体重登记表；

(2)北京市托儿所、幼儿园儿童出勤登记表。

三、卫生保健统计表

1. 统计表共有七张，要求填写及时、准确、真实、字迹清楚，无涂改及漏项，统计方法正确。应对统计结果进行复核，检查相关逻辑关系。

2. 七张统计表如下：

(1)出勤统计表；

(2)体格发育统计表；

(3)身高(身长)体重增长统计表；

(4)营养不良性疾病和肥胖症统计表；

(5)五官保健统计表；

(6)儿童疾病统计表；

(7)传染病发病统计表。

第二节　传染病预防与控制

预防接种制度

通过对入园和在园儿童进行预防接种的管理，为在园儿童健康提供保障，有效控制传染病的发生和流行，特制定本制度。

1. 幼儿园应设专人负责管理预防接种工作，对儿童的预防接种卡、证进行统一管理，建卡、证率要求达到100％。

2. 对新入园或学期中新转入的儿童，保健人员应在预防接种单位医生的指导下查验其预防接种证或预防接种卡，掌握儿童预防接种情况，并将疫苗接种记录填写在《儿童免疫规划疫苗接种情况登记表》上。

3. 保健人员查验内容包括卡介苗、脊灰、百白破、白破、麻疹/麻风、麻腮风、乙脑、A群流脑、A＋C群流脑、乙肝和甲肝等疫苗的接种情况。

4. 在查验中发现未按照要求接种北京市免疫规划程序规定疫苗的儿童，包括长期缺勤的儿童，经预防接种单位医生核查(复查)后，保健人员应及时填写《儿童疫苗补种通知单》并向儿童监护人发放，督促监护人带儿童到幼儿园所在地的预防接种单位对儿童进行补种。保健人员应在查验后一个月内复验漏种儿童预防接种证，并将补种情况如实填写在登记表上。

5.《儿童疫苗补种通知单》内容包括预防病种、禁忌证及接种前后需要注意的事项等，家长交回签字的回执后方可接种，回执保留两年。

6. 在查验过程中，接种记录以预防接种证为准，无接种卡证以电子/纸质接种卡为准，无卡无证为未接种。发现无预防接种卡证的儿童，保健人员督促监护人带领儿童到幼儿园所在地的预防接种单位进行补证、补种。儿童补证补种后，保健人员应查验其预防接种证，并将疫苗接种记录填写在登记表上。

7. 保健人员应当协助所在地的预防接种单位做好在园儿童常规免疫预防接种的通知工作，如幼儿园符合临时接种场所要求，保健人员需协助接种单位做好现场组织工作。

8. 保健室通过多种形式定期向在园适龄儿童家长宣教按时预防接种的重要性

和有关传染病知识，告知在园适龄儿童监护人及时接种疫苗。

9. 保健人员应做好漏种及补种儿童人数的统计工作，填写《儿童免疫规划疫苗补种情况汇总表》，并将汇总表上报所在地预防接种单位。

10. 当幼儿园发生疫苗可预防传染病如水痘、麻疹、风疹、流行性腮腺炎等传染病疫情时，保健人员应按规定填写《传染病登记册》，立刻向托幼机构所在地的预防接种单位报告。

11. 根据预防接种单位确定的应急接种范围和人数，保健室协助接种单位发放儿童应急接种通知单，督促监护人及时带儿童到预防接种单位进行应急接种，协助预防单位做好接种场所的消毒处理及其他防病措施。

传染病管理制度

幼儿园是儿童密集的地方，一旦发生传染病容易造成流行，为了加强幼儿园传染病的管理，保护儿童健康，特制定本制度。

一、因病缺勤登记追踪

1. 班级教师要告知家长儿童因病缺勤要事先向班级教师请假，并说明病因，班级教师做好考勤记录（电子版或纸质版）。

2. 班级教师对因病缺勤的儿童，要及时了解儿童的患病原因及愈后情况，对疑似患传染病的儿童要及时报告给幼儿园保健人员。

3. 保健人员对疑似患传染病的儿童及时进行排查和跟踪，与家长保持密切联系，关注儿童健康状况，并做好相关记录，直至儿童痊愈。

二、疫情监测报告与处理

1. 在园晨午晚检及全日健康观察中发现师幼有传染病早期症状，如发热、咳嗽、胸闷、乏力、腹泻、呕吐等，应第一时间向园领导及保健负责人员汇报。

2. 当幼儿园发现疑似传染病例时，应当及时对患病人员采取有效的隔离措施，并通知患病教师本人/家长带患儿到专业医疗机构就诊。

3. 对有传染病人员的班级应立即采取检疫措施和进行严格的消毒，对有传染病接触史的儿童和教师要进行医学观察。医学观察期间该班活动与其他班级不得形成交叉，儿童不能转出、转入，工作人员不能调班、串班，检疫期满并无传染病继发方可解除。

4. 发生传染病期间，保健人员要加强对家长的宣传工作，班级教师应加强对全园儿童的晨午晚检和全日健康观察，并采取必要的预防措施，保护易感儿童。

5. 教职工及儿童家中有传染病人时应及时报告班级教师或保健人员，以便及时采取预防和检疫措施。

三、复课/复工证明查验

1. 患传染病人员待隔离期满后须持医疗卫生机构开具的痊愈证明和社区医院开具的复课证明到保健室进行复核。

2. 保健人员需了解师幼身体痊愈情况，认真核验痊愈和复课证明，无问题方可复工、复课，同时做好档案留存。

3. 根据需要，来自疫区或有传染病接触史的儿童，检疫期过后方可入园，保健人员做好登记记录。

日常卫生消毒制度

为预防传染性疾病的发生，控制传染性疾病的传播流行，为儿童提供整洁、安全、舒适的生活环境，特制定本制度。

一、环境卫生与消毒

1. 各班室内卫生由所在班人员负责，每天湿式清扫，保持清洁整齐，公共环境和室外环境由专人负责每日清洁，定人定点分工负责。

2. 室内要定时通风，保持空气新鲜。冬季和夏季，空调房间至少每半日通风一次，每次10—15分钟(根据房间大小、室内外温差决定通风时间)。在外界温度适宜、空气质量较好、保障安全性的条件下，应采取持续开窗通风的方式。

3. 在不适宜开窗通风时，采用紫外线杀菌灯进行照射消毒，每日两次，每次持续照射时间60分钟，并做好紫外线消毒灯使用记录，内容包括日期、消毒班级、消毒原因及对象、使用时间及累计作用时间。

4. 各班的桌、椅、柜、床、门把手、水龙头、餐车等物体表面，采用清—消—清的方式进行消毒擦拭，使用浓度为250毫克/升的含氯消毒液，消毒10—30分钟。

5. 保持玩具、图书表面的清洁卫生，每周对玩具进行消毒清洗一次，塑料、橡胶、木制玩具等用浓度为250毫克/升的含氯消毒液浸泡消毒，不能用水洗的玩具，如布娃娃、图书，每两周通风晾晒一次，图书要求阳光下曝晒不低于6小时。

6. 各班清洁用具(如扫帚、拖布、抹布等)要专用并标识清楚，拖布、抹布每次用后要及时清洗干净，拖布用浓度为500毫克/升的含氯消毒液、抹布用浓度为400毫克/升的含氯消毒液浸泡消毒，并放在阳光通风处悬挂晾晒，干燥保存。

7. 各班厕所要求儿童专用，厕所清洁通风无异味，注意儿童随时冲厕，做到便池无尿碱，每日上午户外前、中午儿童上床后、下午下班前全面洗刷厕所，并用浓度为500毫克/升的含氯消毒液擦拭消毒，消毒时间30分钟。

8. 夏季要有防蚊蝇设备，及时消灭蚊蝇、昆虫、鼠类等病媒生物，垃圾污物要有专门的容器密闭存放，每日及时清理。

9. 保健人员要做好日常监督工作，总务主任和保健主管不定时抽查，并进行记录。班级每周五安排一次小扫除，每月底最后一周安排一次大扫除，总务主任和保健主管每月进行一次卫生和环境大检查，检查要有记录。

二、儿童个人卫生及用品消毒

1. 培养儿童良好卫生习惯，保证儿童三餐两点、喝水前和便后用洗手液及流动水洗手，用干毛巾擦干手。做好家园合作，给儿童勤洗头洗澡换衣，勤剪指(趾)甲，保持服装整洁。

2. 儿童日常生活用品专人专用，保持清洁。保证在园儿童1人1巾1杯，每天清洗并消毒一次。毛巾放置在阳光通风处晾晒，设置毛巾架，毛巾架有明确标识，毛巾互相不接触、不贴墙，间距10厘米；刷牙杯、牙刷个人专用，保持清洁，刷牙杯每周消毒两次，牙刷每三个月更换一次(损坏及时更换)，儿童梳子、拖鞋个人专用，保持清洁，每周清洗消毒一次。

3. 儿童餐具每餐使用后先去残渣、清洗后再进行消毒。消毒采用煮沸消毒15分钟或者蒸汽消毒10分钟。煮沸消毒时，被煮物品应全部浸没在水中，蒸汽消毒时，被蒸物品应疏松放置，水沸后开始计算时间。此外也可采用符合国家标准规定的消毒柜消毒。

4. 儿童使用的毛巾类织物消毒，可以使用浓度为250毫克/升的含氯消毒液浸泡消毒20分钟，消毒时将织物全部浸没在消毒液中，消毒后用生活饮用水反复清洗干净。也可以使用蒸汽消毒，每次消毒上汽后20分钟，消毒后的毛巾要在通风处晾干，有条件的在阳光下暴晒。

5. 儿童床位应有标识。被褥、凉席个人专用。床单、被套、枕套每月换洗一次。被褥保持清洁、干燥，每月晒一次。床上用品有污物要及时更换拆洗。

第三节　五官保健及健康教育

儿童眼及视力保健制度

为了保护儿童视力，培养良好的眼卫生习惯，预防儿童可控制性眼病的发生发展，保护和促进儿童视功能的正常发育，特制定本制度。

一、视力检查及管理

1. 在儿童健康检查时，由体检部门专业医生对在园儿童进行眼外观检查，4岁以上儿童增加视力检查。

2. 检查内容包括眼外观、眼位检查、眼球运动、视物行为观察、视力检查。4岁以上儿童采用国际标准视力表或对数视力表检查儿童视力，检测距离5米，视力表照度为500勒克斯(lx)，视力表1.0行高度为受检者眼睛高度。

3. 检查时，一眼遮挡，但勿压迫眼球，按照先右后左顺序，单眼进行检查。自上而下辨认视标，直到不能辨认的一行时为止，以能辨认出半数及半数以上视标的一行记录为被检者的视力。视力低常标准：4岁视力≤0.6，5岁及以上视力≤0.8。

4. 儿童单眼视力低常或双眼裸眼视力相差两行或两行以上时，两周后复查一次，复查后仍为视力低常应督促家长带儿童到设有儿童眼科的医疗卫生机构进一步确诊和治疗。

5. 出现以下情况之一者，应当予以及时转至上级妇幼保健机构或其他医疗机构的相关专科门诊进一步诊治，并追踪诊断结果：(1)具有任何一种视物行为异常的表现。(2)眼睑、结膜、角膜和瞳孔等检查发现可疑异常。(3)眼位偏斜或运动不协调。

6. 视力检查结束后在规定时间内录入北京市妇幼保健网络信息系统，并填写《五官保健统计表》。定期进行数据的质量控制，按要求汇总上报，保证数据的准确性和完整性。

7. 保健人员对视力低常的儿童每三个月测查一次视力，保健人员将检查结果记录在《视力矫正登记册》上。

8. 保健人员要了解弱视儿童的矫正方法，协助在园弱视儿童坚持弱视训练。

二、预防保健

1. 培养儿童良好的用眼卫生习惯，培养正确的看书、写字姿势，正确的握笔方法，保持相对安全距离(一尺、一拳、一寸)，在良好的照明环境下读书、游戏。

2. 儿童持续近距离注视时间每次不宜超过30分钟，操作各种电子产品时间每次不宜超过20分钟，每天累计时间建议不超过1小时。眼睛距屏幕大于屏幕对角线的5—7倍，屏幕面略低于眼高。

3. 合理营养，平衡膳食。经常到户外活动，每天不少于2小时。

4. 儿童活动场所不要放置锐利器械，强酸强碱等有害物品，注意玩具的安全性。

5. 教育儿童远离烟花爆竹、锐利器械、有害物质，防范宠物对眼的伤害。儿童眼进异物，或眼球扎伤、撞伤，要及时到设有眼科的医疗机构就诊。

6. 教育和督促儿童经常洗手，不揉眼睛，定期对玩具、毛巾进行消毒。提醒家长不带领患有传染性眼病的儿童去人群聚集的场所活动，防止疾病传播蔓延。对患有传染性眼病的儿童要及时隔离，防止疾病传播蔓延。

儿童耳及听力保健制度

为了保护和促进儿童的听觉和语言发育，减少儿童听力和语言残疾，提高儿童的健康水平，特制定本制度。

一、听力检查及管理

1. 每年由妇幼保健机构专业人员入园对儿童进行一次听力筛查。筛查前应常规进行儿童耳外观的检查。检查内容包括观察有无外耳道畸形，外耳道是否通畅，有无耵聍阻塞、异常分泌物、外耳湿疹等。3—6岁儿童一般采用游戏测听法(如听声移物)、插入式耳机及请被试儿童听见声音后举手示意的方式进行测听。

2. 听力筛查结束后，幼儿园保健人员在规定时间内将结果录入北京市妇幼保健网络信息系统，并填写《五官保健统计表》，定期进行数据的质量控制，按要求汇总上报。保证数据的准确性和完整性。

3. 及时通知听力筛查未通过儿童的家长持《北京市儿童听力筛查报告单》带儿

童转诊到听力障碍诊治机构进行听力诊断检测。

4. 追访听力筛查未通过儿童的听力诊断结果，同时将追访情况录入北京市妇幼保健网络信息系统、填写《北京市儿童保健记录》。

二、预防保健

1. 教师要注意对儿童听力的保护和观察，教育儿童不往耳内放异物。教育儿童轻声讲话，不大声喧哗。发现儿童语言落后、反应迟钝，及时与家长沟通，建议去专科医院检查。

2. 做好家园合作，督促家长按时进行免疫接种，预防因脑膜炎、腮腺炎引起的并发症。

儿童口腔保健制度

为了保证定期对儿童进行口腔健康检查及健康宣教，培养儿童良好的口腔卫生习惯，预防儿童龋齿等口腔疾病，提高儿童口腔健康水平，特制定本制度。

一、口腔检查及管理

1. 每年请上级妇幼保健机构口腔科医生到园为儿童进行口腔检查两次。

2. 对发现龋齿、乳牙早萌或滞留、乳牙反咬合等问题的儿童要及时通知家长带领儿童到口腔专科医院进行诊治，保健人员做好对诊治结果的追访工作。龋齿检查和矫治情况需记录在《龋齿矫治登记册》上。

3. 口腔检查结束后，在规定时间内录入北京市妇幼保健网络信息系统，定期进行数据的质量控制，按要求汇总上报。保证录入数据的准确性和完整性。

二、预防保健

1. 保健人员平日做好口腔健康的宣传教育工作，培养儿童良好的饮食习惯，掌握正确的刷牙方法和漱口方法，保持口腔清洁。

2. 减少每天吃甜食及饮用碳酸饮品的频率，预防龋齿的发生，进食富含纤维、有一定硬度的固体食物。

3. 3 岁以后，家长和教师可以开始教儿童用适合年龄的牙刷，用简单的“画圈法”刷牙，每部位反复画圈五次以上。

4. 提醒家长每日晚上睡前帮儿童刷一次牙，保证刷牙效果，儿童学会含漱时，建议使用儿童含氟牙膏。

5. 纠正不良习惯。儿童期尽量不用安抚奶嘴；纠正吮指、咬唇、吐舌、口呼吸等不良习惯。

6. 做好家园合作，为儿童定期进行口腔健康检查，在征得家长同意的基础上，由口腔专业人员对 3 岁以上儿童实施局部应用氟化物防龋齿措施，每年两次。磨牙可采用窝沟封闭预防龋齿。

健康教育制度

为向家长、教师和儿童进行健康宣教，传播健康知识，更新健康观念，培养儿童的健康行为，特制定本制度。

1. 每年根据不同季节、疾病流行等情况制订全年健康教育工作计划，并组织实施。

2. 健康教育的内容包括膳食营养、心理卫生、疾病预防、急救自救、儿童安全、良好行为习惯的培养等。具体包括如下内容。

(1)有计划地针对季节性传染病流行情况向教师、保育员进行防病知识教育，向教师、保育员进行卫生消毒的指导、示教。

(2)有计划地针对季节性传染病流行情况向厨工进行平衡膳食、合理摄入、卫生消毒的教育。

(3)每年针对体检、身高体重测量、口腔检查中发现的缺点、问题，通过谈话、电话、书面通知、短信等方式，向家长和教师进行介绍、指导。

3. 健康教育的形式包括举办健康教育课堂、发放健康教育资料、宣传专栏、咨询指导、家长开放日、问卷调查等。

4. 每月至少开展一次健康教育工作，其中每季度对班级保教人员开展一次健康讲座，每学期至少举办一次家长健康讲座。每班有健康教育图书，并组织儿童开展健康教育活动。每年召开一次新生入园家长会，介绍卫生保健工作。

5. 对于健康教育的方式、内容和相关健康知识知晓率、儿童良好生活卫生习惯的养成及健康状况等健康教育的效果，要做好相关资料的存档，并填写《健康教育册》。

第四节　体弱儿及肥胖儿管理

体弱儿管理制度

为了解园内体弱儿患病情况，加强对体弱儿的特别护理，能够使其尽早康复，促进其健康成长，特制定本制度。

一、体弱儿范围

1. 维生素D缺乏性佝偻病。

2. 营养性缺铁性贫血，血红蛋白(Hb)＜110克/升者；贫血程度判断：血红蛋白呈90—109克/升为轻度，60—89克/升为中度，＜60克/升为重度。

3. 蛋白质-能量营养不良，主要包括低体重、生长迟缓、消瘦。

4. 发育行为异常儿童：在园期间有可疑心理行为异常表现，如吸吮、咬指、遗尿、异食癖、暴怒发作等表现。

二、体弱儿管理

1. 登记：对每年体检筛查出的体弱儿进行登记管理，在《体弱儿童及肥胖儿童登记册》上登记，针对儿童的疾病及时进行相关指导。

2. 专案管理：对患活动期维生素 D 缺乏性佝偻病、中度及中度以上营养性缺铁性贫血、蛋白质-能量营养不良的儿童要进行专案管理，填写《北京市儿童保健记录》。针对儿童疾病及时进行干预及相关指导。

3. 随访：活动期佝偻病每月复查一次，恢复期佝偻病患儿两个月复查一次，至痊愈；轻中度贫血儿童补充铁剂后 2—4 周复查血红蛋白；蛋白质-营养不良儿童每月进行营养监测，测量身长(身高)和体重、进行生长发育评估和指导，直至恢复正常生长；发育行为异常儿童转诊三个月内进行追访。

4. 结案：活动期维生素 D 缺乏性佝偻病症状消失 1—3 个月，体征减轻或恢复正常后观察 2—3 个月无变化者，即可结案；营养性缺铁性贫血的血红蛋白值正常后即可结案；蛋白质-能量营养不良的一般情况好，体重/年龄或身长(身高)/年龄或体重/身长(身高)≥均值减去 2 个标准差(M－2SD)即可结案。

5. 预防：

(1)维生素 D 缺乏性佝偻病。3 岁以下婴幼儿适当进行户外活动，接受日光照射，每日 1—2 小时，尽量暴露身体部位。

(2)营养性缺铁性贫血。注意食物的均衡和营养，多提供富含铁的食物，鼓励进食蔬菜和水果，促进肠道铁吸收，纠正儿童厌食和偏食等不良习惯。

(3)蛋白质-能量营养不良。及时分析病史，询问儿童生长发育不良的原因，针对原因进行个体化指导；对存在喂养或饮食行为问题的儿童，指导家长合理喂养和行为矫正；对于反复患消化道、呼吸道感染及影响生长发育的慢性疾病儿童应及时治疗。

(4)发育行为异常儿童。根据儿童不同的神经心理行为发育问题，进行有针对性的生活护理。保教人员要关心爱护病儿，不歧视病儿。

超重和肥胖儿管理制度

为了解园内超重和肥胖儿患病情况，及时进行干预、指导及护理，使其尽早康复，促进健康成长，特制定本制度。

一、评价及分类

1. 体质指数(Body Mass Index，BMI)＝体重(千克)/[身长(身高)(米)]^{2}

2. 超重：M＋2SD＞体重/身长(身高)≥M＋1SD，或 M＋2SD＞体质指数(BMI)/年龄≥M＋1SD；肥胖：体重/身长(身高)≥M＋2SD，或体质指数(BMI)/年龄≥M＋2SD

二、管理

1. 对新入园和定期健康检查中发现的超重和肥胖儿均应在《体弱儿童及肥胖儿童登记册》上登记，对肥胖儿应进行专案管理，填写《北京市儿童保健记录》中肥胖儿专案管理记录。

2. 针对肥胖儿，在常规健康检查的基础上，每月监测身长(身高)和体重并进行指导，待儿童的身高标准体重值正常后继续维持三个月方可结案。

3. 对怀疑有病理性因素、存在合并症或经过干预肥胖程度持续增加的肥胖儿童，建议家长到上级妇幼保健机构或专科门诊进一步诊治。

4. 管理期间做好家园合作，给予家长正确的、科学的育儿知识，使家长重视肥胖的危害性，能够积极配合对肥胖儿童饮食和生活方式的调整。

三、预防

1. 开展多种形式的儿童健康教育活动：将肥胖预防健康教育内容融入课程和儿童一日生活之中，使儿童在快乐活动中接受营养、体格锻炼等健康知识。采用绘本故事、儿歌、情景剧等多种形式为儿童提供通俗易懂、活泼新颖的健康教育课程。

2. 定期开展面向家长和教师的健康教育活动。通过家长会、专家讲座、小组讨论等方式，向家长和教师宣传儿童肥胖防控的重要性和相关知识，了解儿童的饮食习惯、生活方式和体育活动等情况，分析肥胖原因，及时掌握不良饮食习惯和生活方式的纠正方法。

3. 为在园儿童提供平衡膳食，制定带量食谱，并定期进行营养计算；培养儿童健康的饮食行为，进食时细嚼慢咽、不偏食、不挑食、不鼓励过量进食；教师以身作则，引导儿童学习选择健康食物。

4. 教师应每日有组织地开展丰富多样、有趣味性的户外活动，激发儿童参加体育活动的兴趣，减少儿童静坐时间，减少电子产品使用频率和时间。

第五节　健康膳食与体育运动

食谱制定和采购制度

为提高幼儿园膳食管理的整体水平，加强集体膳食的科学化管理，从而达到膳食管理资源共享、优势互补、共同发展的目的，特制定以下膳食管理制度。

1. 儿童餐和成人餐食谱由全园统一制定，统一使用。总部建立全园儿童和成人餐食谱库，每月食谱制定要求在去年同期的带量和花样基础上修改，每月至少制定两张带量食谱，一周一张，隔周使用。

2. 各园膳食管理团队在修改食谱时要根据《中国居民膳食指南》要求，结合日常儿童餐和成人餐的剩余量及食谱使用情况，对食材搭配、带量提出修改意见，由总部汇总修改后下发各园使用。

3. 儿童餐和成人餐食谱确定后原则上不可修改，但遇到食材短缺、带量差异，以及园所活动安排等情况，可以根据实际情况酌情调整并上报总部。

4. 各园采购人员严格挑选供货商品的品牌和种类，杜绝转基因、二次加工、含添加剂等非天然食材，坚持绿色选材、天然选材，力争为儿童提供健康绿色食品。

5. 各园采购人员要根据带量食谱及园所儿童及教职工人数制订采购计划，保育员每日固定时间到厨房报告本班人数，厨房按人按量供应主副食。

6. 厨房采购人员要精打细算，计划开支，做到不剩饭，不吃隔日剩饭菜，避免浪费。

膳食计划及营养计算制度

为保证幼儿园为儿童提供满足集体营养需要的膳食，均衡膳食营养，为改进食谱提供依据，提高园所膳食质量，特制定本制度。

1. 根据儿童生理需求，以《中国居民膳食指南》为指导，参考中国居民膳食营养素参考摄入量和各类食物每日参考摄入量，制订儿童膳食计划。

2. 根据季节特点，合理选择多样化食物，依据平衡膳食宝塔，按照儿童年龄及一定比例适量分配到一日三餐中，编制科学、合理、平衡的营养膳食。

3. 保证饮食清淡少盐，兼顾膳食营养均衡，注意粗细粮搭配、干稀搭配、荤素搭配、甜咸口味和食物软硬的搭配。

4. 在主副食的选料、洗涤、切配、烹调的过程中，方法应当科学合理，减少营养素的损失，符合儿童清淡口味，达到营养膳食的要求。烹调食物应注意色、香、味、形，提高儿童的进餐兴趣。

5. 早餐要求以主食为主、优质蛋白质为辅。主食中的面食要求种类多样、甜咸搭配，辅以汤、粥及鸡蛋、豆制品等。

6. 午餐主副食并重，两菜一汤，菜品为一荤一素，多选用各种季节性蔬菜。

7. 晚餐安排脂肪较少、易于消化的食物，减少油炸食品和甜食的供给。每天有一定量深色蔬菜的摄入。

8. 午点或者加餐提供营养水、水果、奶酪或者酸奶等，避免单纯供给甜食，减少添加剂较多的零食摄入，避免过饱、过量。

9. 保证儿童按需饮水，每日上、下午各1—2次集中饮水，2—3岁儿童饮水量50—100毫升/次，600—700毫升/日，4—6岁儿童饮水量100—150毫升/次，700—800毫升/日，并根据季节变化酌情调整饮水量。

10. 每季度至少进行一次营养计算，能量、蛋白质及其他各种营养素需达到膳食营养素参考摄入量的80%以上。

11. 每日热量分配比例为早餐30%(包括10点的加餐)、午餐40%(包括14点的午点)、晚餐30%(包括20点的少量水果、牛奶)。优质蛋白质占蛋白质总量的50%以上。

儿童进餐护理制度

为确保儿童进餐环境安全、卫生、舒适，同时培养儿童良好的进餐卫生和饮食习惯，提高儿童独立自主生活的能力，特制定本制度。

1. 进餐环境应当卫生、整洁、舒适。儿童在进餐过程中保教人员不擦地、不扫地、不铺床。

2. 儿童在餐前15分钟不做剧烈活动，避免过度兴奋，餐前和进餐过程中要保持儿童情绪愉快、专心进餐。教师餐前组织儿童洗手，做到随洗随吃，减少等待时间。

3. 遵守开饭时间，正餐间隔3.5—4小时(早餐和午餐时间可适当减少)，班级教师做好儿童的进餐护理，进餐时间20—30分钟。

4. 教师掌握儿童进食量，保证吃饱、吃好，教育儿童充分咀嚼，不要过分催饭，对于食欲不好的儿童要分析原因，给予照顾。

5. 2岁半儿童的饭、菜可分开，4岁以上儿童学会用筷子吃饭，餐后擦嘴、漱口或刷牙，以达到清洁口腔预防龋齿的目的。

6. 对于在园身体不适儿童，保健人员根据症状同时结合家长和教师意见为儿童批准病号饭。病号饭申请单一式两份，一份由保健人员交给厨房做饭，一份交给班级教师取饭。

7. 关注食物过敏体质儿童，建立专门档案，做好相应饮食管理工作。

体格锻炼制度

为保证教师能够科学开展儿童体育活动，促进儿童正常生长发育，锻炼意志，增强体质，特制定本制度。

1. 儿童体格锻炼应列入园所各项工作计划中，保健人员参与制订儿童个体锻炼计划，有组织、有目标地实施，实施过程中要有督导和检查。

2. 儿童的体格锻炼要以游戏为载体，让儿童在游戏中发展运动能力，包括儿童的基本动作发展：走、跑、跳、投掷、攀爬、平衡、悬垂；儿童的运动素质发展：灵敏、爆发力、力量、协调、柔韧、平衡等素质能力。

3. 正常天气，保证上、下午户外活动时间不少于2小时，坚持每天做早操或间操，时间不少于15分钟。特殊天气(不适宜户外)情况下，应开展室内体育活动。

4. 儿童夏季户外活动应避开高温时段，谨防中暑和热射病，冬季应注意防寒保暖，遇见风沙天气、空气质量不适合外出时，由保健人员根据上级教委要求通知教学班户外活动安排。

5. 每日进行室内外运动场地和运动器械的清洁和安全隐患排查。户外锻炼前，教师应做好场地布置和运动器械准备工作。

6. 教师要利用日光、空气、水和器械，选择多样化的锻炼项目，有计划地进行儿童体格锻炼。

7. 运动前，教师带领儿童做好充分的准备活动；运动中教师要注意观察儿童面色、精神状态、呼吸、出汗量和儿童对锻炼的反应，若有不良反应要及时采取措施或停止锻炼，加强运动中的保护，避免运动伤害；运动后要带领儿童做好放松活动，并注意观察儿童的精神、食欲、睡眠等状况。

8. 注意对有特殊需求的儿童进行照顾，患病儿童停止锻炼；病愈恢复期的儿童运动量要根据身体状况予以调整；体弱儿童降低运动强度和运动时长；对肥胖儿制订特殊的体格锻炼计划。

9. 教师带领儿童进行体格锻炼要持之以恒、循序渐进、由简单到复杂，时间由短到长，逐步提高锻炼强度，选择适合各年龄组特点的多样化的锻炼内容。

10. 保健人员要督促、检查教师是否按计划执行，对体格锻炼的内容、运动量、运动时间、器材及场地等提出相应的卫生要求，进行医务监督，预防运动损伤。

11. 每年 4 月按照《国民体质测定标准手册(幼儿部分)》，做好在园 3—6 岁儿童的体能测定工作。保健人员在测试后对数据进行整理分析，按要求及时、完整地录入北京市妇幼保健网络信息系统，并向家长教师公布结果，提出指导意见。教师应将体测项目列入日常户外活动中，加强对儿童进行个性化的指导。

第六节　卫生保健设施及设备管理

保健室管理制度

幼儿园保健室是保障幼儿园师幼健康的重要部门，为儿童健康成长提供专业的服务和指导，保健室管理制度如下。

1. 保健室由保健主管负责管理，要建立相应的管理制度和一日工作常规。

2. 保健室面积不少于 12 平方米，设有办公区、处置区、隔离区、观察区等区域。

3. 在相应区域要设有儿童观察床、桌椅、药品柜、资料柜、图书架等家具设施，还应配备移动式紫外线灯、儿童杠杆式体重秤、身高计、国际标准视力表或标准对数视力表灯箱、图形视力表、体围测量软尺、体能测试等设备。

4. 保健室要配备常用药品和必备的器械，并设有专人管理。具体包括皮肤消毒用药(75%酒精、生理盐水、碘伏)、敷料(无菌纱布、三角巾、棉球、绷带)、外用药(创可贴、清凉油、消炎软膏)和常规器械(方盘、不锈钢带盖盒、医用剪刀、冰袋、儿童血压计、听诊器、体温计、镊子、口罩、棉签、压舌板等)。

5. 保健室每年按工作需要做好药品采购计划，递交上级主管领导审批、保健室只能采购非处方药品，不能采购处方药品，要求从正规渠道采购，注意索取合法有效证件，并做好药品出入库登记，发现有伪劣药品及不合格药品一律退货。

6. 保健人员每学期初进行药品清理，对过期和变质药品进行登记，并注明药品名称、规格、数量、价格，按有关规定进行销毁。

7. 保健室要设有隔离室，隔离室的位置应设置在盲端，相对远离健康班级，通风、采光、保暖设施齐全，有独立卫生间和流动水，尽量留有独自通向户外的出口。

8. 隔离室需要配备的设备有儿童床、桌椅、图书、玩具、消毒液、毛巾、口罩、隔离衣等。隔离室用品要求一人一用一消，配备的设备不得随便挪用。非保健人员、健康儿童和保教人员不得随便进入隔离室，专室专用。

9. 保健室要建立健全各种卫生保健台账，做好分类登记统计，记录规范，不错记漏记、随意涂改。

10. 保健人员要经常检查保健室电气设备，用电开关及线路若有漏电、断电应及时上报并进行检修，防止火灾的发生。

11. 保健人员做好日常保健室的清洁卫生消毒工作，保管好保健室的财产物品，下班前检查门窗、水电是否关好。

空调使用制度

为了防止疾病传播、控制交叉感染、预防空调病，让班级教师能够正确使用空调，从而保证儿童身体健康，确保教育活动的正常进行，特制定本制度。

1. 幼儿园空调为贵重电器设备，教职工应爱护，严格按照规范使用，保管好遥控器等配件，并保持外表清洁、无尘。

2. 每年空调启用前，由幼儿园维修工负责与厂家联系对园内空调进行检修和保养，排查安全隐患。

3. 各班在使用空调时，要确保开窗通风，至少每半日通风一次，每次10—15分钟。

4. 根据季节温度变化设定空调的开启温度，由保育员负责。夏季室温控制在25—26摄氏度，冬季室温控制在20—23摄氏度。

5. 夏季，儿童户外活动结束回班级时，先开睡眠室空调，睡眠室和活动室不同时开空调，离园前提前20分钟关闭空调，让儿童逐步适应环境的温度变化。

6. 在空调使用期间，保育员负责每月对空调整机进行清洁、清洗消毒一次过滤网，保育员对空调的配件进行妥善保管。

7. 空调的出风口不能对着儿童直吹，风叶向上或者翻转模式。

8. 做到人走机关，离园时应将空调电源关闭。

直饮水使用制度

为加强直饮水设备的管理，保证儿童及教师饮用水安全卫生，特制定本制度。

1. 幼儿园直饮水设置包括儿童使用直饮水设备和教师使用直饮水设备，饮水设备固定位置。直饮水设备安装、调试后须通过验收合格，且验收资料形成文件归档后，方可供水。

2. 幼儿园建立直饮水管理小组，总务主任负责，各班保育员负责直饮水设备具体使用，公共区域直饮水设备的使用指定专人负责，保健人员监督指导使用，定期检测水质。

3. 幼儿园直饮水放置到儿童便于取水的位置，调整好合适的水温，取水区域要开阔，以免造成拥挤。

4. 每天儿童入园前，保育员要对直饮水设备进行清洁和检查。清洁直饮水机台面、水龙头和水管，用酒精擦拭消毒水嘴；打开水龙头放出水管内的积水，持续60秒以上，同时观察水的颜色是否正常，是否有异味，水温是否适宜，如有问题及时上报保健室和总务主任，并暂停使用。

5. 幼儿园定期通知直饮水设备供应商对直饮水设备和涉及的管路进行检查、维护和保养，更换过滤装置(包括塑料过滤器、活性炭和超滤膜，学期中途应更换一次塑料过滤器和活性炭)，并进行调试与水质检测，合格后方可供水。

6. 水质检测结果不达标时，幼儿园应立即停止使用，并通知直饮水设备供应商查明原因排除问题后，再次进行检测，达到合格标准后方可恢复使用。

7. 当从市政供水管网引入的水质发生异常时，保健室应及时报告供水和卫生行政部门。

8. 幼儿园要加强师幼安全卫生和节能降耗的教育及管理，定期开展直饮水机的安全使用知识培训，明确相关注意事项，确保师幼安全，杜绝浪费资源现象。

9. 建立饮用水卫生管理档案，包括直饮水设备验收文档，管理人员信息资料，直饮水设备巡查、保洁、维护记录，水质监测报告等。

紫外线消毒灯使用制度

为规范幼儿园紫外线消毒灯的使用，加强紫外线消毒灯的安全管理，特制定本制度。

1. 紫外线消毒灯须在室内无人条件下使用，同时清空室内动植物，在场所外设有警示标志提醒他人正在消毒，非消毒人员禁止进入，消毒人员应做好个人防护，避免紫外线直接照射造成损伤。

2. 紫外线消毒灯开关不够1.8米需要加灯罩，并做好警示标识，以避免儿童或他人错误使用，杜绝误伤事故的发生。

3. 班级及公共教室每周进行紫外线消毒一次，园内遇有传染病病例出现时，要及时消毒。

4. 物体表面消毒和空气消毒，一般用60瓦功率的紫外线消毒灯。

5. 消毒物品时，可以选用可移动式紫外线消毒灯，在25—60厘米距离下，照射20—30分钟。消毒纸张、织物等粗糙表面时，要适当延长照射时间，两面均应受到照射。

6. 用于空气消毒时，可以选择悬吊式紫外线消毒灯，有效距离不超过2.5米，照射时间不少于1小时。消毒室内空气时，房间内须保持清洁干燥，减少尘埃和水雾；温度低于20摄氏度或高于40摄氏度，相对湿度大于60%，须适当延长照射时间。

7. 紫外线消毒灯应从灯亮5—7分钟后计时，消毒后关闭紫外线消毒灯。移动式紫外线消毒灯待灯冷却后方可移动，同时打开门窗，经过充分通风换气，方可入室。

8. 紫外线消毒灯在使用过程中，须保持表面清洁干燥，定期擦拭。发现灯管表面有灰尘、油污时，须及时擦拭。

9. 紫外线消毒灯须由专人管理、使用并做好登记。建立紫外线消毒灯使用记录台账，记录紫外线消毒灯开始使用日期、累计使用时间、每次消毒时间、消毒人员姓名等。

10. 须定期测定紫外线消毒灯的辐照强度，紫外线消毒灯管累计使用达到上级部门规定使用时限或当强度低于70微瓦/平方厘米时应及时更换。采用合格的紫外线照度计对紫外线消毒灯辐照强度进行检测，紫外线照度计至少一年检测一次。

文本资源

第六章　后勤管理

附表

第六章　后勤管理

第一节　膳食管理

厨房卫生消毒制度

为加强饮食卫生管理，保证食品卫生，防止食品污染和有害因素对儿童的危害，保障儿童身体健康，特制定本制度。

一、炊事人员个人卫生

1. 炊事人员包括厨房采购员，炊事员，分餐员，仓库保管员，以及食品安全管理等工作的人员。

2. 炊事人员必须持有有效的《北京市公共卫生从业人员健康检查证明》和《卫生法规知识培训合格证》上岗。炊事人员每年必须到幼儿园指定的上级体检单位进行健康检查，取得有效的健康证明后方可参加工作。

3. 炊事人员患有碍于食品卫生的传染病、性传播疾病、化脓性或渗出性皮肤病、腹泻、发热、呕吐等病症时，应立即脱离岗位，待查明病因、经医生开具诊断证明确已治愈无传染性后方可上岗。对患有可能造成食品污染的相关疾病如灰指甲、牛皮癣等的工作人员，应调换工种。

4. 保持个人卫生，工作服勤洗勤换，保持干净；炊事员上灶前、分餐前要用肥皂及流动水洗手，必要时进行消毒；上厕所前摘掉围裙和套袖，脱掉工作服。工作服应为白色或浅色，定点存放，定期清洗更换。夏季做到每日清洗，清洗后用浓度为250毫克/升的含氯消毒液进行浸泡消毒；冬季做到每周清洗两次工作服并消毒。

5. 按规定统一穿戴整洁工服，戴口罩，穿防滑工作鞋；男士不留长发、胡须；女士不染指甲，不戴戒指、耳环，长发放入发帽内；厨房内不吸烟、不饮食、不从事与食品加工无关的事情。每日上岗前由专人进行着装和健康检查。

6. 工作时不做有碍食品卫生的动作，如抓头发、剪指甲、掏耳朵、剔牙、揉眼睛、吐痰等；咳嗽或打喷嚏时，要用纸巾掩住口鼻，并随后洗手。

二、厨房环境卫生

1. 厨房应当每日清扫、消毒，保持内外环境整洁，有防蝇、防鼠、灭蟑设备，操作间无苍蝇，垃圾及时清理不过夜，垃圾桶要加盖，垃圾不能外溢和滴漏。

2. 每餐切完菜，要将洗菜池、案板、地面清扫干净后再进行下一步工作；面案、菜案、餐具橱、调料车、灶台、门帘、盖布、棉垫、生食刀具等要保持清洁，随时清洗。

3. 灶具、墙壁(瓷砖部分)、柜子、排烟罩、排水地沟及门窗要保持清洁，随时清洗。防火烟道每60天专业清理一次。

4. 保健人员对厨房环境及个人卫生进行量化抽查，抽查要有记录。

三、食品卫生

1. 不用腐烂变质原料、食物，买来的熟食制品要加热后再吃，严把病从口入关。

2. 冰箱、冰柜放置食品一定要生熟分开，做好标识。留样冰箱应专用，不得存放与留样无关的食物，定期除霜消毒。

3. 易腐食品应低温冷藏，隔夜食物不宜再用，应作废弃处理。

4. 厨房中的洗涤和清洁用品应分类专门贮存，禁止与其他物品特别是食品混装存放。

四、厨房用具卫生

1. 厨房各种设备(如切菜机、绞肉机、电饼铛、和面机、冰箱及炒菜锅等)及专用毛巾做到用后及时清洁，保持干净，加盖防尘。

2. 师幼餐具一餐一消毒，餐具根据不同的消毒方法，应按其规定的操作程序进行清洗、消毒，严格执行一洗、二清、三消毒、四保洁制度。

3. 消毒要求：(1)物理消毒法。煮沸、蒸汽消毒保持100摄氏度，10分钟以上；红外线消毒一般控制温度120摄氏度，保持15—20分钟；洗碗机消毒水温控制在85摄氏度，冲洗消毒40秒以上。(2)化学消毒法。餐饮用具全部浸泡在有效氯浓度达到250毫克/升的消毒液中，作用5分钟以上。餐饮用具经过物理消毒后应达到光、洁、涩、干的要求，经化学消毒后应达到光、洁、无异味的要求。

4. 熟食刀具每次用前要用蒸汽消毒，或用浓度为250毫克/升的含氯消毒液擦洗、冲净、晾干，用完后清洗干净。

5. 厨房内其他熟食用具(盆、桶、盘及半成品盘、大勺、笊篱、水果刀等)，用后清洗，用前蒸汽消毒；菜墩每周蒸汽消毒一次，所有用具要有标识，定位存放。其中刀具每日用后收柜上锁，专人管理。

6. 保洁柜要随时清洁，保持干净，在存放餐饮用具前，应每日用浓度为250毫克/升的含氯消毒液擦拭一次。

厨房分餐卫生制度

为保证厨房人员分餐操作规范，厨房分餐间环境整洁卫生，确保幼儿进餐安全，特制定本制度。

1. 操作人员分餐前须对分餐间所有物品进行擦拭和消毒。

2. 分餐人员进分餐间前要进行二次更衣并将手洗净、消毒，操作时戴口罩；操作时要避免食品受到污染。离开后再次回到分餐间应重新洗手消毒；不得在分餐间内从事与分餐无关的活动；非操作人员不得擅自进入。

3. 操作人员在分饭菜过程中要把好质量关，并做到饭菜量合适、保温及卫生清洁。如发现有感官性状异常的食物，应立即停止供应，并及时上报。

4. 烹饪制作成品后的食品应尽快食用，烹饪与食用间隔不得超过两小时，特殊情况下需较长时间(超过两小时)存放的食品，应当在高于 60 摄氏度或低于 8 摄氏度的条件下存放。在 8—60 摄氏度条件下存放超过 2 小时，且未发生感官性变化的，应按规范要求在加热后方可供餐。

5. 分餐用的餐具、工具需要每餐清洗、消毒，每日供餐后要及时进行清扫，保持备餐间、分餐间清洁卫生。

6. 分餐间要每日餐前进行紫外线灯照射消毒 30 分钟，不得存放私人物品，室温控制在 25 摄氏度以下。

7. 分餐间内设专用留样冰箱，每日的用餐及重要接待活动供应的食品成品应留样。

8. 送餐时，要做到用专用送餐车送餐，车门要紧闭或者有遮盖，防止送餐路上受到灰尘污染。

幼儿食品留样制度

食品留样，是预防师幼食品中毒的有效措施，是检验是否食物中毒的重要依据。为确保师幼食品卫生安全，特制定本制度。

1. 记录留样食物的品种应包括当日所有入口食品，要做好样品标记和留样记录。每份样品必须标注品名、加工时间、加工人员、留样时间(××月××日××时)、留样人。

2. 留样的采集和保管要专人负责，无关人员不得擅自操作或挪动。留样须配备专用留样盒及留样冰箱。

3. 按每天加工品种数量，每一品种随机抽出样品，采集在操作过程中或加工终止时的样品作为留样的食品样品，不得特殊制作与添加品种。

4. 不同食品品种分别用不同容器盛装留样，防止样品之间交叉污染；留样容器应专用并消毒确保清洁，样品应密闭保存在留样容器里。按锅次留样，每个锅每次留样量不少于 125 克。

5. 留样样品，采集完成后应及时存放在 0—4 摄氏度的冷藏条件下，保存 48 小时以上，不得冷冻保存。

6. 一旦发生食物中毒或疑似食物中毒事故，应及时提供留样样品，配合卫生监督机构进行调查处理工作，不允许有留样样品而不提供或提供不真实的留样样品，影响或干扰事故的调查处理工作。

7. 保健人员定期对食品留样进行抽查，并做好抽查记录。

食品采购制度

为加强对厨房各类食材采购的管理，合理控制费用支出，避免浪费，以及防止因采购劣质食品而导致的食品安全事故，特制定本制度。

1. 成立食品采购工作组，由总园长、总部保健专员、执行园长、总务主任等组成，对所选食品供货商进行资格审核和实地考察，所有食品应当在具有《食品生产许可证》或《食品流通许可证》的单位采购，通过总支部委员会会议决议或竞标形式确定供货商。试用期过后，经双方协商，签订食品供货协议书。

2. 总部及各园应保管相关重要书面材料，包括协议书、供货商的各类资质证明、食品检验报告等。

3. 所有食品应选择品质优良、信誉有保障的品牌，其中米面粮油、调料、豆制品等杜绝散装食品。

4. 厨房管理员每周四前按照食谱的种类和带量及幼儿出勤人数，填好下一周的订货单，交保健人员进行审核确定，审核通过后交予供货商，供货商按照订货单每日送货。如遇突发情况，根据幼儿的出勤情况，及时调整食材数量。

5. 厨房管理员采购时应主动向供货商索取此批产品检验报告，产品检验合格证，禁止采购腐烂变质、超期、标识不明等不符合国家标准的原料和食品。尤其采购生禽肉类食品时，查验确认是否为定点屠宰的产品，是否有检疫检验合格证明。

6. 总部保健专员、总务主任、库房管理员及厨房管理员通过多种途径了解市场价格，厨房食品采购的价格在一般情况下应低于市场零售价，并且在保证品质的前提下尽量压低价格。

7. 对于不能满足幼儿园需求，不能提供便捷服务和质量保障的供货商予以及时更换。

食品验收及出入库制度

为明确和规范厨房食品库的验收和出入库手续，避免造成幼儿园食材的浪费和工作混乱，确保儿童食品安全工作顺利进行，特制定本制度。

1. 进行采购进货验收的食品包括米面粮油、调料、蔬菜水果、豆制品、肉蛋奶、水产品等。

2. 购入食品须经厨房管理员、保健人员和库房管理员对照订货单和送货单进行验收，如发现变质、霉烂、包装破损、有异物及品色异常等不合格食品，由厨房管理员及时上报总务主任和执行园长，并同时与供货商联系。验货后由厨房管理员、保健人员、库房管理员三方确认签字。

3. 验货注意事项如下。

(1)定型包装食物的验收：

①验包装上内容是否与检验报告内容相符；

②验生产日期、保质期，超过保质期的绝不能收；

③验包装是否有厂名、厂址；

④验食物外观有无破损、污损、变形、杂物、霉变等；

⑤闻气味是否有异味；

⑥摸手感是否有异样。

(2)非定型包装食物的验收：

①验食物外观是否新鲜，是否有腐烂、霉变；

②闻气味是否有异味；

③摸手感是否有异样。

4. 供货单一式三份，库房管理员、供货商、台账各一份。库房管理员做好食品的验收登记及台账，按上级要求做好存档。

5. 炊事员在择菜、洗菜等过程中，自始至终把好质量关，不得将劣质菜掺入优质菜中，对于采购的霉烂变质的食品，炊事员有责任提出异议，并有权拒绝采用。

6. 食品出库时炊事员须提前一天填写次日领料单交库房管理员，库房管理员当日根据领料单上的种类和数量进行备料并出库，领料单上要有领料人签字。出库后库房管理员根据领料单进行出库登记。

7. 库房管理员对每月各类食品消耗的数量进行合计，并统计每类食品耗用的金额。

8. 每月月底库房管理员、厨房管理员和保健人员对库房食品进行盘点，盘点后将剩余数量与结存数量进行对照，做到账物相符。

食品库管理制度

为加强幼儿园食品卫生安全和食品库安全，保证食品库的卫生环境符合食品储存要求，保证食品安全，特制定本制度。

1. 教师和幼儿的食品要严格分开，登记时要数量准确；主、副食品分类、分架摆放，防止交叉污染。

2. 储藏的食品应隔墙离地，按入库的先后次序、生产日期，分类分架、生熟分开、摆列整齐、挂牌存放。库内不得存放无商品标签、无中文标识、超过保质期限的食品。

3. 食品库要通风良好，低温低湿，门窗、地面、货架清洁整齐，无蝇、无鼠、无蟑螂和其他昆虫，存放酱油、糖、碱等的容器要做到物见本色，无油垢、无蛀虫。

4. 冰柜要达到应有的温度，冷藏柜要保持在 0—8 摄氏度，冷冻柜温度要保持在零下 12 摄氏度以下。

5. 豆制食品要冷藏；各种蛋类要倒箱入库，清除破损蛋品，或置于冰箱冷藏。

6. 食品储存过程中应切实做好质量检查与质量预报工作，不合格需退换的原材料、商品及贮存过程中发现的变质食品、过期和包装破损的食品须及时下架，设置退货区，定位存放，有标识，及时销账处理及退换。

7. 食品库内无私人物品，无有毒有害物品和杂物。

8. 库房要求双人双锁，库房管理员和厨房管理员共同出库，按照每餐人数和食谱带量出库，避免因遗忘多次出库。

第二节　资产管理

采购管理制度

为完善幼儿园采购制度建设，进一步提高采购效率，优化采购服务，依据《中华人民共和国招标投标法》《中华人民共和国招标投标法实施条例》《中华人民共和国政府采购法》《中华人民共和国政府采购法实施条例》《北京师范大学关于调整学校采购限额标准的通知》《北京师范大学采购限额标准以下项目的采购实施指导意见（试行）》，特制定本制度。

一、采购限额标准

1. 教学科研设备采购预算金额 50 万元以下项目。

2. 行政办公设备采购预算金额 50 万元以下项目。

3. 家具及其他货物采购预算金额 20 万元以下项目。

4. 服务（非工程相关服务）采购预算金额 20 万元以下项目。

5. 服务（工程相关服务）采购预算金额 50 万元以下项目。

6. 修缮工程采购预算金额 50 万元以下项目。

二、采购审批流程

1. 采购金额在 1 万元以下的，采购人提出采购需求，经部门主任及执行园长审批通过。

2. 采购金额在 1 万元（含）—3 万元（不含），采购人提出采购需求，经部门主任同意后，由主任提交所在园行政会讨论通过。

3. 采购金额在 3 万元（含）—招标限额，主任或执行园长提出采购需求，经所在园行政会讨论通过后，由各园执行园长提交园长办公会通过。

4. 采购金额达招标限额，主任或执行园长提出采购需求，经所在园行政会讨论通过后，由各园执行园长提交总支部委员会会议通过。

三、采购限额标准以下项目的采购方式分类及流程

（一）中央政府采购网

流程：仅限纳入当年中央预算单位政府集中采购目录（以下简称集采目录）的采购项目。各园采购需求审批后报总部，总部向国有资产管理处（政府采购与招标管理工作办公室）提交采购申请，国有资产管理处（政府采购与招标管理工作办公室）依据当年集采目录要求，进行采购。

（二）北京师范大学采购管理平台网上商城

流程：通过北京师范大学信息门户进入北京师范大学采购管理平台，点击“我的商城”进入北京师范大学网上商城采购。

（三）北京师范大学采购管理平台网上竞价

流程：通过北京师范大学信息门户进入北京师范大学采购管理平台，点击“发起采购申请”选择网上竞价，填写需求后提交采购申请，经幼儿园及国有资产管理处（政府采购与招标管理工作办公室）审批后发出竞价公告，竞价结束后采购人选择供应商，在满足所有采购需求的前提下，选择价格最低的供应商成交。

（四）三方比价

幼儿园通过比选，建立各类采购供应商储备库，每两年更新，各园三方比价须从现储备库中遴选供应商，如储备库供应商不能满足要求，另行遴选的供应商需经过园长办公会讨论通过。

供应商须满足以下条件。

1. 有生产或供应能力的投标人，包括法人、其他组织或者自然人。

2. 符合《中华人民共和国政府采购法》第二十二条相关规定，即：

（1）具有独立承担民事责任的能力；

（2）具有良好的商业信誉和健全的财务会计制度；

（3）具有履行合同所必需的设备和专业技术能力；

（4）有依法缴纳税收和社会保障资金的良好记录；

（5）参加政府采购活动前三年内，在经营活动中没有重大违法记录；

（6）法律、行政法规规定的其他条件。

3. 符合《财政部关于在政府采购活动中查询及使用信用记录有关问题的通知》的相关要求，流程如下。

（1）组成3人（含）以上比价小组，小组成员由管理干部和相关专业人员构成，依据采购的复杂性和专业性，聘请相关专业专家参与比价。比价小组应当对采购项目的价格构成和评定成交的标准等事项作出规定。

（2）比价。比价小组根据采购需求，向不少于三家的供应商提出报价要求，进行单一来源的采购项目，须进行特别说明。

（3）确定成交供应商。比价小组确定成交供应商，填写《北京师范大学比价采购报告》，方可进行采购。

(五)谈判采购

1. 供应商从幼儿园或大学储备库中选取，且满足《中华人民共和国政府采购法》第二十二条的规定。

2. 流程：使用单位组成3人(含)以上谈判小组，小组成员由管理干部和相关专业人员构成，依据采购的复杂性和专业性，聘请相关专业专家参与谈判。谈判小组应邀请不少于三家供应商，组织谈判。谈判结果公示三个工作日，无异议后，方可进行采购。

(六)大学储备库

流程：从大学当年储备库中择优确定成交供应商。国有资产管理处(政府采购与招标管理工作办公室)在北京师范大学采购管理平台定期公布当年储备库名单。

(七)自行采购

直接择优确定成交供应商。

四、针对每个采购项目的类型和金额可选用的不同采购方式(表6-1)

表6-1　采购项目与采购方式的对应列表

采购类型	金额(元)	可选用的采购方式
行政办公设备	0.15万(含)—3万(不含)	方式一：中央政府采购网(纳入当年集采目录的行政办公设备，必须采用中央政府采购网采购) 方式二：北京师范大学采购管理平台网上商城 方式三：北京师范大学采购管理平台网上竞价 方式四：自行采购
	3万(含)—20万(不含)	方式一：中央政府采购网(纳入当年集采目录的行政办公设备，必须采用中央政府采购网采购) 方式二：北京师范大学采购管理平台网上竞价 方式三：三方比价
	20万(含)—50万(不含)	方式一：中央政府采购网(纳入当年集采目录的行政办公设备，必须采用中央政府采购网采购) 方式二：谈判采购
家具	0万(不含)—3万(不含)	自行采购
	3万(含)—20万(不含)	三方比价
其他货物	0万(不含)—3万(不含)	自行采购
	3万(含)—20万(不含)	三方比价

续表

采购类型	金额(元)	可选用的采购方式
服务(与工程项目无关)	0 万(不含)—3 万(不含)	自行采购
	3 万(含)—20 万(不含)	三方比价
服务(与工程项目相关)	0 万(不含)—3 万(不含)	自行采购
	3 万(含)—10 万(不含)	方式一：校内储备库 方式二：三方比价
	10 万(含)—50 万(不含)	方式一：校内储备库 方式二：三方比价
修缮工程项目	0 万(不含)—3 万(不含)	自行采购
	3 万(含)—10 万(不含)	方式一：校内储备库 方式二：三方比价
	10 万(含)—50 万(不含)	方式一：校内储备库 方式二：三方比价

备注：超出采购限额标准的采购项目上报大学进行公开招标，具体采购流程及要求依据大学相关文件执行。

五、采购材料的存档

采购合同、三方比价、谈判等材料由各园采购的部门主任(总务主任、后勤主任、保教主任)负责保管。

固定资产管理制度

为明确经济责任，保证幼儿园资产的完全完整、账实相符，防止固定资产流失，根据有关财经法规的规定，结合幼儿园实际，制定本制度。

一、固定资产管理责任

1. 幼儿园固定资产实行统一领导、归口管理、分级负责、责任到人的管理体制。执行园长是幼儿园固定资产管理的总负责人，总务主任是主要负责人，库房管理员和资料员为直接负责人，各部门、办公室、班级人员为具体财产的管理人和使用人。

2. 成立幼儿园固定资产管理清查小组，总园长任组长，组员包括财务主任、总务主任和相关专业人员。每学年对各园固定资产进行清查，提出整改意见。

3. 幼儿园固定资产按要求建账。

二、固定资产的采购、入库、调拨

1. 采购前，各园填写《购置申请单》，申请单要有申请人、主管主任和执行园长签字。

2. 采购物品到货，采购人员与库房管理员共同点验货品，库房管理员办理入库手续，建明细账，做到账物相符。

3. 对于社会捐赠物品要及时入账，并附有捐赠协议和交接清单。

4. 固定资产需要转移的，调出园库房管理员填写《幼儿园设施设备调拨单》，调拨单一式两份，主要包括调拨资产的名称、数量、型号、调出部门、调入部门、调入理由等内容，调出园、调入园各存一份。调出园在资产转运前，需执行园长、主管主任、库房管理员在调拨单上确认签字，待调入园清点资产无误后，调入园执行园长、主管主任、库房管理员进行确认签字，然后并将一联返回调出园。

三、固定资产使用与维护

1. 各部门、班级在使用过程中，要对固定资产进行维护和定期检查，确保完好，如有损坏要及时报损维修。

2. 库房管理员和资料员对于公共固定资产的使用要时常检查、清点。

3. 公共教室的设备要由资料员负责保管和维护。每次使用前，资料员准备好相关设备，用完后及时关闭所有电源开关、插座等。

4. 幼儿园固定资产一般不对外出租或者出借，如有特殊情况需出借的，应由借用单位出具借用申请，园长签字后方能出借。借用方要按幼儿园外借固定资产要求办好手续，收回时由库房管理员进行检查，有损坏的要依据损坏程度进行赔偿，并需借出方签字。

四、固定资产的清查与整改

1. 每学期末库房管理员对各班的资产进行清查，每学年末对全园固定资产清查一次。

2. 要对固定资产实物及所有台账进行检查，做到账账、账卡、账物一致，做到固定资产所有采购、入库、使用、维修、报废程序的完整和手续的齐全。

五、固定资产的报废工作

1. 对于无法使用的固定资产，库房管理员要统一进行登记。填写《固定资产处置审批表》上报总务主任及执行园长审批，审批通过后进行报废处理。

2.《固定资产处置审批表》要由库房管理员、总务主任和执行园长三方共同签字。

3. 报废物品处理后的回收资金，要及时入账。

4. 库房管理员归档保存《固定资产处置审批表》，以备后查。

低值易耗品管理制度

为提高物资使用效率，严格控制行政费用支出，防止积压浪费和资产流失，特制定本制度。

一、低值易耗品采购

每月初库房管理员根据库存情况，填写《物品购买申请单》，上报总务或保教主任，主任在幼儿园运营管理系统提交采购申请，审批过后由主任安排采购。

二、低值易耗品入库

1. 新购买的低值易耗品，由库房管理员、主任共同根据《物品购买申请单》及供货单负责验收入库，验收时认真核对物品名称、规格、单价、数量，查看是否与《物品购买申请单》一致。

2. 库房管理员、主任核对无误后，在供(验)货单上签字确认。供(验)货单一式两份，一份由库房管理员留存并登记台账，一份转财务部供会计记账。

三、低值易耗品保管

1. 库房管理员对低值易耗品进行入库，填写入库单，然后对物品按类别、规格合理摆放，禁止乱堆乱放。

2. 办公、教学低值易耗品的种类和数量要按实际需求确定、合理控制；常用易耗且便于保管和适于批量采购的可适量库存；要避免不必要的储存或过量积压，确保供应好、周转快、消耗低、费用省。

3. 对于阶段性使用和暂时闲置的物品要妥善保管，随时待用。

4. 月底进行低值易耗品的库存盘点，确保账物相符；随时掌握库存物品的数量、质量和需求情况，适时增加库存，保障供给。

四、低值易耗品的领用

1. 领取时，领取人须在《物品领取登记本》上写明日期、领取物品名称及规格、数量、单价等项并签字。

2. 库房管理员按照领用单上填写的有关内容，发放低值易耗品后，及时登记进、出、存明细账。

3. 领取用品要做到：使用任务清楚、目的明确，随用随领，用多少领多少；领取的订书器、计算器、剪刀、打孔机、墨盒等办公用品重新领用时应以旧换新。

4. 库房管理员应及时盘查库房物品存放情况，对于一些有瑕疵，但不影响使用的物品应尽量优先安排领出。

5. 库房管理员应坚持原则，照章办事，严格控制办公用品的领取数量和次数，保证办公需要；对于生活用品，可根据历史记录和经验法则设定领取基准；明显超出常规的申领，领取人应作出解释。

公车管理制度

为了规范幼儿园公车(含班车)管理，切实解决外出工作、教师上下班的乘车问题，特制定本制度。

一、公车使用范围及乘车路线

1. 使用范围：正常上下班教师(部分)、公出教师、幼儿就诊等应急工作，其他人员一律不得使用。使用公车要先填写《公车出车申请表》，执行园长审批，由总务主任统一安排司机出车。

2. 发车路线：为北京师范大学校本部园到各分园所在地，路线途中在保证安全及不违章的前提下可作为上下车地点；临时公出路线视实际情况而定。

二、教师乘车要求

1. 要遵守公车发车时间，不得迟到，上车后应当及时就座，行驶途中禁止在车厢内站立或随意走动，严禁将手、头等伸出车窗外。

2. 营造文明的乘车环境，不在车内大声喧哗及嬉戏打闹，注意保持车厢内的环境整洁，不得在车厢内随意吐痰、乱丢果皮纸屑。

3. 禁止携带易燃易爆等危险物品乘车，违反本条规定，驾驶员有权拒绝其乘坐。

三、驾驶员要求

1. 要严格遵守公车(班车)线路及发车时间，不得擅自调整行车路线、发车时间，不得私自在路上搭乘无关人员。

2. 应当提前10分钟到岗，做好发车前的安全检查等所有准备工作。

3. 应当于每日早晚出车前后，对发动机、传动制动转向系统、灯光、轮胎等部位进行检查，保持车辆内外干净整洁，关闭车窗、锁好车门。

4. 在行车时应带齐证件，自觉遵守交通规则，严禁疲劳驾驶、酒后驾驶、超速超载行驶，确保行车安全。因违章受到处罚，由驾驶员本人承担全部责任。若在季度内违反交通规则两次，应停止驾驶，进行交通培训。

5. 每日应将车辆停放在幼儿园指定位置，节假日及寒暑假应将钥匙交给幼儿园财务室保管。

6. 如遇大雾、雨、雪等恶劣天气，出车易造成事故时，出车前，驾驶员要向总务主任请示，经同意后方可出行。

7. 车辆每次加油，驾驶员须在《加油登记表》填写清楚，过路费、停车费每月签字报销一次。

8. 要认真做好出车记录，包括出车时间、行驶里程、出车事由，用车人及司机签字。

9. 要按照国家统一要求，及时对车辆进行年度检测及续保工作，管好材料和工具。定期检查车辆，如发现异常、损坏，驾驶员须及时向总务主任汇报，车辆运行中出现机械故障或需要正常保养时，驾驶员要及时向总务主任汇报，并做好详细维修保养记录。

10. 不得私自用车或外借他人。

11. 每年公示一次车辆保险、维修、使用情况。

12. 因事、因病请假，必须经总务主任批准，总务主任安排轮替或具备驾驶员资格的人员替班，不得因故停运。

文本资源

第七章　安全管理附表

第七章　安全管理

第一节　日常管理

安全组织管理制度

幼儿园安全组织管理工作尤其重要。为了保护幼儿的安全，幼儿园需要设立专门的安全管理组织机构。

一、组织机构

1. 安全管理委员会：由执行园长担任组长，由业务园长、总务主任、保教主任、保健主管、厨房主管、维修工、班长等组成，定期开展工作讨论和决策。

2. 安全管理组：由幼儿园的总务主任、保教主任、保健人员、维修工、保安、保洁等共同组成，主要负责幼儿园安全管理、维护幼儿园基本秩序和基础设施的正常运行。

3. 安全教育组：由法治副园长、消防副园长、卫生保健副园长、总务主任、保教主任、班级教师等组成，主要负责幼儿园教职工安全教育和保护幼儿的身心健康。

二、职责分工

1. 安全管理委员会。

(1)负责制定幼儿园安全管理的规章制度和操作流程，指导幼儿园相关部门开展工作。

(2)负责定期监督幼儿园安全管理工作的质量，对存在的问题及时采取措施并加以解决。

(3)组织相关人员对幼儿园各类安全活动进行协调和指导，确保幼儿园的安全工作落实到位。

2. 安全管理组。

(1)执行落实幼儿园安全管理的规章制度和操作流程，并组织幼儿园各职能部门开展安全管理工作。

(2)负责检查幼儿园设施设备日常安全管理和维护，保障设施设备的正常运行，及时排除安全隐患。

(3)制定应急预案，做好日常安全工作，及时处理突发事件，确保师幼生命和幼儿园财产安全。

3. 安全教育组。

(1)制订教职工安全培训计划，组织安排教职工的安全知识教育、安全技能培训和安全演练，提升教职工的安全意识。

(2)制定有关幼儿园安全教育的方案，指导教师定期对幼儿进行安全教育和组织安全演练，培养自我保护意识和能力。

(3)负责对师幼进行心理辅导和身心健康的教育，关注师幼的安全和健康状况，及时发现和解决潜在问题，保障师幼健康安全。

(4)及时总结安全教育经验，并建立安全教育档案。

安全巡视检查制度

安全工作重在预防。校园安全巡视检查的目的是发现安全隐患，及时采取措施消除隐患，最大限度地减少校园安全事故的发生。根据幼儿园安全工作需要，特制定本制度。

一、日常巡视检查

1. 维修工每日巡查园内安全通道、疏散标识和户外大型玩具等设施设备，发现安全隐患及时排除，并做好检查、维修记录。

2. 班级和办公室的教职工每日下班前要查看水、关(电)闸，检查门窗等，日常发现安全隐患要及时上报，及时排除、解决，并做好记录。

3. 保安昼夜二十四小时轮流值班，定时巡逻。每日静园后，内保人员巡视全园，检查所有门窗、水电、重点部位及外围情况。夜间保安每小时对幼儿园室外重点部位巡逻一次，并做好巡查记录。

4. 节假日安排专人值班，值班人员要按时到岗，不脱岗，并做好交接班记录。值班人员早、中、晚各巡视一次园内房舍及重点部位，确保园内安全。

二、定期检查

1. 维修工每周对园内灭火器、消防栓、应急灯、防火卷帘门、烟感报警器进行检查，并填写检查记录，对发现的安全隐患，要及时排除。

2. 每月总务主任带领维修工对园所进行安全、消防设施及教职工宿舍检查一次，并填写检查记录，对发现的安全隐患，要及时排除。执行园长每学期至少参加一次安全检查。

3. 每学期开展由消防副园长、执行园长、总务主任、维修工共同参与的专项消防检查，检查要有记录。

4. 每学年总园长带领专业技术人员开展一次各园安全工作大检查。

5. 自觉接受消防监督部门和上级主管部门的安全检查，对于查出的安全隐患，总务主任及时制定整改措施，确定整改时间，落实到人。执行园长和总务主任要对整改结果进行检查验收，并签字确认。

安全宣传教育制度

为充分利用校园宣传阵地和教育优势，进一步推进校园安全，落实平安校园、和谐校园建设，特制定本制度。

1. 定期向教职工宣传党的安全方针和国家的各类安全法律法规。每学期组织安全教育、培训或业务学习不少于两次，增强教职工的安全意识，提高自救能力。

2. 坚持集中宣传与平日宣传相结合，做到时时、处处、人人都讲安全。

3. 安排部门负责人、义务消防队员和重点场所的管理人员，参加消防部门举办的各种消防安全知识培训。

4. 加强对幼儿的安全教育和健康教育，将安全教育放到第一位。教师对幼儿的安全教育要纳入教育计划，并定期上交安全教育案例。

5. 对师幼的安全宣传教育应包括交通、消防、治安、防诈骗、食品卫生、用电、园内外集体活动、体育运动、溺水、踩踏及防自然灾害等方面的内容，使师幼掌握基本防范技能和自救逃生能力。

安全应急演练制度

为提高幼儿园应急反应能力，保证应急工作高效、有序地开展，确保意外事件发生后能够统一指挥、有条不紊地开展好相关工作，特制定本制度。

1. 安全应急演练要有组织、有计划地开展，园内要制定出各类详细的安全应急预案和演练方案，把应急演练工作落到实处。

2. 成立以执行园长为组长，教学主任、总务主任为副组长，年级组长、班长为组员的安全应急工作组。

3. 制订学期或年度安全培训计划，开展不同形式的培训及演练。

4. 定期开展应急预案演练，总务主任制定演练方案，如火灾、地震、防暴等，以检验预案的实效性、可操作性，纠正演练及预案中存在的问题，不断提高全体人员的应急反应能力和救援能力。各类安全预案和方案要及时根据园所实际进行更新。

5. 各类安全培训和应急演练每学期至少组织两次。结合园内实际，以多种形式组织由各相关部门参加的应急演练，使各岗人员熟知各类事件应急处理的程序及流程，明确自身职责，提高协同作战的能力，保证应急救援工作协调、有效、迅速地开展。

6. 幼儿园应制定各类应急预案。

(1)突发公共事故应急预案：《幼儿园集体活动安全应急预案》《幼儿园火灾应急

预案》《幼儿园拥挤踩踏事故应急预案》《幼儿园周边突发安全事故应急预案》《幼儿园防暴安全预案》。

(2)自然灾害应急预案:《幼儿园防震安全应急预案》《幼儿园防汛安全应急预案》《幼儿园防雷安全应急预案》《幼儿园防雨雪、冰冻、泥石流、滑坡等恶劣天气安全应急预案》。

(3)卫生防疫应急预案:《幼儿园突发传染病应急预案》《幼儿突发疾病应急预案》《食物中毒与饮用水污染应急预案》。

(4)日常管理预案:《网络安全应急预案》《幼儿意外伤害应急预案》《停水停电停气应急预案》《幼儿园外出活动安全预案》《家长与幼儿园发生冲突应急预案》《幼儿园应对空气重污染预案》。

(5)其他预案:根据园所需要制定。

安全工作档案制度

安全资料是安全管理的重要组成部分,是对安全管理活动开展的真实记载和重要证明,是安全管理原始资料的具体积累和安全管理水平提高的基础,更是相关责任的明确备案和安全事故处理的重要证据。为确保安全资料的完整性,特制定本制度。

一、规范档案管理内容

1. 法规文件:有关幼儿园安全工作的法律、法规,以及上级党委、教育行政、安全管理等有关部门下发的各类安全工作文件。

2. 组织领导:安全工作领导小组名单、安全组织管理网络图、工作职责等。

3. 安全管理制度:最新修订的各项安全管理规章制度、各类安全应急预案等。

4. 安全管理:年度各类安全工作责任书、安全工作学期和年度计划、总结,各类有关安全工作的会议记录等。

5. 安全教育:开展各类安全教育、组织教职工和幼儿参加各种安全宣传教育活动的文字、图片、影像资料等。

6. 检查整改:各类安全工作检查记录,安全重点部位日巡查记录,安全重点部位周检查记录,安全隐患排查情况记录,安全隐患整改、跟踪督查情况记载等。

7. 预案演练:防火灾、防地震、防食物中毒、防踩踏及大型集体活动等应急预案、演练方案、过程性资料(文字、图片、影像资料)、演练小结等。

8. 事故案例:相关安全事故及处理情况的记载,对各类事故的反思总结等。

9. 安全考核:各类安全考核的组织实施及结果等。

10. 安全资格审查:相关人员资质。

11. 经费投入:安全设施设备、宣传教育活动等经费投入情况记载。

二、严格档案管理

1. 保教主任、总务主任负责收集和整理安全工作档案。

2. 高度重视安全管理档案登记建立工作，幼儿园有关部门和人员要及时提供相关资料。

3. 档案登记资料要求全面完整，图文并茂，并按上述条目逐项分类整理归档。

第二节　设施设备安全

校园建筑设施的检查维护制度

校园建筑设施包括教学用房、办公用房和生活用房，其中包括道路、围墙、厨房、配电房、库房等各项建筑设施。

1. 校园建筑设施安全管理工作应严格执行自检，每次安全检查必须做好记录，建立检查情况档案，发现隐患及时排除。

2. 要做到常规检查和突击检查相结合，全面检查和重点检查相结合。在正常情况下，应每学期对校舍进行一次全面性的安全检查；对一些年久失修的旧房要进行重点细致的检查；在风、汛、雨、雪季要进行突击性的检查。

3. 若发现结构损坏、蛀虫、腐烂或其他重大险情的校舍应及时书面报告上级有关部门，及时研究落实维修措施。

4. 常规检查时间：

(1)学期开学前和结束后定时检查(总务主任、维修工)；

(2)每月开展例行检查(总务主任、维修工)；

(3)特殊天气及自然灾害后及时检查(总务主任、维修工)。

5. 检查内容：

(1)房屋是否有损坏、开裂、倾斜、变形；

(2)地基是否有沉降；

(3)沟、梯、栏、盖、路是否有安全隐患；

(4)门窗是否腐朽，玻璃是否牢固、完好；

(5)供水、排水系统是否通畅；

(6)供气设备是否有隐患；

(7)避雷设施是否完好；

(8)防盗措施是否落实；

(9)用电线路、开关、插座是否损坏。

水、电设施设备安全制度

为了加强幼儿园安全用电、用水及相关设施设备安全管理，确保幼儿园各项工作顺利开展，特制定本制度。

1. 安全用电用水用气必须坚持定期和不定期检查，组织自查，发现隐患及时整改。

2. 幼儿园组织维修工对用电线路、灯具、插座、插头、开关、自来水设施等每月进行一次检查，发现问题，及时维修。对老化电线的更换和对水电设施进行保养等工作，必要时安排在寒暑假进行整修，确保安全使用。

3. 教职工爱护水电公共设施，发现问题及时上报维修。维修工每周对全园的各项设施设备进行检查，发现问题及时解决，无法自行维修的应第一时间上报总务主任予以解决。

4. 各班需要临时用电时，事先写出申请，经执行园长批准后方可用电，并须请专人接电；个人不得擅自接电，不得私拉、私改电线路。

5. 教职工不得私自使用大功率电器，特殊情况需使用时，须经执行园长批准。

6. 提倡节约用水用电，做到人走灯灭，切断电源。

7. 电器设备、管道的设计安装，必须符合国家安全技术标准，由具备相应资质的单位、专业人员实施。

大型器械玩具的检查维护制度

为加强大型器械玩具的安全管理，延长其使用寿命，确保幼儿活动安全，特制定本制度。

1. 每天定时擦拭并检查户外大型器械玩具和玩具房玩具，确保幼儿在活动中的安全。

2. 建立检查大型器械玩具和玩具房玩具情况档案，及时维修损坏的玩具，不能维修的请专业人员进行处理，并做好警示牌。

3. 收整玩具时分类摆放，并保持室内环境清洁。特殊时期加强每日大型玩具消毒力度，按照幼儿园消毒制度进行操作。

4. 定期进行木制玩具加固、刷漆、换绳等维护工作，及时处理存在的安全问题，无法处理的需上报。

5. 户外活动时，教师要教育幼儿爱护玩具，指导幼儿正确玩玩具，活动后要协助将玩具收回玩具房。

6. 在玩具使用中，教师如发现损坏应立即停止使用，并告知维修工进行处理。

7. 保健室每月对大型器械、玩具进行抽查，发现问题及时督导。

视频安防监控系统管理制度

为了加强校园安全监控设施设备的管理，确保视频安防监控系统安全有效地运行，充分发挥视频安防监控系统的防范作用，提高预防和处置突发公共事件的能力，结合《北京市公共安全图像信息系统管理办法》及上级主管部门要求，特制定本制度。

一、成立校园安防监控系统领导小组

1. 为了及时有效开展相关工作，特成立了校园安防监控系统领导小组。执行园长是幼儿园安全工作的第一责任人，负责对全园安防系统实行宏观管理，督促有关部门做好相关工作。总务主任是校园安防监控系统主要负责人，对各安防设施的人员在岗、设备运行、安全责任落实等情况进行监督检查。操作人员是直接责任人，应坚守岗位，认真履行监控职责。各成员明确分工，责任到人，切实落实好校园监控设施的管理。

2. 总务主任每周对校园安防监控系统运行情况进行一次检查，以保证监控系统正常运行。

二、视频监控设备布控要求

1. 公共安全图像信息系统的建设，应当符合国家和本市的技术规范和标准。公共图像信息系统应当具有采集、录像、传输等功能。

2. 视频监控应做到无死角全覆盖(除卫生间、教师更衣室区域外)。以下部位必须配备视频监控设备：大门外一定区域(注：幼儿园大门外一定区域是指幼儿入园、离园时段，大门外人员密集集中的区域)；大门口；园区内主干道；围墙周界；操场、幼儿室外集中活动区域；幼儿活动室、休息室、盥洗室；园内主要通道及出入口处；门卫室(传达室)；财务室、贵重物品存放处；食堂操作间、储藏库(室)、进出通道；水电气热等设备间；安防监控室；园内短期难以整改的重大安全隐患部位等。

3. 安装标准：所有安装的摄像机应为数字高清设备，有住宿幼儿的园所在幼儿活动室、休息室、主要通道及出入口处还应安装带有夜视功能的摄像机。大门外一定区域、大门口、园内主干道安装的摄像机，其监视及回放图像，应能清楚辨识进出人员体貌特征和进出车辆的车型及车牌号码。幼儿活动室、盥洗室、休息室应与视频图像同步录音。

4. 在大门口及大门外一定区域设置的公共安全图像信息系统，应当设置标识。

三、加强日常维护及管理

1. 监控设施和报警系统必须由专人负责。监控系统操作人员要严格按规定的操作步骤进行操作，每天要对监控设备的运行情况进行检查，若发现设备故障，应立即报告幼儿园领导小组，并请专业人员进行维修，以保证监控设备安全有序运行。

2. 监控设施操作人员要认真做好监控工作，摄像机方向要时刻监控重点部位，发现异常情况要仔细查看、跟踪、做好记录，并及时向幼儿园领导或校园安防监控系统领导小组报告，若遇紧急情况可直接拨打110，然后再报告。

3. 视频监控系统必须24小时开启，并保证记录保存时间不少于90天。

4. 视频监控回放图像要做到定期查看，并做好记录，以便及时发现校园安全隐患和问题，及时处理。

四、备案

自系统竣工验收合格之日起30日内，将公共安全图像信息系统的建设情况按照保卫隶属关系向市或者区、县公安机关备案；没有保卫隶属关系的，向本单位所在地的区、县公安机关备案。

五、保证公共安全图像信息系统安全运行

1. 对与公共安全图像信息系统密切接触的人员进行岗位技能和保密知识的培训。

2. 做好视频监控系统的安全检查、运行维护和应急处理等。

3. 保持图像信息画面清晰，保证系统正常运行。

4. 不得擅自改变公共安全图像信息系统的用途和摄像设备的位置。

六、建立健全图像信息安全管理

1. 专人值班监看，发现涉及公共安全的可疑信息及时向领导小组和公安机关报告。

2. 建立图像信息使用登记册，对图像信息的录制人员、调取时间、调取用途等事项进行登记。

3. 按照规定期限留存图像信息，不得擅自删改、破坏留存期限内图像信息的原始数据。

七、配合突发公共事件调查

当发生社会治安、自然灾害、事故灾难、公共卫生等突发公共事件时，配合具有突发公共事件调查、处置权的政府有关主管部门查看、调取、复制图像信息。

中控室管理制度

中控室包含火灾报警系统、视频监控系统、周界报警系统等安全智能设备，为加强中控室安全管理，规范工作人员行为，达到各项设备安全、稳定、规范、高效运行，确保幼儿园生命财产的安全，特制定本制度。

一、值班监看制度

1. 操作人员持证上岗，应认真学习监控的操作规程，严格履行岗位职责，做好每日的安防监控工作记录。

2. 依据相关要求定期做好安防数据备份工作。所有视频监控信息至少保存90天。对出现的可疑问题或关键数据，做好数据备份，不得擅自删改、破坏留存期限内图像信息的原始数据记录。

3. 认真维护、保养中控室各项设施，密切注意设备运行状况，保持图像信息画面清晰，确保各系统全天24小时正常运行，断电保护不少于1小时，不得无故中断监控，删除监控资料，发现异常情况必须及时向总务主任汇报。

4. 中控室在下班时间及节假日要有人值守，不得擅自离人。

5. 严禁操作人员随意转动摄像机，严禁使用监控用的计算机做与监控工作无关的事情。

二、图像信息保密、查看制度

1. 各园执行园长和总务主任定期查看视频监控图像信息。政府管理部门、公安机关、国家安全机关可依法查看、调用视频监控图像信息，其他人员查看视频监控图像信息须经相关部门审批。

2. 监控图像信息查看申请程序如下。

教职工申请→执行园长审批→总园长和法治副园长审批→凭批准后的申请，执行园长陪同查阅。

家长(幼儿父母)申请→执行园长审批→总园长和法治副园长审批→区教委审批→凭批准后的申请，由公安人员陪同查阅(必须由当事人父母查阅，必须提供事件发生的确切时间)。

3. 查看监控图像，须经相关部门批准，并查验来访人员工作证和证明文件，填写查看、调取、复制图像信息情况登记表，记录查看时间、查看人、录像开始及结束时间、查看内容、是否复制等。

4. 任何人不得携带手机、摄像机、照相机、录音笔、优盘等设备进入中控室，不得私自复制视频资料。

5. 未经许可，与图像信息监看工作无关的人员不得擅自进入监看场所。留存的图像信息除规定使用外，任何人不得擅自查阅、复制、提供或传播。

6. 操作人员使用中控系统要及时主动设置密码，严禁将系统密码告知无关人员。

7. 操作人员不得擅自删除、修改中控系统的运行程序和记录。

8. 任何人不得干扰、妨碍各系统的正常运行。

9. 操作人员要严格遵守有关保密规定，不得泄露监控录像内容，不得泄露幼儿园安全秘密，不得在中控室以外的场所议论有关录像的内容。

10. 操作人员对涉及隐私方面的事项，要严格保守秘密，因泄密造成后果的，本人承担全部责任。

三、系统运行安全保障制度

1. 建立安防设备日常维护的工作责任制，定期检查设备的运行及完好情况，出现问题及时报修并做好记录，超出服务期限的设备要及时更换。

2. 操作人员要保持中控室内卫生，注意防尘、防潮，控制台上要保持清洁，不得乱放闲杂物品，严禁存放易燃、易爆、有毒的物品。

3. 室内温度控制在 18—24 摄氏度。

4. 室内严禁烟火，严禁带零食进入中控室，水杯应放置在远离设备的地方。

5. 严格按操作培训流程执行，不得随意更改系统的设置，非授权人员不得操作设备。

6. 每日检查内容：检查系统外场设备反馈到监控屏幕相应终端的工作状态是否正常(有无视频丢失)；检查系统各种数据是否正常；检查录像机、监视器、控制器及相关的显示设备等是否正常(是否在录像)、监控是否出现黑屏、遮挡、时间误差；检查对讲机等通信系统是否正常，检查要有记录。对中控室内的控制台、计算机、火灾报警控制器、周界报警系统和主控仪等设备表面及室内地面予以清洁。

7. 每周检查内容：对中控室内的监视器屏幕、计算机、平面图、机柜等表面进行除尘清洁；检查监控镜头是否出现损伤或非法更换；及时清理监控镜头周围的树枝、广告牌、蜘蛛网等遮挡物，并对检查做好记录。

8. 每月检查内容：每月应进行一次除尘清洁；对系统进行一次全面检查，发现隐患及时处理；计算机的防毒和杀毒工作，并经常为服务器及其设备进行病毒检查；对计算机系统文档进行整理，清除系统软件的垃圾文件；检查机房消防设备是否完好；将每月检修内容和巡查情况做好记录。

9. 每季度的检查内容：对室外摄像机防护罩进行清洁，确保图像效果；视情况对机柜内部做一次除尘清洁；检查各部位的紧固及电器接触是否良好，并检查机柜内及机柜外的线缆有无损伤及鼠害迹象，机柜门封闭性能是否正常；检查机房电源柜的主要开关元件是否良好，并做好记录。

四、突发事件应急预案

1. 遇突发停电或系统故障，中控系统不能正常工作时，监控人员应立即上报，及时组织安保人员在管控区加强巡查，并组织人员维修，排除故障。

2. 监控人员应密切注意系统工作状态，发生报警要保持冷静，判明报警的部位和种类，查验清楚后，应做好记录。

3. 发生火灾，依据火灾处置流程处理(详见《火灾报警系统管理制度》)。

4. 如发现外人强制入侵应立即上报，并组织安保人员到现场阻止入侵，问询入侵原因，做好相关记录，视情节严重程度决定是否拨打110通知公安机关。

5. 如发生盗窃，应及时控制通道，搜查排查嫌疑人员，保护好现场，通知有关部门。

第三节　重点场所及人员安全

周边环境安全制度

幼儿园应保持对周边环境的密切关注与监控，并应取得社会各界的广泛支持与通力配合，切实保护师幼人身安全，维护校园安全稳定。

一、交通安全管理

1. 园门口必须有黄色网格线、人行横道线、限速标志、“前方学校”标志、减速带、防撞设施、监控设备等。由警察、园方、保安、志愿者组成的队伍，在入离园的高峰时段，共同维护交通秩序。

2. 全天开启防撞升降柱，严禁机动车辆出入幼儿园。

3. 早晚入园、离园高峰时段，结合实际情况安排专人在幼儿园门口外值班，要明确职责，坚守岗位，不得擅离职守。

4. 如幼儿园周边设置有入园、离园时段临时停车泊位，应安排人员指挥家长接送车辆即停即走，疏导交通，监督家长按交通规则行走。

5. 通过多种形式定期对幼儿进行交通安全知识教育，增强幼儿安全意识，让幼儿了解交通规则。

二、周边环境安全治理

1. 幼儿园在做好内保工作的同时，应重视周边环境的安全治理工作，应主动联系辖区的派出所、社区、街道、工商管理和文化监管等部门共同抓好治理工作。

2. 配合派出所、辖区保卫部门，强化治安管理。

3. 与派出所、工商等部门联系，加强对网吧、游戏厅及书刊市场的管理。

4. 值班人员除做好园内的巡视工作，还应注意对园外附近环境进行巡查，发现可疑人员或可疑情况，要针对不同情况及时报告幼儿园行政领导，并针对不同情况拨打 110、120、122 或附近派出所电话，以保护幼儿、家长和教职工的安全。

5. 建立校园突发事件救护队，高度警觉，随时出动。

门卫管理制度

幼儿园门卫是校园安全的第一道保护屏障，应对一切进出幼儿园的人员和物资进行有效监控和严格管理，为规范门卫安全管理工作，特制定本制度。

一、进出人员管理

1. 监督教职工上下班时打卡，不得代替他人打卡，一经发现将按人事管理规则惩处。

2. 认真查验进入幼儿园外来人员的相关证件，并与园内接待人员确认无误后，登记放行，确保校园平安。

3. 做好幼儿园教职工中途临时进出登记工作。

4. 上级部门或有关单位来园检查、联系工作，门卫应认真查看其工作证(介绍信)，并与园内相关部门或行政值班人员电话确认后登记放行。

5. 家长如遇特殊情况中途接幼儿，必须与班级教师取得确认，方可放行。

6. 静园后，如发现有教职工在园停留，应及时了解留园缘由，并做好记录。

二、车辆及物资管理

1. 外来车辆及人员一律不准进入幼儿园内，如需进入，要请示有关领导，确认后方可登记入园。

2. 对进出幼儿园车辆、物品应进行检查。园内物品带离园区，必须出具相关证明，并将证明存在门岗处，经查验登记后方可带出园区。

3. 要加强对带入或带出幼儿园的可疑物品的盘查，凡装有易燃、易爆、化学剧毒品、污染物品的车辆严禁进入园区，确保师幼的人身财产安全。

4. 做好园内物资的安全保障工作，集体财产不得私借或带出园，特殊情况须有领导批示。

5. 确保到校的报刊、书信、资料、票据的及时准确送达，及时通知教职工尽快领取个人物品。

三、门卫工作规范

1. 门卫人员衣着要整洁，态度和蔼，语言文明。

2. 门卫人员须熟练使用幼儿园的各种消防器材。

3. 工作时间无特殊情况不接打私人电话，拒绝私人访客。

4. 工作时间内禁止因个人事件外出。因公外出时，须向总务主任提出申请，并与替班人员交代外出事宜及回园时间；回园后及时告知总务主任。

5. 接到打入幼儿园的咨询电话要注意使用礼貌用语，问清楚对方意图后请对方稍等，并及时转达给相应教师。

6. 注意门前的清洁卫生，每日清晨打扫大门内外的卫生，保证园门口环境优美整洁。如遇雨雪、刮风天气，做好相应的防护工作。

保安管理制度

为了加强保安队伍的管理工作，使保安人员值班、执行任务有所依据，更好地履行本职工作，特制定本制度。

1. 保安公司的选择及合同签署。由幼儿园上级部门直接指派，根据幼儿园工作要求与保安公司签订合同，合同范本必须是政府采购网站正规合同。

2. 保安日常管理工作由保安公司和幼儿园总务主任共同负责。保安公司按照幼儿园要求对保安人员进行管理，负责保安人员的日常业务培训和调配工作。总务主任负责与保安公司的业务联系及保安人员的日常监督指导工作。

3. 保安人员工作中有违反劳动纪律情况，总务主任与保安公司沟通，视情节轻重对保安人员作出相应处理。

4. 所聘保安人员必须经过培训持保安证上岗，在工作期间如未尽职责给幼儿园造成损失，应承担相应的责任。保安人员必须遵守幼儿园制定的各项制度。

5. 按照幼儿园工作要求，保安班长负责做好保安人员的排班工作。

6. 其他未尽事宜均按照合同约定完成，如有特殊情况需双方共同商议解决。

7. 保安须遵守以下工作规范。

(1)保安上岗期间必须按规定着装(装备)站岗，衣领、扣子、徽章、腰带、帽子、领带等均须整齐。

(2)执勤时不准穿拖鞋、光脚，不准留长头发、胡须。

(3)接待来访客人精神饱满、礼貌待人、热情服务、主动问好。

(4)值班期间不准在室内外进行娱乐活动。保安值班室内不准闲杂人员闲坐。

(5)上岗时不得用餐、抽烟、不与人闲聊，不随意接听电话，不做与工作无关的事情，保持良好的形象。

8. 保安工作职责具体如下。

(1)工作要求。

①保安人员须提前十分钟到岗，做好交接班工作。交接班时，必须互相询问情

况，移交值班记录，做好岗前准备工作。如交接各园送到物品、文字材料，应做好登记。

②请假须事先办理手续，经总务主任批准并安排好替班人员方可离岗。幼儿园门岗严禁串岗、脱岗现象发生。

③要保管好安保器械，并定期检查，确保有效。

(2)大门安全工作。

①做好大门安全防范，巡视周边环境，做好记录，发现异常现象及时处理，并及时汇报领导或根据实际情况经领导指示拨打110、119、120等。

②确保大门安全，不允许幼儿独自走出园门，必须有家长陪同，方能离开大门。

③节假日大门采取静园管理，24小时处于关闭落锁状态，教职工非必要不入园，因工作需要进出幼儿园时，需经总务主任批准后方可入园。

(3)校园及周边安全工作。

①负责校内及周边安全防范工作，发现各种安全隐患，采取相应处理措施及时处理。不能处理的，及时上报幼儿园安全领导小组并向有关部门报告。

②夜间和假日值班巡逻检查内容包括治安情况、安全门关闭情况，公共区域安全情况等。负责盘查可疑人员，及时将闲杂人员劝离；非上学时间负责检查门窗锁闭情况；重要部位重点巡查，特别是控制和使用水、电气、化学物品的部门和存放贵重物品的房间。如发现问题应及时向相关管理部门反映。每次巡查后应做好记录。

③确保幼儿园监控录像图像清晰，时间与北京时间同步，通过监控系统查看幼儿园情况，做好监控记录。

④明确幼儿园突发事件处理程序，沉着应对、果敢处置突发事件。

⑤幼儿园为烟花爆竹禁放单位，元旦、春节期间在辖区内要进行日常看护并加强巡视，发现有非法燃放烟花爆竹的人员，要及时制止，防止火灾的发生。

教职工宿舍安全管理制度

幼儿园为部分教职工提供集体宿舍，为了加强集体宿舍管理，特制定本制度。

1. 凡住宿者须签署《教职工宿舍安全协议》。

2. 自觉遵守小区物业管理的有关规定，与左邻右舍友好相处。

3. 住宿职工有责任维护室内设备，保证安全使用，如因使用不当造成损失及伤害，责任自负。

4. 注意水电安全，合理使用水电，严禁使用违禁电器，离开宿舍时要关好水源，切断电源，锁好门窗。注意人身财物安全，保管好个人物品。

5. 维护室内外的环境卫生，室内保持整洁，自觉清扫门前楼道。严禁在楼道里堆放物品。

6. 宿舍职工应团结互助、和睦相处，共同维护集体利益，不在宿舍吸烟、酗酒。

7. 爱护室内公共物品及设施，勤检查，勤维护，需要维修时应按宿舍人员自定协议承担有关费用。

8. 宿舍内用水、电、气等所发生的费用，一律由本宿舍人员协商分摊。

9. 宿舍人员在22点前必须归宿，特殊情况要与宿舍长请假，出入时注意安静，不得大声喧哗，以免影响他人。

10. 禁止留宿外来客（亲戚、朋友等），违反者取消住宿资格。

11. 凡在宿舍内住宿的外地教职工，要自觉办理居住证，到期及时更换。

12. 宿舍长要严格要求宿舍人员遵守制度，有违规现象要及时向总务主任汇报。

13. 节假日外出不留宿时要与宿舍长打招呼，登记离去时间和前往的地方，便于联系，有特殊情况及时上报幼儿园。

14. 宿舍人员如出现疑似传染病后及时上报总务主任和保健主管，以便及时采取预防和检疫措施。

15. 总务主任每月检查宿舍卫生及安全。

第四节　幼儿安全

幼儿接送制度

为了确保幼儿入园、离园时间段的安全，营造有利于幼儿生活的和谐校园环境，特制定本制度。

一、入园

1. 幼儿入园时间为7点40分。

2. 入园时家长需要向园方出示接送卡。

3. 为确保幼儿健康安全，保健人员对幼儿进行晨检，无异常方可让家长离开。晚到的幼儿，晨检后由保健人员负责送到班级。

4. 幼儿晨检后，教师引导幼儿安全回到班级。

二、离园

1. 幼儿离园时间为17点至17点30分。

2. 在指定地点，教师手递手与家长进行幼儿交接，做到心中有数。

3. 当家长委托他人接幼儿时，教师应与家长取得联系，核实确认后方可交接。

三、静园

如有特殊情况晚接的幼儿，由行政人员轮流负责看护，和家长确认后方可将幼儿交给家长离园。

幼儿伤害预防制度

为了保护在园幼儿安全，预防和减少伤害事故的发生，从安全教育、活动场所、生活用品及玩具、食物安全等方面考虑，特制定本制度。

一、开展全园性的安全教育活动

1. 有计划地对幼儿进行安全教育，提高幼儿的自我保护能力。

2. 教师在开展各类活动时应对幼儿提出安全要求。

3. 面向保教人员定期安排预防幼儿伤害的相关知识和急救技能培训。

4. 有计划地对家长开展安全教育，提高家长的安全意识。

二、确保幼儿活动场所安全

1. 定期检查园所内场地、房屋内外的一切安全隐患，若发现安全隐患及时清除。

2. 室外大型玩具下的地面应松软，幼儿活动场地应平整、防滑。

3. 大型玩具必须定期检修，如存在安全隐患应立即停止使用，并设置警示标识。

4. 窗户边不应有幼儿可攀爬的桌子、椅子等物品，低矮窗户应有防护栏，护栏宜采用竖栏，栏杆高度不低于 1.1 米，护栏间隙小于 11 厘米。

5. 经常检查电器、电线是否漏电，室内电器插座应安装在 1.8 米以上，电线应用暗线以免幼儿接触。

6. 避免幼儿接触化学清洁剂。

7. 不允许幼儿进入厨房、开水房、洗衣房、配电间等。

8. 任何车辆特别是机动车不得擅自驶入或停留在园内活动场所。

三、确保生活用品及玩具安全

1. 暖瓶、热水壶、电器及成人用剪刀应放到幼儿取不到的地方。

2. 为幼儿添饭用的热锅不应在幼儿的面前及头的上方传递，以免发生伤害。

3. 为幼儿选购和制作玩教具时，要考虑到其卫生性和安全性。

四、食物安全

1. 加强食品卫生管理，防止发生食物中毒。幼儿食品应严格选择新鲜、无毒、无腐败变质及过期食品。

2. 教育幼儿不要把棉花、豆类、纸团、串珠、小纽扣等物塞进口、鼻、耳里。

3. 幼儿在臼齿未完全萌出前，不给幼儿吃带刺、带核的食物，花生和豆子要蒸制软烂，带骨食物如鸡翅、排骨要在教师监护下食用。

4. 培养幼儿良好的饮食习惯，进餐时保持安静，细嚼慢咽，幼儿哭泣时应停止进食。

五、防止幼儿走失

1. 严格执行接送制度，确保幼儿安全。

2. 外出时做到随时清点人数，交接班时也要清点幼儿人数。

3. 加强门卫管理工作。

幼儿意外伤害事故处理制度(保健室)

保护幼儿的安全是幼儿园的首要职责，作为托幼机构的保教人员，有义务对幼儿的人身安全负责。为确保幼儿发生意外事故时，保健人员能够及时、正确地处理，特制定本制度。

1. 当幼儿发生意外伤害时，接诊的保健人员要认真细致查看幼儿受伤部位，给予初步处理，同时询问教师事故发生经过，将处理过程认真填写在幼儿全日健康观察记录上。

2. 出现较严重的受伤事件时，在第一时间上报园领导，同时通知家长(受伤经过由教师向家长讲述，处理结果由保健人员向家长解释)，征求家长意见后迅速安排下一步处理办法。

3. 如需园外就诊，由保健人员、班级教师陪同幼儿及家长去医院就诊。就诊完毕后，幼儿如发生缝合、骨折等事故要向执行园长详细汇报，听取后续处理意见。

4. 督促当班教师上交事故情况分析表，并将受伤经过、处理及护理措施记录在案。

5. 患儿所在班主管保健人员密切关注幼儿的病情恢复情况，按时带幼儿去复查，家长必须陪同。

6. 根据幼儿受伤部位，采取饮食与护理上的具体措施，落实到厨房与幼儿所在班级直至幼儿痊愈。

7. 主管保健人员须将诊断证明、病历、幼儿在园证明、发票、出险经过等材料及复印件保存完整，以备办理保险。

幼儿外出活动安全管理制度

为了切实加强幼儿外出活动安全管理，避免重大安全事故的发生，确保幼儿人身安全不受伤害，特制定本制度。

1. 组织幼儿外出活动(春游、秋游、社会实践、参加公益活动、参观访问等)要制订周密的计划和安全措施，活动方案必须经园领导审阅签字同意后方可实施。

2. 活动的路线、地点，应进行实地勘查，排除安全隐患。

3. 需要车辆的活动，应向专业运输部门租用并签订租车合同。要求选派能自觉遵守交通法规、驾驶经验丰富、技术熟练的驾驶员及车容、车况、安全性能好的车辆，并签订交通安全协议。

4. 把集体外出活动委托给有资质的旅游公司，并要求旅游单位为参加此次活动的全体师幼购买保险。

5. 每次活动都要有安全应急预案。活动前如遇突发恶劣天气，应以保障幼儿安全为首要任务，视情况调整活动方案；活动中发生意外时，带队领导要及时启动应急预案，妥善处理，保障师幼人身安全。

6. 活动前对幼儿进行纪律和安全教育，增强幼儿的自我保护意识，由活动主管领导及班长负责。

7. 凡外出参加各种活动，幼儿园领导及安全小组成员必须对活动全过程进行监督。

8. 在活动中实行责任追究制，如遇安全事故，追究相关责任人的责任。

9. 组织幼儿集体外出活动特别注意事项。

(1)制定方案前，教师和家长代表要先进行实地考察，根据考察情况制定详细活动方案(时间、地点、人数、目标、内容、安全措施)。

(2)方案须公示，经全体家长签字同意，方可举行。

(3)活动须有幼儿园保健室人员参加，协助照顾幼儿，确保安全。一个班级以上规模的活动，须保教主任同时随行。

(4)活动中突发意外事件，教师应上报主管领导，视情况灵活处理，将幼儿安全放在第一位。

第五节 消防安全

消防安全标准化管理制度

为推进“平安校园”建设，坚持“以生为本、安全第一、生命至上”的理念，规范幼儿园消防安全标准化管理工作，加强幼儿园消防安全，保护师幼的生命及财产安全，把消防安全工作纳入幼儿园的日常管理工作之中，特制定本制度。

一、职责

各执行园长为幼儿园消防安全负责人，并负责批准幼儿园消防重点部位。总务主任是幼儿园消防安全标准化工作的管理者，负责幼儿园消防安全标准化工作的日常管理，包括消防重点部位确定和管理、消防设施和器材的设置和管理、中控室管理、动火作业审批、志愿消防队管理等；负责消防设施的检查、检测和维修；负责对各部门消防安全进行监督检查。各部门负责本部门消防安全的日常管理工作，包括本部门内部使用的消防器材的日常检查等。

二、消防术语和定义

(一)消防设施

固定的消防系统和设备，包括消防车道、消防建筑构造(含防火门和防火卷帘门)、消防给水和灭火设施(含室内外消火栓)、防烟和排烟系统、火灾自动报警系统、自动灭火系统、消防供电系统等。

(二)消防器材

移动的灭火器材、自救逃生器材，包括灭火器、消防工具(指消防斧、消防扳手等）、防烟面罩等。

（三）消防重点部位

根据各场所火灾发生可能性和损失严重程度确定的重点部位。

三、消防设施和器材管理

（一）设施和器材管理

各项消防设施、器材原始资料应登记编号，由专人负责，按档案进行管理。

（二）室内消火栓和灭火器的管理与检查

1. 总务主任对幼儿园公共区域消火栓和灭火器要进行日常管理和检查工作。

2. 各部门负责本部门内部使用的消防器材的日常检查工作，发现问题应及时报告维修部解决。

3. 灭火器箱或灭火器应有编号，严禁在室内消火栓和灭火器箱周边堆放物体，确保通道畅通，设施和器材完好。

4. 应确定室内消火栓和灭火器的管理责任人，定期对所管辖区域的室内消火栓和灭火器进行检查和清洁保养，填写《室内消火栓和灭火器检查卡》，记录应有检查人员签字，检查中发现不合格，如无压、欠压、过期和缺失等不符合安全要求时，应及时更换、补充，保证消防器材完好、洁净、有效；灭火器按要求进行年检。

5. 灭火器的维修应委托具有资质的单位进行，并保存相关记录。

（三）动火审批管理要求

1. 凡在消防安全重点部位及其他易燃易爆场所动火，为高风险动火；由动火部门提出动火申请，并组织编制动火方案，经总务主任审核、执行园长批准后，总务处安全管理人员办理动火证。

2. 其他动火作业为一般风险动火；由动火部门提出动火申请，报总务主任审核，执行园长批准后，总务办公室安全管理人员办理动火证。

3. 动火前，清理现场可燃物，作业人员需持证上岗。

4. 动火作业应确定作业负责人，负责人在作业前应向作业人员进行安全交底，作业过程中负责全程安全监控。

四、消防教育和培训

1. 总务主任在制订年度安全工作计划时，应将消防宣传教育纳入计划。每学期末对其进行总结，其中每年“11・9”消防宣传日应有具体的活动安排。

2. 消防安全应定期进行专项培训，纳入园级培训计划，并组织培训教育，其中重点是对各级消防安全责任人、志愿消防队员进行消防法律、法规安全教育和火灾案例分析等。

3. 新入职的教职工的教育培训中，应包括校园消防安全内容。

五、消防巡查和检查

1. 消防巡查应符合以下要求。

维修部对幼儿园重点消防部位进行每日防火巡查，并填写每日防火巡查记录，记录中应包括检查日期、检查人、检查的区域及检查中发现的问题等。

2. 消防检查应符合以下要求。

(1)在开学及放假前后检查、综合安全检查、节假日安全检查、季节性安全检查中应对消防安全进行检查，发现的火灾隐患应及时进行整改。

(2)根据气候变化必要时由总务办公室组织专项消防检查。

六、消防应急管理

总务主任负责组建幼儿园志愿消防队；志愿消防队的管理应符合以下要求。

1. 确保24小时都有相应的志愿消防人员；建立志愿消防队名录，并及时更新，内容应包括志愿消防队负责人、队员名单等。

2. 每年应组织志愿消防队进行集中或分区域训练，主要内容包括启动火灾报警系统、消火栓和灭火器的使用、组织疏散和警戒、现场急救等，并保存训练记录。

3. 志愿消防队队员应参加校园火灾应急预案的演练。

火灾报警系统管理制度

火灾报警系统是一种设置在建筑物中，用以实现火灾早期探测和报警，向各类消防设备发出控制信号，进而实现预定消防功能的自动消防设施。火灾自动报警系统对早期发现和通报火情起着至关重要的作用。为规范火灾报警系统运行管理工作，确保消防设备处于良好状态，特制定本制度。

一、系统日常维护

1. 系统操作人员应持证上岗，24小时专人值守，应保存好火灾自动报警系统的验收文件和使用说明书、系统调试记录等原始技术资料，并熟悉本系统所采用消防设施的基本原理、功能，熟练掌握操作技术。

2. 对火灾自动报警系统等进行每日检查，定期做好各系统功能检测，以确保消防设施各系统运行状况良好。

3. 每年委托具有维护保养资格的企业对系统进行检测、维护，确保火灾自动报警系统正常运行。

4. 做好维护检查记录，包括值班记录、巡查记录、单项检查记录、联动检查记录及故障处理记录等。

二、火灾报警信息确认

1. 火灾报警控制器报出并显示火警信号后，值班人员应先按下消音键消音，再依据报警信号确定报警点具体位置。

2. 通知其他值班人员或安保人员到报警点现场进行火灾确认。

3. 现场火灾确认人员携带手提消防电话分机或对讲机等通信设备确认火情。

三、火灾处置流程

1. 如确有火灾发生，现场火灾确认人员应立即用对讲机或到附近消防电话插孔处用消防电话分机等通信工具向消防控制室反馈火灾确认信息。可根据火灾燃烧规模决定是利用现场灭火器材进行扑救还是立即疏散转移。

2. 消防控制室内值班人员接到现场火灾确认信息后，必须立即将火灾报警联动控制开关转入自动状态(处于自动状态的除外)。

3. 拨打119火警电话向消防部门报警。

(1)拨打火警电话119。

(2)准确报出建筑物所在地地址(路名、街区名、门牌号)，说明建筑物所处地理位置及周围明显的建筑物或道路标志。

(3)简要说明起火原因及火灾范围。

(4)等待接警人员提问，并简要准确地回答问题。

(5)挂断电话后，通知兼职消防员或安保人员做好迎接消防车的各项准备工作。

4. 消防值班人员向单位负责人报告火情，同时立即启动幼儿园内部灭火和应急疏散预案。

5. 通知火灾现场及相关区域人员疏散。

6. 启动相应的联动设备，如消防栓系统、消防喷淋系统、防排烟系统等消防设施。

7. 消防队到场后，要如实报告情况，协助消防人员扑救，保护火灾现场，调查火灾原因。

四、误报警的处置方法

1. 当火灾探测器出现误报警时，应先按下消音键，停止现场警报器发出的报警音响，再通知现场人员及相关人员取消火警状态。

2. 考察是否由周围环境因素(水蒸气、油烟、潮湿、灰尘等)造成探测器误报警。

3. 当场有条件维修解决的应当场维修解决；当场没有条件维修解决的，应尽可能在24小时内维修解决。

防火制度

为做好幼儿园消防工作，保护幼儿园财产和人员的生命安全，保证保教工作的顺利开展，根据《中华人民共和国消防法》和北京市政府的有关规定，结合幼儿园实际，特制定本制度。

1. 坚持“谁主管、谁负责”的原则，在总园长的领导下，实行逐级负责制，各园成立防火领导小组。防火领导小组由执行园长任组长，总务主任、保教主任任副组长，年级组长任组员，负责领导全园的防火工作，后勤及有关人员为消防安全员。

2. 防火领导小组的职责。

(1)认真贯彻《中华人民共和国消防法》和上级的有关规定，全面落实“预防为主、防消结合”的方针。

(2)负责建立健全各级防火组织，制定有关规定，定期组织防火安全检查，并督促隐患整改，落实各项安全措施。

(3)经常向教职工和幼儿进行安全防火及消防知识教育，请消防专业人员到园进行消防培训，并重点学习灭火器的使用方法。

(4)签订安全防火责任书，发动群众做好防火工作。

(5)加强义务消防队的组织建设，不断提高灭火能力。

(6)制定各种防火措施，并监督执行。

(7)负责消防器材的购买、发放、维修及管理。

(8)做好防火工作档案的收集和整理。

3. 消防安全员在防火领导小组领导下，协助总务主任做好全园消防的日常工作，其具体职责如下。

(1)学习各项消防法规和有关消防知识。

(2)依据灭火方案，定期进行消防训练，提高灭火能力。

(3)熟悉消防设备器材的技术性能及使用方法，定期进行检查、维修，使之经常保持良好性能。

(4)组织防火安全检查，调查研究，掌握防火情况，当好领导参谋。

(5)发现火情、火警及时扑救和报警。

4. 厨房防火措施。

(1)厨房内机器设备严格按照电器使用规则操作，(除冰柜外)使用时不得离人，使用完毕后或临时离开时要拉闸断电。清洗设备要拉闸，洗刷地面时，冰柜电线要架空、隔离。

(2)厨房内配备的相应数额灭火器及灭火毯，不得随便挪动或他用。

(3)使用燃气前先开窗并检查炉具是否漏气，厨房内天然气使用时不得离人，发现问题或使用完毕要及时关闭阀门，寒暑假期间要关闭总阀门。每日检查各阀门及管路接口部位有无泄漏现象，谁使用谁检查，做到有问题及时发现、及时修理。

(4)操作时，油一旦上锅绝对不能离人。

(5)下班后厨房内所有照明灯具要做到人走灯灭。

(6)易燃物要安全存放，并经常检查。

5. 锅炉房防火措施。

(1)司炉工应对锅炉的结构、性能和操作方法有深刻的了解，能进行独立操作。

(2)点火前，必须根据操作规程做好安全检查，长期停炉必须做好一切安全保养工作。

(3)在工作时间内，司炉工应集中思想，注意观察仪表有无异常，不得做私活。阻止非锅炉人员触及锅炉上各种阀门和一切附件。

(4)锅炉房一切仪器仪表应有足够的照明并保持完整，一旦发现损坏及时报告，并对损坏部件及时更换。

(5)为了确保锅炉能正常工作，锅炉上面和四周不得堆置任何易燃杂物，严禁在锅炉上烘烤衣物等，以防意外事故发生。

6. 茶炉房防火措施。

(1)由专人负责严格按照规章操作，他人不得随意乱动。

(2)每天检查茶炉房的电路及电器设备，以防因漏电而发生安全事故。

(3)定期检测水质，确保饮水质量。

(4)假期关闭设备电源。

(5)不得在饮水设备周边堆放杂物，严禁在饮水机上烘烤衣物。

(6)教职工出入水房，要随手关门，防止幼儿入内。

控烟制度

为进一步推进幼儿园健康教育，保护教职工及幼儿的身心健康，根据《北京市控制吸烟条例》的相关规定，积极开展控制吸烟活动，提高广大家长及教职工控烟的自觉性，保证控烟制度的有效执行，创造优美、洁净、舒适、文明的园所环境，特制定本制度。

1. 积极参加上级有关部门组织的各项控烟活动，认真做好幼儿园控烟工作。

2. 按规定设置醒目的禁烟专用标识。

3. 控制吸烟的对象：全体教职工、家长及外来人员。

4. 通过园内电子屏幕、宣传板、温馨提示等多种形式，广泛宣传吸烟的危害，营造和创建无烟环境。

5. 坚持做好“5·31”世界无烟日的宣传活动，教育引导全体教师、幼儿和家长珍爱生命，拒绝烟草。

6. 全园教职工应主动遵守控烟规定，参与控烟活动，并负有劝阻吸烟的责任和义务。

7. 消防安全员在日常巡查中将控烟作为检查项目，并做好相应的记录。

消防设施、器材检查制度

消防设施和器材是扑救各类火灾强有力的保障措施，为加强幼儿园消防设施、器材维护管理，预防和降低火灾危害，确保维修工对全园的消防设施、器材做好定期维护和保养工作，特制定本制度。

一、每日工作

1. 检查中控室控制台指示灯是否正常。

2. 检查报警器功能是否正常。

3. 检查消防水池和消防水箱的水位、阀门启闭状态。

4. 检查泵房配电动力柜电源指示是否正常。

5. 检查消防稳压泵状态及水箱是否正常。

6. 检查疏散通道是否畅通，有无堆放物品，有无破坏、覆盖及挪动安全出口、疏散指示标示和应急照明灯等情况。

7. 每项检查均有记录。

二、每月工作

1. 对防火卷帘门、消火栓泵、稳压泵进行启动试验，查看配电设施及泵的运转情况。

2. 检查中控主电源，备用电源供电、充电是否正常。

3. 定期对设备进行检修和维护，认真填写文字记录。

三、每年工作

1. 每年委托具有资质的消防设施检测企业对固有消防设施及电器进行检查，提供检测报告。

2. 每年委托具有资质的消防检测企业对灭火器进行检查与更换。

3. 每年对应急灯进行一次放电实验，保证充电电池性能良好。

第六节　信息安全

舆情危机监控处置制度

舆情危机事件若不及时解决或得到有效疏导，将会产生敏感话题或爆发重大危机，对幼儿园声誉带来严重的影响。为了提高幼儿园应对各类舆情的能力，建立快速反应和应急处置机制，及时、妥善处理各类对幼儿园声誉及正常保教工作造成影响的舆情危机事件，特制定本制度。

一、舆情危机范围

1. 电视、报刊、网络、微信、微博、BBS、QQ 等媒体对幼儿园进行的负面报道。

2. 社会上存在的已经或将给幼儿园造成不良影响的传言或信息。

3. 可能或者已经影响幼儿园可持续发展的重大事件。

二、舆情危机工作组及其职责

（一）舆情危机工作组

舆情危机工作组是幼儿园应对各类舆情（尤其是媒体质疑信息）处理工作的领导机构，负责统一领导幼儿园应对各类舆情的处理工作。

1. 组长：总园长。

2. 副组长：执行园长。

3. 组员：党支部、团组织、工会、总部办公室等人员。

（二）工作职责

1. 制定舆情危机处置的各项措施。

2. 危机发生之后，研究制定危机处理的方案。

3. 负责统一调度各项资源应对舆情危机。

4. 协调和组织各类舆情处理过程中对外宣传报道工作。

5. 各类舆情处理过程中的其他事项。

三、舆情危机监控

1. 安排兼职人员监测舆情，密切跟踪媒体言论，及早发现倾向性、苗头性问题，及时收集、分析、核实对幼儿园有重大影响的舆情，评估风险，视情况将舆情信息和处理情况及时报送舆情危机工作组。

2. 主动提升网络平台建设，努力形成互联网信息内容主管部门总体协调、实际工作部门主动应对，重点新闻网站发挥主渠道作用的网上舆情应对工作格局。

3. 完善舆情分析研判，对舆情进行分类、分级和定位，研判舆情走向、发展趋势和网络关注点、关注热度。

四、舆情危机处置原则

幼儿园对各类舆情(尤其是媒体质疑危机)实行统一领导、统一组织、快速反应、协同应对。

五、舆情危机处置程序

1. 深入现场、了解事实。判断确认舆情危机发生之后第一时间上报舆情危机工作组，工作组视情况确定新闻发言人，并安排专人跟踪舆情信息，第一时间采取处理措施。

2. 分析情况、确立对策。根据舆情发生的时期(潜伏期、爆发期、解决期、恢复期)，分析舆情严重性、损失相关性，拟订舆情处理方案。

3. 协调宣传、真诚沟通。应协调和组织好对外宣传工作，严格保证一致性，同时要自始至终保持与媒体的真诚沟通。在不违反信息披露规定的情形下，真实真诚解答媒体的疑问，消除疑虑，以避免在信息不透明的情况下引发不必要的猜测和谣传。

4. 勇敢面对、加速化解。在处理危机的过程中，应表现出勇敢面对、主动承担的态度，及时核查相关信息，低调处理、缓和对抗，积极配合做好相关事宜。

5. 有效行动、转危为机。在应对舆情的过程中，应有系统运作的意识，努力将危机转变为契机，化险为夷，塑造良好社会形象。

六、舆情危机处置技巧

(一)新闻发布会注意事项

“三同一不”：同一个声音——口径统一；同一个态度——真诚、谦虚、谨慎；同一个形象——着装统一；不讲专业术语，避免媒体错误解读。

(二)声明(回应、讲话)注意事项

“两不四讲四慎”：“两不”即不讲假话(不等同讲“真话”“真事”，定性很重要)；不忙着说绝对性的话(说话留有余地)；“四讲”即讲对待问题的态度、解决问题的立场、正在采取的行动、当前的状况；“四慎”即慎讲原因(当事人讲原因没有公信力)、责任、过程和影响。

七、舆情危机档案

办公室设兼职人员负责建立舆情信息管理档案，记录信息包括文章题目、质疑内容、刊载媒体、情况真伪、产生的影响、采取的措施、后续进展等相关情况。该档案应及时更新并整理归档备查。

矛盾纠纷排查化解制度

为了使园内可能出现的矛盾纠纷得到“及时发现、有效控制，妥善化解”，积极打造“平安校园”“和谐校园”，确保各项工作的顺利开展，为幼儿园的可持续发展提供有力保障，特制定本制度。

一、成立矛盾纠纷排查领导小组

成立由执行园长、业务园长、总务主任、保教主任、法治副园长等组成的矛盾纠纷排查化解领导小组，组织各部门实施矛盾纠纷排查，根据工作需要可随时组织召开矛盾纠纷调解工作会议，对难以解决的矛盾纠纷进行认真的分析研究，共同提出解决办法，并落实相关责任人。

二、矛盾纠纷排查工作要求

1. 矛盾纠纷排查要坚持抓早、抓小、抓苗头，及时发现问题，掌握真实情况，做到实事求是，不弄虚作假，对排查出的问题不夸大、不缩小，如实上报。

2. 排查工作必须深入实际，做到范围广、情况明、内容实。要把集中排查和经常性排查结合起来，全面掌握幼儿园内部矛盾纠纷的具体情况，尤其对可能引发重大问题和群体性事件的纠纷给予高度警惕。

3. 一旦发现园所内有矛盾纠纷，当事人应及时向领导小组报告。领导小组及时核实情况，了解矛盾纠纷的起因、经过和结果，了解矛盾的严重程度。

4. 对矛盾纠纷发生的时间、原因、双方证词、调查核实、处置过程领导小组要留有记录，参与人员都签字后归档。

三、矛盾纠纷化解工作要求

1. 日常认真做好教职工的思想建设工作，利用政治学习时间，除对国家方针政策进行集中学习外，还要搜集案例对教职工进行职业道德教育和法治教育，提高教职工的思想觉悟。对教职工之间的矛盾纠纷进行调解，采取恳谈会、个别谈心等方式把矛盾纠纷处理在萌芽状态。

2. 妥善处理校园周边关系，虚心听取周边群众的意见和建议。如周边环境中存在对幼儿园师幼安全极大隐患的人事，要时刻提高警惕，不能解决的及时报告上级有关部门和公安机关。

3. 对校园内发生的矛盾纠纷进行处理，坚持及时、逐级处理的原则。对本班内发生的幼儿之间、家长之间、班级教师间的矛盾原则上由当事班长进行协调处理，班长不能处理的交由矛盾纠纷排查领导小组处理。对受理排查纠纷事件进行记录，做好存档。

4. 对发生多次纠纷或重大纠纷不能妥善解决的，要及时报告有关部门进行解决，报告要做到及时、真实、逐级上报。

网络安全防护制度

为了提高幼儿园预防和控制突发网络和信息安全事件的能力和水平，使校园网络不受威胁，维护幼儿园正常的教学秩序和校园稳定，结合幼儿园实际，特制定本制度。

一、成立幼儿园网络安全防护领导小组

成立幼儿园网络安全防护领导小组。园长担任组长，副组长为各园执行园长、总园长行政助理，组员为总部信息管理员及总部各办公室网络安全负责人。各园需在此基础上成立各自的网络安全工作小组，各园执行园长担任网络安全工作小组组长，副组长为各园的信息员。

二、网络安全防护工作流程

（一）问题处理及上报

各园发现的网络安全防护问题（网站、微信公众号、视频号、“家校通”应用软件等），第一时间报给各园信息员，由各园信息员上报所在园网络安全工作小组组长（即执行园长），及时处理问题，并根据需要报备总部信息管理员。总部各办公室发现的网络安全防护问题直接报给总部信息管理员。

问题汇总至总部之后，由总园长行政助理直接向网络安全防护领导小组组长（即总园长）汇报，提出问题解决方案后，反馈至各园。

（二）通知的传达

对于上级网络安全工作的通知与部署，由总园长行政助理向幼儿园网络安全防护领导小组组长（即总园长）汇报，经组长确认并部署工作后，由总部信息管理员通知各园信息员，各信息员确认收到信息，开展相应工作，并及时反馈给总部信息管理员。

三、微信群组信息服务管理规定

依据国家互联网信息办公室印发的《互联网群组信息服务管理规定》，现对微信群的群主和群员提出明确要求。

1. 群主公开制定群管理规则和公约，统一发布在各微信群的群公告里。如“群成员在进行群组交流时，应遵守法律法规，文明互动，理性表达。群成员不得在群内传播法律法规和国家有关规定禁止的内容”。

2. 明确群的属性，如教学工作群、家园联系群、工作联系群等。

3. 要求群成员提供真实有效信息，如提供自己的真实姓名或幼儿的真实姓名。

4. 设置进群规则，必须经过群主审核同意，方可入群，群成员不可随意邀请不相关人员入群。

5. 群主还可以根据工作需要自行约定内容，如群内沟通时间的约定（如晚上

21 点前，早上 7 点后)，或者禁止转发广告链接、求点赞链接等。

6. 一旦群内出现不当言论，群主须依据职责第一时间指出问题，截屏保存，并上报上级，在上级指导下进行处理。

四、网络平台出现非法言论紧急事件处置措施

教职工发现平台出现非法信息时，应第一时间通知所在园的信息员，所在园的信息员应立即上报所在园网络安全工作小组组长(即执行园长)，在组长指示下进行即时处理，截屏保存相关资料，做好必要记录，清理非法信息，并将网页重新投入使用。同时向总部信息管理员通报情况。

总部各办公室遇到以上问题，第一时间报送总部信息管理员，处理流程同上。

五、黑客攻击事件紧急处置措施

发现网页内容被篡改，或通过入侵检测系统发现有黑客正在进行攻击时，如网页打开时有广告页面、图片嵌入，或者文字内容涉及任何反动言论等，应立即向信息员通报情况。信息员应在接到通知后立即删除或修改相关页面内容，做好信息登记，并向所在园网络安全工作小组组长(即执行园长)及总部信息管理员报备。

六、局域网中断紧急处置措施

局域网中断后，信息员应立即判断故障节点，查明故障原因，根据需要向所在园网络安全工作小组报备。如属线路故障，应重新安装线路；如属路由器、交换机等网络设备故障，应立即从指定位置将备用设备取出接上，并调试通畅；如属路由器、交换机配置文件破坏，应迅速按照要求重新配置，并调试通畅。

七、设备安全紧急处置措施

如果服务器等关键设备损坏，各园信息员应尽快查明原因，向所在园网络安全工作小组组长(即执行园长)汇报。如果能够自行恢复，应立即用备件替换受损部件。如属不能自行恢复的，立即与设备提供商联系，请求派维护人员前来维修。

八、计算机及相关设备发生被盗或人为恶意损坏处置措施

遇到计算机相关设备被盗或人为恶意破坏，使用者应立即告知所在园信息员，并保护好现场。信息员接报后，立即报告安全工作小组组长(即执行园长)，同时组织相关人员配合有关部门进行调查，待取证等相关工作结束并获得允许后，及时恢复设备使用，并做好善后工作，向总部信息管理员通报情况。

第三篇

岗位说明书

第一章　行政管理人员

总园长岗位说明书

岗位名称	总园长	是否内控关键岗位	是
所在部门		岗位定员	1人
直接上级	北京师范大学(分管附校)的领导	职系	管理
直接下级	执行园长、财务主任、研究中心执行主任、培训中心执行主任、园办主任、总园长行政助理	所辖人员	
职位概要：在党组织领导下，全面负责北京师范大学实验幼儿园管理集团(以下简称“集团”)的行政管理和保教管理等工作，不断提高办园质量，推动集团可持续发展			
工作职责			
行政管理	确立发展战略目标，制订和落实发展规划、工作计划，及时总结，推动集团良性发展		
	建立科学管理机制，拟定和执行各种规章制度及内部组织机构设置方案，保障幼儿园科学、规范办学		
	向党组织报告重大决议执行情况，向教代会报告工作，支持群团组织开展工作，依法保障师幼合法权益		
	做好人才引进和日常教育管理，拟定和执行薪酬福利分配方案，依规做好劳动关系管理，建设优秀师资队伍		
	领导园所文化建设，建设文明校园		
保教管理	领导保育教育工作，加强招生管理，指导、监督各园办学质量，领导课程建设，五育并举，促进幼儿全面发展		
	组织开展对外交流与合作，督导各园做好家园社联系工作，形成育人合力		
	领导教科研工作，开展课题研究，出版推广各项成果		
安全管理	检查、指导各园安全保卫工作，维护幼儿园安全稳定		
后勤管理	拟定和执行重大建设项目、重要资产处置、重要办学资源配置等方案，管理好幼儿园资产		
任职资格：			
教育水平	大学本科及以上学历		
专业	学前教育、心理学、教育学、管理学或相关专业		
经验	十五年以上幼儿教育工作经历，其中八年以上幼儿教育管理工作经历，并具有高级职称		

续表

知识技能	具有学前教育、教育管理、心理学和相关法律法规方面的知识，熟练使用办公软件
素质要求	热爱幼教事业，熟悉幼儿教育规律，工作思路清晰，视野开阔；开拓创新精神和奉献精神强，具有较强的事业心和责任感，牢固树立“四个意识”；具有正确的政绩观
其他：	
使用工具设备	计算机、一般办公设备(电话、打印机、网络设备)
工作环境	办公室
工作时间特征	无明显节假日
备注：总园长由北京师范大学对其进行任命与考核	

执行园长岗位说明书

岗位名称	执行(副)园长	是否内控关键岗位	是
所在部门		岗位定员	
直接上级	总园长	职系	管理
直接下级	业务园长、保教主任、总务主任、教研员	所辖人员	
职位概要：落实幼儿园发展规划，执行各项规章制度，服从总部工作安排。全面负责所在园保育教育、卫生保健、后勤安全和行政工作，推动园所健康良性发展			
工作职责			
行政管理	依据幼儿园战略目标和发展规划，制订行动计划，创建与彰显办园特色		
	负责园所文化建设，组织学习、执行集团规章制度，完善所在园制度细则，创设良好园风		
	负责所在园教师师德教育和政治思想工作、专业成长及梯队建设		
	负责所在园人事管理工作，指导、检查和评估教职工的工作，给予奖惩，减少人事纠纷		
	负责所在园的招生工作，主动向总园长汇报招生情况		
保教管理	领导所在园的卫生保健工作，做好膳食营养、健康检查、疾病防控和卫生消毒等工作，保障师幼健康		
	领导所在园落实幼儿园教育理念和课程方案，定期检查、指导业务园长、保教主任、教研员及教师的工作，不断提高教育教学工作质量		
	带领所在园开展教育研究，做好成果梳理和经验总结		
	负责所在园的家园社协同共育工作。定期组织召开园务会、家长委员会、伙委会		
安全管理	负责所在园的安全工作，抓好安全教育，做好各类风险防控；遇重大、突发事件，第一时间向总园长汇报并采取有效措施		
	抓好意识形态工作，做好舆情管理工作		

续表

后勤管理	严格执行财务内控制度，做好年度预算，合理使用经费，坚持勤俭办园的方针，规范管理园舍、设备、工程建设及档案
任职资格：	
教育水平	大学本科及以上学历
专业	学前教育、心理学、教育学、管理学或相关专业
经验	五年以上一线幼教经历，五年以上幼教管理经历，一级及以上职称
知识技能	具有学前教育、教育管理、心理学和有关法律法规方面的知识，熟练使用办公软件
素质要求	热爱幼教事业，具有高度责任感、良好的职业道德、领导能力、计划与执行能力、沟通协调能力、学习能力，具有较强的工作主动性、决策能力、前瞻性和“四个意识”
其他：	
使用工具设备	计算机、一般办公设备(电话、打印机、网络设备)
工作环境	办公室
工作时间特征	需要加班

业务园长岗位说明书

岗位名称	业务园长	是否内控关键岗位	是
所在部门		岗位定员	
直接上级	执行园长	职系	管理
直接下级	保教主任、资料员	所辖人员	
职位概要：落实幼儿园教育理念，全面负责所在园的保教工作，提升保教工作质量			
工作职责			
保教管理	负责所在园保教工作，深入一线，检查、指导班级日常教育教学和保育工作		
	根据教师队伍现状制订教师队伍建设、园本培训及园本教研计划与总结		
	统筹安排教研工作，指导检查保教主任组织教研活动		
	协助执行园长组织所在园的课题研究工作，指导教研员做好课题申报、研究和结题工作		
	负责所在园的家园共育工作，办好家长学校		
	领导、指导保教主任的工作及筹划、组织幼儿园大型活动		
行政管理	协助执行园长开展园所文化建设、师德建设，关心教职工身心健康		
	负责教学部门的安全工作，抓好安全教育、消除安全隐患		
	协助执行园长安排实习、见习、培训、观摩和接待工作		
其他工作	完成领导交付的其他工作		

续表

任职资格：	
教育水平	大学本科及以上学历
专业	学前教育、心理学、教育学或管理学相关专业
经验	五年以上一线幼教或教科研经历，两年以上幼教管理经验，一级及以上职称
知识技能	具有学前教育、心理学等方面的知识，熟练使用办公软件
素质要求	热爱幼教事业，具有良好的职业道德及教育教学能力、学习能力、沟通能力、团队协作及管理能力、计划与执行能力及较强的工作主动性，具备“四个意识”
其他：	
使用工具设备	计算机、一般办公设备(电话、打印机、网络设备)
工作环境	办公室
工作时间特征	需要加班

财务主任岗位说明书

岗位名称	财务主任	是否内控关键岗位	是
所在部门		岗位定员	1人
直接上级	总园长	职系	管理
直接下级	会计、出纳	所辖人员	
职位概要：在总园长领导下全面负责幼儿园财务工作，建立规范财务工作秩序，负责财务部日常管理工作，指导财务人员提高工作水平			
工作职责			
财务工作	掌握财务有关政策、法规，建立、完善幼儿园内部财务、会计制度，并监督执行		
	组织财务报表及预决算的编制工作，为幼儿园决策提供及时有效的财务分析		
	了解和掌握专项经费使用情况，定期向总园长、执行园长通报		
日常管理	负责全园各项收费工作，督导出纳做好各项收费工作		
	监督、指导会计分类记账，保证各类凭证真实完整		
	负责教职工工资、津补贴发放工作		
	领导会计定期清点幼儿园资产，做到账账相符、账物相符		
	整理、保管本部门档案资料，做好保密工作，防止丢失、外泄		
其他工作	参与重大经济问题的研究与决策，做好总园长参谋		
	完成总园长交付的其他工作		
任职资格：			
教育水平	大学本科及以上学历		

续表

专业	会计、财务、审计或相关专业
经验	五年以上财务工作经历
知识技能	具有会计、财务、金融、税务、经济法和相关法律法规知识，熟练使用办公软件和各种财务软件
素质要求	具有良好的职业道德，人际沟通能力，团队协作能力，以及较强的工作严谨性、责任心，具备“四个意识”
其他：	
使用工具设备	计算机、一般办公设备(电话、打印机、传真机、网络设备)
工作环境	办公室
工作时间特征	需要加班

研究中心执行主任岗位说明书

岗位名称	研究中心执行主任	是否内控关键岗位	是
所在部门		岗位定员	1人
直接上级	总园长	职系	管理
直接下级	教研员	所辖人员	
职位概要：全面负责幼儿园的科研和成果出版工作，督导各园保教工作，参与教师的培训、指导			
工作职责			
教科研工作	制订幼儿园科研工作计划，进行工作总结，积极推动科研工作		
	负责幼儿园总部课题申报、实施和结题工作，并做好记录与阶段性总结		
	负责组织编辑出版幼儿园保教及管理成果，定期编辑完成园刊		
	指导各园开展课题研究，促进教师专业水平及保教质量提升		
	整理、保管本部门教科研档案资料，防止丢失、外泄		
督导工作	督导教研员指导教师撰写、修改教育案例和论文等，组织参加各类评优活动		
	指导教研员课题研究、编辑园刊等科研及成果总结工作，组织教研员工作交流		
	督导各园保教工作，参与各层教师的培训、指导工作		
其他工作	协助总园长筹划园庆、研讨会等大型活动		
	完成总园长交付的其他工作		
任职资格：			
教育水平	硕士研究生及以上学历		
专业	学前教育、心理学、教育学或相关专业		

续表

经验	五年以上一线幼教经验，或三年以上学前教科研或教育管理工作经验，一级及以上职称
知识技能	具有学前教育、心理学和研究方法等方面的知识，掌握一门外语，熟练使用办公软件
素质要求	具有良好的职业道德、文字表达能力、研究能力、学习能力、沟通能力、团队协作能力和较强的工作主动性，具备“四个意识”
其他：	
使用工具设备	计算机、一般办公设备(电话、打印机、传真机、网络设备)
工作环境	办公室
工作时间特征	需要加班

培训中心执行主任岗位说明书

岗位名称	培训中心执行主任	是否内控关键岗位	是
所在部门		岗位定员	1人
直接上级	总园长	职系	管理
直接下级	培训中心助理	所辖人员	
职位概要：全面负责幼儿园的培训工作，整合资源，开展园内外各类师资培训，确保培训质量，提升管理干部及教职工专业素养			
工作职责			
培训工作	根据幼儿园发展规划和工作计划，制订培训工作计划，并定期总结		
	建立培训管理体系，完善培训管理制度		
	调研培训需求，研发培训课程，统整和充分利用课程资源		
	加强专家资源库建设，维护专家资源，研发创新项目，做好培训宣传		
	统筹项目人员分工，做好项目监督与考核		
	做好培训项目预算和收支管理，核算成本，做好费用收支明细		
	保管部门培训档案资料，防止丢失、外泄		
其他工作	负责与教委对接，完成教师继续教育工作		
	参与研究中心的教科研工作		
	完成总园长交付的其他任务		
任职资格：			
教育水平	大学本科及以上学历		
专业	学前教育、心理学、教育管理、行政管理或相关专业		

续表

经验	五年以上一线幼教工作经验，或两年以上培训、教育管理工作经验，一级及以上职称
知识技能	具有学前教育、教育管理、心理学、法学方面的知识，掌握一门外语，熟练使用办公软件
素质要求	具备良好的职业道德、计划与执行能力、沟通协调能力、业务拓展能力、团队协作能力及较强的工作主动性，具备“四个意识”
其他：	
使用工具设备	计算机、一般办公设备(电话、打印机、网络设备)
工作环境	办公室
工作时间特征	需要加班

园办主任岗位说明书

岗位名称	园办主任	是否内控关键岗位	是
所在部门		岗位定员	1人
直接上级	总园长	职系	管理
直接下级	人事干事、总部信息员	所辖人员	
职位概要：负责园办工作及人员招聘和调配、绩效薪酬、劳动关系等人事管理			
工作职责			
办公室工作	协助总园长起草报告、文件、相关制度等		
	负责园长办公会的会议记录及公章管理		
	协助总园长做好采购、工程管理工作		
	负责与大学、教委相关管理部门的对接		
	参与幼儿园重大问题的研究与决策，做好总园长参谋		
人事管理	建立、完善人力资源管理体系和制度，不断优化管理流程		
	负责人员的招聘、调配工作，满足幼儿园用人需求		
	完善绩效管理体系和薪酬体系，并组织实施，调动职工工作积极性		
	负责教职工劳动关系管理，协调处理劳动争议，建立和谐劳资关系		
	协助做好人才引进、干部选拔管理、教师职务聘任及骨干教师管理，促进教师不断成长		
	建立并维护幼儿园人事信息管理系统，做好部门档案管理及保密工作		
其他工作	完成总园长交付的其他任务		
任职资格：			
教育水平	大学本科及以上学历		

续表

专业	心理学、教育管理、人力资源管理或相关专业
经验	三年以上教育管理或人力资源管理工作经验
知识技能	具有学前教育、教育管理和有关人力资源方面的知识，熟练使用办公软件
素质要求	具有良好的职业道德、学习能力、文字表达能力、人际沟通能力、团队协作能力及较强的工作主动性，具有一定的大局意识和服务意识
其他：	
使用工具设备	计算机、一般办公设备(电话、打印机、网络设备)
工作环境	办公室
工作时间特征	需要加班

总园长行政助理岗位说明书

岗位名称	总园长行政助理	是否内控关键岗位	否
所在部门		岗位定员	1人
直接上级	总园长	职系	管理
直接下级		所辖人员	
职位概要：服从总园长的领导，协助领导做好日程安排，负责访客接待及外事工作，协助起草文件			
工作职责			
文秘工作	协助总园长起草规划、计划总结、业务报告、发言稿等文件		
	协助领导做好日程安排，如工作接待、会议、宴请等		
	负责对外联络，接待来访、电访、信访		
	代表总园长参加某些会议，做好外出会议记录，及时汇报总园长		
	协助总园长督办各园工作，传达通知		
外事工作	加强与友好学校的沟通联络，陪同总园长接待外宾		
	负责因公出国学习交流人员相关手续的办理		
其他工作	协助总园长筹备园庆等大型活动及对外宣传工作		
	参与教科研和教师培养工作		
	整理、保管本部门档案资料，做好保密工作		
	完成领导交付的其他任务		
任职资格：			
教育水平	硕士研究生及以上学历		

续表

专业	学前教育、心理学、教育管理、行政管理或相关专业
经验	三年以上一线幼教、教科研或行政工作经验
知识技能	具有学前教育、教育管理、心理学和管理方面的知识，熟练掌握一门外语，熟练使用办公软件
素质要求	具有良好的职业道德、文字表达能力、沟通协调能力、学习能力、团队协作能力和较强的工作主动性，具有一定的大局意识和服务意识
其他：	
使用工具设备	计算机、一般办公设备(电话、打印机、网络设备)
工作环境	办公室
工作时间特征	需要加班

总部教研员岗位说明书

岗位名称	教研员	是否内控关键岗位	否
所在部门		岗位定员	3人
直接上级	研究中心执行主任	职系	专业技术
直接下级		所辖人员	
职位概要：在研究中心执行主任领导下，开展课题研究、成果编辑出版工作，参与教师分层培养、指导			
工作职责			
教科研工作	协助执行主任组织课题研究相关工作，做好过程性记录、阶段性总结等		
	协助执行主任编辑出版幼儿园保教及管理成果，定期编辑完成园刊		
	参与审阅和评选优秀案例、半日活动、专题总结等保教成果，组织、指导教师参加评优活动		
	整理、保管本部门教科研档案资料，做好保密工作，防止丢失、外泄		
指导教学	参与教师的分层培养和指导工作，接待观摩活动		
	结合课题研究深入班级观摩、指导教育教学活动		
其他工作	负责总园长安排的专项工作		
	完成领导交付的其他任务		
任职资格：			
教育水平	硕士研究生及以上学历		

续表

专业	学前教育、心理学、教育学或相关专业
经验	一年以上一线幼教或教科研工作经验
知识技能	具有学前教育、心理学和研究方法等方面的知识，掌握一门外语，熟练使用办公软件
素质要求	具有良好的职业道德、文字表达能力、学习能力、研究能力、团队协作能力和较强的工作主动性，具有一定的大局意识、服务意识和沟通能力
其他：	
使用工具设备	计算机、一般办公设备(电话、打印机、网络设备)
工作环境	办公室
工作时间特征	正常工作时间，每周可上一天连班

总部保健专员岗位说明书

岗位名称	总部保健专员	是否内控关键岗位	否
所在部门		岗位定员	1人
直接上级	研究中心执行主任	职系	专业技术
直接下级		所辖人员	
职位概要：协助总园长督查卫生保健、后勤管理。负责开展健康管理相关课题研究，参与教师分层培养、指导			
工作职责			
教科研工作	负责健康管理相关课题研究工作，做好过程性记录、阶段性总结等		
	筹划、组织体育展示活动		
	参与教师的分层培养和指导工作，定期深入班级观摩，参与体育教研		
卫生保健	科学统筹全园膳食管理，组织各园每月轮流制定食谱并审核完善		
	负责总部卫生保健宣传教育工作		
	协助总园长督查各园卫生保健工作，撰写年度卫生保健数据报告		
后勤管理	协助总园长督查各园后勤安全工作		
	参与食材供货商遴选工作，监督食材供应质量和服务		
其他工作	协助培训部开展对内、对外的卫生保健相关培训		
	参与园刊等编辑工作		
	做好相关档案管理工作，做好保密工作，防止丢失、外泄		
	完成领导交付的其他任务		

续表

任职资格：	
教育水平	硕士研究生及以上学历
专业	教育学、医学、体育学或相关专业
经验	一年以上一线幼教或教科研工作经验
知识技能	具有体育、卫生保健、教育学和研究方法等方面的知识，掌握一门外语，熟练使用办公软件
素质要求	具有良好的职业道德、文字表达能力、学习能力、研究能力、团队协作能力和较强的工作主动性，具有一定的大局意识、服务意识和沟通能力
其他：	
使用工具设备	计算机、一般办公设备(电话、打印机、网络设备)
工作环境	办公室
工作时间特征	正常工作时间，每周可上一天连班

总部信息员岗位说明书

岗位名称	总部信息员	是否内控关键岗位	否
所在部门		岗位定员	1人
直接上级	园办主任	职系	专业技术
直接下级		所辖人员	
职位概要：在园办主任领导下，负责幼儿园网站、网络等信息化建设，协助设备采购，参与摄像及平面设计等工作			
工作职责			
信息化建设	负责幼儿园网站建设与维护，确保网络安全，提升幼儿园外部形象		
	负责应用软件开发和微信公众号建设，提升幼儿园信息化建设水平		
	负责网络、云盘、安防监控等建设、维护、更新		
	每月汇总各园信息化平台使用情况，征集意见和建议，并向总园长提交分析报告		
园办工作	参与幼儿园重要活动的摄像、视频编辑工作		
	参与对外宣传的平面设计工作		
	协助园办主任与大学对接完成设备采购、合同审批流程		
	梳理资产管理流程，提升各园资产管理的科学性和规范性		
其他工作	协助培训部开展对内对外的信息化培训，提高教师信息化水平		
	做好相关档案管理工作，做好保密工作，防止丢失、外泄		
	完成领导交付的其他任务		

续表

任职资格：	
教育水平	硕士研究生及以上学历
专业	教育技术、计算机相关专业
经验	
知识技能	具有学前教育、心理学和研究方法等方面的知识，掌握一门外语，熟练使用办公软件
素质要求	具有良好的职业道德、文字表达能力、学习能力、研究能力、团队协作能力、沟通能力和较强的工作主动性，具有一定的大局意识、服务意识
其他：	
使用工具设备	计算机、一般办公设备(电话、打印机、网络设备)
工作环境	办公室
工作时间特征	正常工作时间，每周可上一天连班

培训中心助理岗位说明书

岗位名称	培训中心助理	是否内控关键岗位	否
所在部门		岗位定员	3 人
直接上级	培训中心执行主任	职系	管理
直接下级		所辖人员	
职位概要：协助培训中心执行主任调研培训需求及开发培训课程，组织开展园内外各类培训，保管培训资料档案			
工作职责			
培训工作	协助执行主任建立、完善幼儿园培训体系和制度		
	负责培训项目的组织实施，包括招生、会务安排、餐饮食宿、宣传等		
	协助执行主任调研培训需求、开发培训课程、评估培训效果		
	协助执行主任维护专家资源，负责线上课程课件录制及后期剪辑制作		
	负责归类整理、保管培训档案资料，做好保密工作，防止丢失、外泄		
	负责做好培训项目财务收支明细		
其他工作	协助执行主任完成教师继续教育工作		
	完成领导交付的其他任务		
任职资格：			
教育水平	大学专科及以上学历		
专业	学前教育、心理学、教育管理、信息技术或相关专业		

续表

经验	有教育教学或会务组织、培训的相关经验
知识技能	具有学前教育、教育管理、心理学、法律方面的知识，掌握一门外语，熟练使用办公软件、视频剪辑软件
素质要求	具备良好的职业道德、计划与执行能力、沟通协调能力、业务拓展能力、团队协作能力、较强的工作主动性，具有一定的大局意识和服务意识
其他：	
使用工具设备	计算机、一般办公设备(电话、打印机、网络设备)
工作环境	办公室
工作时间特征	需要加班

人事干事岗位说明书

岗位名称	人事干事	是否内控关键岗位	是
所在部门		岗位定员	2人
直接上级	园办主任	职系	管理
直接下级		所辖人员	
职位概要：协助园办主任做好人员招聘、绩效考核、人事档案管理、劳动关系管理等人力资源管理工作			
工作职责			
招聘工作	协助做好人力资源状况的统计、分析、预测和调整等工作		
	负责招聘宣传、简历筛选、组织面试及各园人员调配对接工作		
劳动关系管理	负责教职工入职、离职手续的办理，协助处理劳动争议		
	负责维护幼儿园人事信息管理系统		
	整理、保管好部门档案资料，做好保密工作，防止丢失、外泄		
绩效管理	协助建立、完善绩效管理体系并组织实施		
队伍建设	协助做好干部的选拔考核工作		
	协助做好骨干教师申报考核及教师职务聘任工作		
其他工作	协助做好人力资源管理的优化改进		
	完成领导交付的其他任务		
任职资格：			
教育水平	大学本科及以上学历		
专业	心理学、教育学、管理类相关专业		
经验			

续表

知识技能	具有一定的学前教育和人力资源方面的知识，熟练使用办公软件
素质要求	具有良好的职业道德、执行能力、人际沟通能力和团队协作能力，具有一定的大局意识和服务意识
其他：	
使用工具设备	计算机、一般办公设备(电话、打印机、网络设备)
工作环境	办公室
工作时间特征	需要加班

保教主任岗位说明书

岗位名称	保教主任	是否内控关键岗位	是
所在部门		岗位定员	
直接上级	执行园长、业务园长	职系	管理
直接下级	年级组长、班级教师、专职教师、资料员	所辖人员	
职位概要：负责所在园的保教和教研工作，检查、指导班级保教人员及专职教师的工作，促进教师专业成长			
工作职责			
保教工作	制订每学期保教工作计划，提出并落实每月保教工作重点，月末和期末上交工作总结		
	深入一线，检查、指导班级日常保教工作，向执行园长汇报日常工作		
	计划、组织、实施全园大型活动，指导年级组长开展年级组大型活动		
	批阅教学班各类文字材料，及时反馈，跟进落实情况		
	指导班级开展安全和健康教育，保障幼儿生命安全和健康		
教研工作	完成部门教研计划与总结，指导年级教研和组织园本教研活动，及时梳理总结园本教研成果，配合科研工作		
其他工作	进行定期或不定期的常规检查和绩效考核等工作，提出奖惩建议		
	做好家园共育工作		
	负责玩教具、图书等教学用品的配备		
	协助执行园长完成大学生见习、实习、观摩、接待等工作(没有业务园长的园所)		
	完成执行园长交付的其他工作		
任职资格：			
教育水平	大学本科及以上学历		
专业	学前教育、心理学、教育学或相关专业		

续表

经验	三年以上年级组长经历，或五年教科研经历；一级及以上职称
知识技能	具有学前教育、心理学、管理学等方面的知识，熟练使用办公软件
素质要求	具有良好的职业道德、教育教学能力、学习能力、沟通能力、团队协作及管理能力、计划与执行能力和较强的工作主动性，具有一定的大局意识和文字表达能力
其他：	
使用工具设备	计算机、一般办公设备(电话、打印机、网络设备)
工作环境	办公室
工作时间特征	需要加班

总务主任岗位说明书

岗位名称	总务主任	是否内控关键岗位	是
所在部门		岗位定员	
直接上级	执行园长	职系	管理
直接下级	保健主管、厨房主管、保育员、库管、维修工、门卫	所辖人员	
职位概要：负责所在园后勤服务部门和保育员的管理工作			
工作职责			
安全工作	制订安全工作计划、方案、预案，定期进行安全检查，并做好台账		
	督导相关人员定期对幼儿园的房舍和设施设备进行检查、维修		
	负责幼儿园法治教育、安全教育工作和安保人员的管理工作，督查人防、技防、物防落实		
	协助执行园长做好节假日校园安全工作，安排节假日值班		
后勤管理	负责制订学期后勤工作计划，月末和期末上交工作总结		
	负责幼儿园的环境绿化、美化工作和卫生工作，检查、指导保洁员的日常工作		
	配合幼儿园大型活动的实施和重要人员来园的接待工作		
	负责厨房人员的管理工作，监督厨房全面工作，确保厨房工作人员规范操作、安全生产，组织伙委会		
	协助执行园长做好预算，按照预算控制支出情况。负责相关物品采购，严格落实采购制度，有节约意识		
	指导、检查库房管理员的资产、物品管理工作		
	负责工程的前期准备、施工、验收、结算等管理工作		
	督查供货商的食材质量、价格及服务水平，及时向执行园长及总部保健专员汇报		

续表

卫生保健	领导保健室做好对全园师幼健康的保障工作，检查、督导保健室工作
	组织、参与保育员培训工作及教职工健康培训，督导班级卫生保健工作
	负责对厨房许可证和保健评估报告到期申报验收及相关部门的联络沟通，接受相关部门卫生保健及食品安全方面的检查
其他工作	负责与属地相关部门的沟通、联系
	完成领导交付的其他工作
任职资格：	
教育水平	大学专科及以上学历
专业	学前教育、医学、管理学等相关专业
经验	五年以上幼教、儿童卫生保健、后勤或管理工作经验
知识技能	具有后勤管理知识，较熟练使用办公软件
素质要求	具有良好的职业道德、沟通能力、团队管理能力、学习能力及较强的工作责任心和服务意识，具有一定的大局意识
其他：	
使用工具设备	计算机、一般办公设备(电话、打印机、网络设备)
工作环境	办公室
工作时间特征	需要加班

各园教研员岗位说明书

岗位名称	教研员	岗位编号	
所在部门		岗位定员	
直接上级	执行园长、研究中心执行主任	职系	专业技术
直接下级		所辖人员	
职位概要：负责幼儿园的教科研工作和对外宣传工作			
工作职责			
教科研工作	制订幼儿园的教科研计划，期末进行教科研总结		
	组织教科研活动，协助保教主任开展园本教研		
	协助执行园长开展课题研究，做好开题、课题推进及结题工作		
	负责收集、整理幼儿园教科研成果，并做好相关档案管理		
	负责指导教师撰写、修改教育案例和论文等，组织参加各类评优活动		
指导教学	批阅教学班各类文字材料，及时反馈，跟进落实情况		
	参与教师的分层培养和指导工作，定期深入班级观摩、指导教育教学活动		

续表

宣传工作	负责幼儿园网站、微信公众号、视频号等对外宣传工作，做好“家校通”应用软件的运营监管
	做好各级平台的信息化数据采集与统计工作，做好信息保密工作
其他工作	负责继续教育工作
	完成执行园长和研究中心执行主任交付的其他任务
任职资格：	
教育水平	大学本科及以上学历
专业	学前教育、心理学、教育学等相关专业
经验	一年以上一线幼教或教科研工作经验
知识技能	具有学前教育、心理学和研究方法等方面的知识，掌握一门外语，熟练使用办公软件
素质要求	具有良好的职业道德、文字表达能力、学习能力、研究能力、团队协作能力和较强的工作主动性，具有一定的大局意识、服务意识和沟通能力
其他：	
使用工具设备	计算机、一般办公设备(电话、打印机、网络设备)
工作环境	办公室
工作时间特征	正常工作时间，每周可上一天连班

第二章　教学、教辅人员

年级组长岗位说明书

岗位名称	年级组长	是否内控关键岗位	否
所在部门		岗位定员	
直接上级	保教主任	职系	专业技术
直接下级	班长教师	所辖人员	
职位概要：负责年级组教研活动、大型活动和批阅教师文字材料			
工作职责			
教研工作	负责组织年级组日常教研活动，认真做好记录		
	制订年级工作计划，学期末上交年级工作总结		
组织活动	有计划地组织年级组大型活动		
指导教学	负责批阅指定岗位教师文字材料，提出指导性意见和建议		
	了解、指导本年级各班班长工作，积极发挥示范引领作用		
班级工作	参照班长教师岗位工作职责、班员教师岗位工作职责部分		
其他工作	完成领导交付的其他任务		
任职资格：			
教育水平	大学专科及以上学历		
专业	学前教育、心理学、教育学等相关专业，具有教师资格证书		
经验	两年以上班长教师工作经验		
知识技能	具有学前教育、心理学等方面的知识，熟练使用办公软件		
素质要求	具有良好的职业道德、教育教学能力、组织能力、学习能力、沟通能力、团队管理能力和较强的服务意识，具有一定的文字表达能力和大局意识		
其他：			
使用工具设备	计算机、一般办公设备(打印机、网络设备)		
工作环境	教室及户外		
工作时间特征	正常工作时间		

班长教师岗位说明书

岗位名称	班长教师	是否内控关键岗位	否
所在部门		岗位定员	
直接上级	保教主任	职系	专业技术
直接下级	班员教师、助理教师、保育员	所辖人员	

职位概要：全面负责班级的保教工作、班级管理和家长工作	
工作职责	
保教工作	完成班级工作计划、班级工作总结、月计划、周计划、课程计划及主题案例等文字工作
	参加园本教研
	参照班员教师岗位工作职责部分
班级管理	全面负责班级的管理工作及各项制度落实，检查、指导班级教师的工作
	负责排查本班安全隐患，开展安全教育，保证幼儿在园安全
	按时召开班务会，上传下达，讨论课程计划，认真记录
	负责批阅指定岗位教师文字材料，提出指导性意见和建议
	负责班级物品的保管与交接工作
家长工作	利用多种渠道加强家园沟通，参与并指导教师做好“家校通”应用软件、班级微信群等信息发布与管理
	组织召开家长会，做好家园共育，指导家长科学育儿
任职资格：	
教育水平	大学专科及以上学历
专业	学前教育、心理学、教育学等相关专业，具有教师资格证书
经验	一年以上班员教师工作经验
知识技能	具有学前教育、心理学等方面的知识，熟练使用办公软件
素质要求	具有良好的职业道德、教育教学能力、学习能力、沟通能力、团队管理能力和较强的服务意识，具有一定的文字表达能力和大局意识
其他：	
使用工具设备	计算机、一般办公设备(打印机、网络设备)
工作环境	教室及户外
工作时间特征	正常工作时间

班员教师岗位说明书

岗位名称	班员教师	是否内控关键岗位	否
所在部门		岗位定员	
直接上级	保教主任	职系	专业技术
直接下级		所辖人员	
职位概要：负责班级保教工作、保健工作、安全工作及家长工作			
工作职责			
保育工作	做好幼儿一日生活各环节的保育工作		
	做好晨、午、晚检，能及时发现身体不适的幼儿并送保健室，做好后续缺勤追访，规范填写交接班本，做好交接班工作		
	负责室内设备、玩具、教具及其他用品的安全摆放，检查幼儿服装、场地及运动器械的安全性		
	参与幼儿健康检查、体能测试，做好幼儿健康管理		
	指导助理教师和保育员的工作		
教育工作	观察了解幼儿，结合本班幼儿年龄特点和个体差异、兴趣需要，制订和执行课程计划，以游戏为基本活动，合理安排幼儿一日生活		
	根据幼儿的发展水平开展适宜的教育活动，在观察、评估基础上有针对性地支持幼儿发展		
	创设适宜的教育环境，有计划地制作、更换玩教具、提供活动材料		
家长工作	利用多种渠道加强家园沟通，参与并指导教师做好“家校通”应用软件、班级微信群等信息发布与管理		
其他工作	参加业务学习及教科研活动，不断提高教育教学水平		
	参与接待教育教学观摩、见实习和参观等		
任职资格：			
教育水平	大学专科及以上学历		
专业	学前教育、心理学、教育学等相关专业，具有教师资格证书		
经验			
知识技能	具有学前教育、心理学等方面的知识，熟练使用办公软件		
素质要求	具有良好职业道德、学习能力、沟通能力、团队协作能力及较强的服务意识，具有一定的文字表达能力和教育教学能力		
其他：			
使用工具设备	计算机、一般办公设备(打印机、网络设备)		
工作环境	教室及户外		
工作时间特征	正常工作时间		

专职教师岗位说明书

<table>
<tr><td>岗位名称</td><td>专职教师</td><td>是否内控关键岗位</td><td>否</td></tr>
<tr><td>所在部门</td><td></td><td>岗位定员</td><td></td></tr>
<tr><td>直接上级</td><td>业务园长或保教主任</td><td>职系</td><td>专业技术</td></tr>
<tr><td>直接下级</td><td></td><td>所辖人员</td><td></td></tr>
<tr><td colspan="4">职位概要：负责专项教学工作，参与教科研活动，支持帮助教学班开展有关领域活动</td></tr>
<tr><td colspan="4">工作职责</td></tr>
<tr><td rowspan="6">教育工作</td><td colspan="3">负责专职课程工作，如体育、音乐、图书阅读等活动</td></tr>
<tr><td colspan="3">制订学期计划，撰写专职课程计划、教育反思、专题总结等文字材料</td></tr>
<tr><td colspan="3">创设专职课程所需的教育环境，妥善保管教学设备，做好教室的日常管理与维护</td></tr>
<tr><td colspan="3">购置相应的玩教具材料及图书资料，并做好日常保管、整理、维护、报损、销账等工作，根据需要制作相应的玩教具</td></tr>
<tr><td colspan="3">参与教科研活动，研究本领域的教育教学特点和规律</td></tr>
<tr><td colspan="3">指导帮助教学班开展相关领域研究</td></tr>
<tr><td rowspan="4">其他工作</td><td colspan="3">支持、帮助教学班开展相关领域的活动</td></tr>
<tr><td colspan="3">协助幼儿园组织大型活动</td></tr>
<tr><td colspan="3">参与和协助工会活动</td></tr>
<tr><td colspan="3">完成领导交付的其他任务</td></tr>
<tr><td colspan="4">任职资格：</td></tr>
<tr><td>教育水平</td><td colspan="3">大学本科及以上学历</td></tr>
<tr><td>专业</td><td colspan="3">与所负责课程相关专业，具有教师资格证书</td></tr>
<tr><td>经验</td><td colspan="3"></td></tr>
<tr><td>知识技能</td><td colspan="3">具有学前教育、心理学和有关专业方面的知识，熟练使用办公软件</td></tr>
<tr><td>素质要求</td><td colspan="3">具有良好的职业道德和教育教学能力、学习能力、沟通能力、团队协作能力和较强的服务意识，具有一定的文字表达能力、沟通能力和大局意识</td></tr>
<tr><td colspan="4">其他：</td></tr>
<tr><td>使用工具设备</td><td colspan="3">计算机、一般办公设备(打印机、网络设备)</td></tr>
<tr><td>工作环境</td><td colspan="3">教室及户外</td></tr>
<tr><td>工作时间特征</td><td colspan="3">正常工作时间</td></tr>
</table>

助理教师岗位说明书

岗位名称	助理教师	是否内控关键岗位	否
所在部门		岗位定员	
直接上级	保教主任	职系	专业技术
直接下级		所辖人员	
职位概要：协助班长和班员教师组织教育活动，配合保育员做好生活护理及卫生工作			
工作职责			
教育工作	参与活动区创设，在班长指导下参与准备游戏材料，进行幼儿游戏观察与指导		
	协助班长和班员教师开展教育活动，并做好相关记录工作		
	负责照顾自然角的动植物，并指导幼儿照顾动植物		
	负责游戏材料管理，每日整理，在班长指导下定期更换		
	创设布置幼儿作品栏		
卫生保健	指导幼儿刷牙(漱口)、洗手，检查幼儿指甲，配合保育员做好卫生工作		
	照顾、指导有特殊需要的幼儿		
	根据气温变化，指导幼儿及时增减衣物		
其他工作	参与“家校通”应用软件内容的上传		
	完成幼儿园及班长交付的其他工作		
任职资格：			
教育水平	大学专科及以上学历		
专业	学前教育、心理学、教育学等相关专业，具有教师资格证书		
经验			
知识技能	具有学前教育、幼儿心理学等方面的知识，熟练使用办公软件		
素质要求	具有良好的职业道德、辅助教学能力、学习能力、团队协作能力和服务意识，具有一定的文字表达能力和沟通能力		
其他：			
使用工具设备	计算机、一般办公设备(打印机、网络设备)		
工作环境	教室及户外		
工作时间特征	正常工作时间		

保育员岗位说明书

<table>
<tr><td>岗位名称</td><td>保育员</td><td>是否内控关键岗位</td><td>否</td></tr>
<tr><td>所在部门</td><td></td><td>岗位定员</td><td></td></tr>
<tr><td>直接上级</td><td>总务主任</td><td>职系</td><td>专业技术</td></tr>
<tr><td>直接下级</td><td></td><td>所辖人员</td><td></td></tr>
<tr><td colspan="4">职位概要：负责班级室内外环境的清洁卫生工作，照顾班级幼儿的饮食起居</td></tr>
<tr><td colspan="4">工作职责</td></tr>
<tr><td rowspan="3">卫生保健</td><td colspan="3">严格执行幼儿园卫生保健制度，遵守保育员一日工作流程，按规范的操作要求完成卫生和消毒工作</td></tr>
<tr><td colspan="3">保管班级幼儿的衣服和物品，每月为幼儿更换被褥，清理幼儿在园时弄脏的衣服</td></tr>
<tr><td colspan="3">按规定调节室温，按时通风，保证室内空气清新，消灭蚊蝇</td></tr>
<tr><td rowspan="2">生活照顾</td><td colspan="3">分发幼儿三餐两点，科学指导幼儿进餐</td></tr>
<tr><td colspan="3">照顾、指导有特殊需要的幼儿</td></tr>
<tr><td>安全工作</td><td colspan="3">严格执行幼儿园安全制度，安全保管消毒物品、器具，规范使用班内设施、设备，发现异常及时报修</td></tr>
<tr><td>教育工作</td><td colspan="3">协助主班教师的教育活动，完成规定的文字材料</td></tr>
<tr><td colspan="4">任职资格：</td></tr>
<tr><td>教育水平</td><td colspan="3">中等专科及以上学历</td></tr>
<tr><td>专业</td><td colspan="3">具有教师资格证或保育员上岗证</td></tr>
<tr><td>经验</td><td colspan="3"></td></tr>
<tr><td>知识技能</td><td colspan="3">具有学前教育、幼儿心理学、幼儿日常护理、卫生保健等方面的知识</td></tr>
<tr><td>素质要求</td><td colspan="3">具有良好的职业道德、幼儿保育能力、学习能力、团队协作能力和服务意识，具有基本的文字表达能力和沟通能力</td></tr>
<tr><td colspan="4">其他：</td></tr>
<tr><td>使用工具设备</td><td colspan="3">计算机、一般办公设备(打印机、网络设备)</td></tr>
<tr><td>工作环境</td><td colspan="3">教室及户外</td></tr>
<tr><td>工作时间特征</td><td colspan="3">正常工作时间</td></tr>
</table>

资料员岗位说明书

<table>
<tr><td>岗位名称</td><td>资料员</td><td>是否内控关键岗位</td><td>否</td></tr>
<tr><td>所在部门</td><td></td><td>岗位定员</td><td></td></tr>
<tr><td>直接上级</td><td>业务园长/保教主任</td><td>职系</td><td>专业技术</td></tr>
<tr><td>直接下级</td><td></td><td>所辖人员</td><td></td></tr>
<tr><td colspan="4">职位概要：负责保管专业图书、电化器材、业务档案资料、玩教具、音像、服装等资料，负责摄像宣传工作</td></tr>
<tr><td colspan="4">工作职责</td></tr>
<tr><td rowspan="4">资料管理</td><td colspan="3">入库、建账、登记借出物品，检查、清点归还物品</td></tr>
<tr><td colspan="3">登记管理教具和图书，收集、熟悉各类资料，并定期向教师推荐</td></tr>
<tr><td colspan="3">负责业务档案管理工作</td></tr>
<tr><td colspan="3">学期末清点统计财产物品，结果上报业务园长(或保教主任)</td></tr>
<tr><td rowspan="3">摄像宣传</td><td colspan="3">负责大型活动和参观接待的拍照、摄像等工作</td></tr>
<tr><td colspan="3">完成日常教育活动所需要的录音、录像和播放工作</td></tr>
<tr><td colspan="3">负责橱窗宣传工作</td></tr>
<tr><td rowspan="3">辅助工作</td><td colspan="3">协助各岗做好复印、塑封、打印等工作</td></tr>
<tr><td colspan="3">定期修补、制作教辅材料，送修计算机等教学用电器</td></tr>
<tr><td colspan="3">辅助大型活动，协助公共环境创设、维护</td></tr>
<tr><td>其他工作</td><td colspan="3">完成领导交付的其他任务</td></tr>
<tr><td colspan="4">任职资格：</td></tr>
<tr><td>教育水平</td><td colspan="3">大学专科及以上学历</td></tr>
<tr><td>专业</td><td colspan="3">学前教育或档案管理等相关专业</td></tr>
<tr><td>经验</td><td colspan="3"></td></tr>
<tr><td>知识</td><td colspan="3">具有学前教育、档案管理等方面的知识</td></tr>
<tr><td>素质要求</td><td colspan="3">具有良好的职业道德、资料收集能力、学习能力、团队协作能力和较强的服务意识，具有一定的文字表达能力和沟通能力</td></tr>
<tr><td colspan="4">其他：</td></tr>
<tr><td>使用工具设备</td><td colspan="3">计算机、一般办公设备(打印机、网络设备)</td></tr>
<tr><td>工作环境</td><td colspan="3">办公室</td></tr>
<tr><td>工作时间特征</td><td colspan="3">正常工作时间</td></tr>
</table>

第三章　保健、后勤人员

保健主管岗位说明书

岗位名称	保健主管	是否内控关键岗位	否
所在部门		岗位定员	
直接上级	总务主任	职系	专业技术
直接下级	保健人员	所辖人员	
职位概要：管理保健室全面工作，做好幼儿园卫生保健及膳食管理，负责全园师幼健康管理			
工作职责			
卫生保健	负责制订学期卫生保健计划，做好月总结和学期总结		
	组织落实卫生保健法规、规章和制度，负责检查、指导保健人员的工作，主持卫生保健主题班会		
	积极配合总部制定和修订幼儿与成人食谱，监督指导厨房落实幼儿带量食谱，监督指导保健人员对厨房工作进行全面督导，保证幼儿科学的进食量和营养量。		
	密切与属地卫生保健机构联系，做好疾病防控及计划免疫工作		
	指导保健人员做好师幼定期健康检查工作，指导保健人员定期完成幼儿健康档案的收集、分析、整理工作		
	指导保健人员妥善处理幼儿突发疾病和意外伤害，做好过程性资料留存		
	监督与指导全园卫生保健工作的落实，指导保健人员做好家长工作		
	完成保健人员岗位职责		
宣传培训	协助总务主任召开保育员工作会议，提高保育水平		
	指导保健人员完成卫生保健宣教工作		
其他工作	完成领导交付的其他任务，遇紧急情况及时上报园长		
任职资格：			
教育水平	大学专科及以上学历		
专业	医学类相关专业，具有保健人员上岗证		
经验	两年以上幼儿园卫生保健工作经验		
知识技能	具有儿童医学、儿童营养学、儿童突发疾病和意外事故处理方面的知识，熟练使用办公软件		
素质要求	具有良好的职业道德、卫生保健能力、学习能力、沟通能力及较强的服务意识和团队协作能力，具有一定的文字表达能力和大局意识		

续表

其他：	
使用工具设备	一般保健医疗设备、计算机、一般办公设备(打印机、网络设备)
工作环境	教室及户外
工作时间特征	正常工作时间

保健人员岗位说明书

岗位名称	保健人员	是否内控关键岗位	否
所在部门		岗位定员	
直接上级	保健主管	职系	专业技术
直接下级		所辖人员	
职位概要：分工负责幼儿园卫生保健、营养膳食、健康宣教、疾病预防、体检体测等工作			
工作职责			
卫生保健	熟知卫生保健法规、制度，并监督指导班级卫生保健工作		
	做好幼儿晨、午、晚检及户外活动锻炼的记录		
	做好幼儿的体检、体质测试等工作，并做记录		
	完成幼儿预防接种证的查验、登记工作，接种前通知家长		
	做好食品、饮水和环境卫生的检查工作		
	做好体检中体弱儿、肥胖儿及五官检查不达标幼儿的管理工作		
	做好保健资料的登记、统计、保管，妥善保管好药品、医疗器械等		
	做好幼儿突发疾病和意外伤害的处理，留存过程性资料		
	做好班级日常卫生保健工作的监督指导，定期完成保育员培训		
营养膳食	做好幼儿膳食管理工作，参与食谱的制定与修改，做好营养计算		
	做好厨房食品质量查验工作，每周完成厨房食品量采购核查工作		
健康宣教	定期向幼儿园教职工和家长进行卫生保健的宣传和指导		
	参与班级健康教育		
	妥善与家长进行日常沟通，做好服务工作		
疾病预防	做好传染病的防控工作		
其他工作	组织教职工定期体检、查验进园人员的健康证		
任职资格：			
教育水平	大学专科及以上学历		
专业	医学类相关专业，具有保健人员上岗证		

续表

经验	
知识技能	具有儿童医学、儿童营养学、儿童突发疾病和意外事故处理方面的知识，熟练使用办公软件
素质要求	具有良好的职业道德、卫生保健能力、学习能力、团队协作能力及较强的服务意识，具有一定的沟通能力和文字表达能力
其他：	
使用工具设备	一般保健医疗设备、计算机、一般办公设备(打印机、网络设备)
工作环境	办公室
工作时间特征	正常工作时间

会计岗位说明书

岗位名称	会计	是否内控关键岗位	是
所在部门		岗位定员	
直接上级	财务主任	职系	专业技术
直接下级		所辖人员	
职位概要：按照国家会计制度，负责记账、算账、报账，编制预决算及各类会计报表			
工作职责			
记账算账	做好算账、记账、结账、报账工作，做到手续严密、数字准确、账目清楚、日清月结		
	负责幼儿园固定资产账，定期清点幼儿园财产，做到账账相符，账物相符		
	负责编制预决算和各类财务报表，为幼儿园决策提供准确的财务数据		
	按月结算收支单据，及时与出纳核对账目，做到账账相符、账实相符		
	按月核算伙食收支情况，定期检查专项经费使用情况，上报财务主任		
其他工作	保管好会计凭证、账簿、报表等财务资料		
	及时了解国家发布的相关制度，接受领导及上级部门的检查审计工作		
	做好相关统计工作		
	完成领导交付的其他任务		
任职资格：			
教育水平	大学本科及以上学历		
专业	会计、财务、审计或相关专业，具有会计从业资格证书		
经验	两年以上会计工作经验		

续表

知识技能	具有会计、财务、金融、税务、经济法和相关法律法规知识，熟练使用办公软件
素质要求	具有良好的职业道德、人际沟通能力、团队协作能力及较强的工作严谨性、法治意识
其他：	
使用工具设备	计算机、一般办公设备(电话、打印机、传真机、网络设备)
工作环境	办公室
工作时间特征	正常工作时间

出纳员岗位说明书

岗位名称	出纳员	是否内控关键岗位	是
所在部门		岗位定员	
直接上级	财务主任	职系	专业技术
直接下级		所辖人员	
职位概要：负责幼儿园费用收付、办理报销和缴纳教职工社会保险			
工作职责			
费用收付	负责分园收付工作和银行存、取款工作		
	办理报销事宜，认真审核各项报销凭证，每张凭证必须有经手人、验收人及园长签字		
	每月做好幼儿的收费、退费工作		
	办理幼儿意外伤害保险理赔款的支付		
账务工作	设置《银行日记账》和《现金日记账》，根据原始凭证逐笔登记，做到日清月结，账款一致		
	按时、按规定向会计报账，逐笔登记分园预算支出，正确地计算收入、支出		
其他工作	办理聘任教职工的社会保险手续		
	完成领导交付的其他任务		
任职资格：			
教育水平	大学专科及以上学历		
专业	会计、财务、审计或相关专业，具有会计从业资格证书		
经验	一年以上出纳工作经验		
知识技能	具有会计、财务、金融、税务、经济法和相关法律法规知识，熟练使用办公软件		

续表

素质要求	具有良好的职业道德、人际沟通能力、团队协作能力及较强的工作严谨性、法治意识
其他：	
使用工具设备	计算机、一般办公设备(电话、打印机、传真机、网络设备)
工作环境	办公室
工作时间特征	正常工作时间

厨房管理员岗位说明书

岗位名称	厨房管理员	是否内控关键岗位	是
所在部门		岗位定员	
直接上级	总务主任	职系	工勤技能
直接下级		所辖人员	
职位概要：全面负责幼儿园的厨房管理工作			
工作职责			
膳食制作	与保健人员共同制定教师工作餐，共同修订儿童带量食谱，并对食谱提出合理化建议		
	按出勤人数计算出主、副食摄入量，坚持按食谱带量制作膳食		
	定期向主管领导汇报幼儿及教师工作餐成本核算情况		
厨房管理	主持厨房工作会议，提高伙食质量，总结与改进工作		
	定期参加伙委会，征求各方面人员的意见，及时调整改善		
	负责完成学期厨房工作计划与总结，做到每月工作有重点，月末有小结		
	合理安排、协调人员岗位，指导、检查厨房人员工作，严格按规范操作各类设施设备，确保安全		
食品及安全管理	科学合理的根据带量食谱，按时列出订货单，与保健人员、库管落实三方验货流程，保证食材与送货单及订货单一致		
	与保健人员、库管共同完成食品原材料质量、生产日期等检查工作		
	严格执行食品卫生法，领导本岗人员做好厨房卫生与食品安全工作		
	定期对厨房设施设备进行安全检查，做好日常维护。及时关注厨房人员的安全操作，做好防蝇、防鼠、防尘等工作		
	按内控管理要求规范采购、出入库、账目核对等相关工作		
其他工作	完成领导交付的其他任务，遇特殊情况及时上报总务主任		
任职资格：			
教育水平	高中及以上学历		

续表

专业	
经验	两年以上厨房工作经验，具有厨师证
知识技能	具有营养学、烹饪等方面的知识和烹饪技能
素质要求	具有良好的职业道德、团队协作能力、沟通能力和较强的服务意识，具有一定的大局意识
其他：	
使用工具设备	一般厨房设备、计算机，一般办公设备(电话、打印机、传真机、网络设备)
工作环境	厨房
工作时间特征	正常工作时间

厨师岗位说明书

岗位名称	厨师	是否内控关键岗位	否
所在部门		岗位定员	
直接上级	厨房主管	职系	工勤技能
直接下级		所辖人员	
职位概要：负责按带量食谱定制食品原材料采购计划，指导厨工按照要求切配食材，制作幼儿园日常膳食			
工作职责			
膳食制作	按时制作、供应饭菜，冬季做好饭菜保温，夏季做好饭菜的降温		
	与保健人员、厨房管理员研究制定食谱，兼顾营养与成本核算。与厨房管理员一起根据带量食谱制订采购计划。定期推出创新菜品		
	指导厨工按照要求对食材进行切配、制作		
	根据食谱带量，结合人数做好食物带量分发，对于班级剩余量情况进行分析，不断提升厨艺		
	定期巡班，收集家长和教师的合理化建议，不断改进伙食质量		
	做好幼儿餐及教师工作餐48小时以上留样工作，每个品种的留样量应能满足检验检测需要，且不少于125克，由专人管理		
清洁消毒及安全工作	执行食堂卫生、消毒制度，做好食物清洗及各类用具的清洁消毒工作		
	规范操作厨房设施设备，使用前后做好安全检查与清洁收整		
其他工作	完成领导交付的其他任务		
任职资格：			
教育水平	初中及以上学历		

续表

专业	
经验	一年以上厨师工作经验，具有厨师证、面点师证
知识技能	具有营养学、烹饪等方面的知识和烹饪技能
素质要求	具有良好的职业道德、团队协作能力和较强的服务意识
其他：	
使用工具设备	一般厨房设备
工作环境	厨房
工作时间特征	正常工作时间

厨工岗位说明书

岗位名称	厨工	是否内控关键岗位	否
所在部门		岗位定员	
直接上级	厨房主管	职系	工勤技能
直接下级		所辖人员	
职位概要：负责食材的清洗、切配，协助面点制作主食，负责厨房、餐具的清洁消毒			
工作职责			
膳食制作	按时制作、供应饭菜，冬季做好饭菜保温，夏季做好饭菜降温		
	负责食材的清洗、切配，协助面点师制作主食，按照带量食谱进行分餐		
	定期对班级进餐情况进行巡视，发现问题及时上报		
	根据分工，按照食品加工流程规范操作		
清洁消毒及安全工作	执行食堂卫生、消毒制度，按照分工做好管辖区域的卫生消毒工作。及时打扫、清理垃圾，清洗消毒厨房工具及用具		
	规范操作厨房设施设备，使用前后做好安全检查与清洁收整		
其他工作	完成领导交付的其他任务		
任职资格：			
教育水平	初中及以上学历		
专业			
经验			
知识技能	具有卫生、食品制作等方面的知识技能		
素质要求	具有良好的职业道德、团队协作能力和较强的服务意识		

续表

其他：	
使用工具设备	一般厨房设备
工作环境	厨房
工作时间特征	正常工作时间

消毒员岗位说明书

岗位名称	消毒员	是否内控关键岗位	否
所在部门		岗位定员	
直接上级	厨房主管	职系	工勤技能
直接下级		所辖人员	
职位概要：负责幼儿园厨房卫生、消毒工作			
工作职责			
卫生消毒	消毒餐具、用具，并整齐、分类摆放在保洁柜内，合理存放，避免污染，做好记录		
	熟悉消毒配比及流程，做好日常物品的消毒工作及传染病发生后的消毒工作，打扫消毒间卫生，保持干净、整洁		
	清洗工作服，晾干叠放在指定位置		
	消毒碗袋、盖食品的盖布和保温垫		
其他工作	按幼儿人数分发餐具		
	消毒餐具、用具，并整齐、分类摆放在保洁柜内，合理存放，避免污染		
	完成领导交付的其他任务		
任职资格：			
教育水平	初中及以上学历		
专业			
经验			
知识技能	具有卫生、消毒等方面的知识技能		
素质要求	具有良好的职业道德、团队协作能力和较强的责任心与服务意识		
其他：			
使用工具设备	一般厨房消毒设备		
工作环境	厨房		
工作时间特征	正常工作时间		

库房管理员岗位说明书

<table>
<tr><td>岗位名称</td><td>库房管理员</td><td>是否内控关键岗位</td><td>是</td></tr>
<tr><td>所在部门</td><td></td><td>岗位定员</td><td></td></tr>
<tr><td>直接上级</td><td>总务主任</td><td>职系</td><td>工勤技能</td></tr>
<tr><td>直接下级</td><td></td><td>所辖人员</td><td></td></tr>
<tr><td colspan="4">职位概要：全面负责资产管理，发放各岗所需物品，登记、统计进出库物品</td></tr>
<tr><td colspan="4">工作职责</td></tr>
<tr><td rowspan="4">库房管理</td><td colspan="3">负责把关进货物品质量，对食品、物品进行查验、签收、登记，按时登记食品台账及乙式账页；核对和统计进出库数量，每月盘库，定期检查食品有效期</td></tr>
<tr><td colspan="3">根据食谱及厨房出库单完成每日食材的出库工作</td></tr>
<tr><td colspan="3">对玩教具、低值易耗品及演出服装进行登记、入库及管理</td></tr>
<tr><td colspan="3">负责库房卫生工作，无死角</td></tr>
<tr><td rowspan="2">固定资产管理</td><td colspan="3">负责登记、统计固定资产，办理相关资产入库及报废手续，建立台账</td></tr>
<tr><td colspan="3">每学期核对全园固定资产，记录缺损物品，上报主管领导</td></tr>
<tr><td rowspan="2">物品发放</td><td colspan="3">向厨工、保健人员、保育员等发放劳保用品，发放各班所需物品，登记入账</td></tr>
<tr><td colspan="3">每月底对低值易耗品进行盘点，根据库存填写购物申请单并上报主管领导，厉行节约，确保所需</td></tr>
<tr><td rowspan="2">其他工作</td><td colspan="3">参与幼儿园各类活动材料的准备工作</td></tr>
<tr><td colspan="3">完成领导交付的其他任务</td></tr>
<tr><td colspan="4">任职资格：</td></tr>
<tr><td>教育水平</td><td colspan="3">大学专科及以上学历</td></tr>
<tr><td>专业</td><td colspan="3"></td></tr>
<tr><td>经验</td><td colspan="3">一年以上库房管理工作经验</td></tr>
<tr><td>知识技能</td><td colspan="3">具有统计、库房管理等方面的知识技能，熟练使用办公软件</td></tr>
<tr><td>素质要求</td><td colspan="3">具有良好的职业道德、团队协作能力及较强的责任心、服务意识、大局意识</td></tr>
<tr><td colspan="4">其他：</td></tr>
<tr><td>使用工具设备</td><td colspan="3">一般办公设备(计算机、打印机、网络设备)</td></tr>
<tr><td>工作环境</td><td colspan="3">办公室</td></tr>
<tr><td>工作时间特征</td><td colspan="3">正常工作时间</td></tr>
</table>

信息员岗位说明书

岗位名称	信息员	是否内控关键岗位	否
所在部门		岗位定员	
直接上级	总务主任	职系	专业技术
直接下级		所辖人员	
职位概要：负责幼儿园电子设备、设施的安装、维护、使用、保养和信息工程的建设与使用等工作			
工作职责			
信息技防工程	全面掌握幼儿园的广播系统、对讲系统、无线网络等弱电工程的构建与联系相关技术服务、维护工作		
	每天检查监控系统，保证全部点位图像、声音清晰，正常运行		
	负责多功能厅和会议室电子设施设备的维护与使用，并做好记录		
电子设备管理	负责计算机、触摸一体机的安装、调试		
	对于计算机、一体机出现的技术故障进行简单维修		
辅助工作	熟练掌握电子设备、安防设施的功能，更好地服务于教学		
	负责网站建设及协助发布网站新闻		
	对教师进行相关信息技术培训		
	负责幼儿园重要活动摄影摄像及视频剪辑工作		
其他工作	完成领导交付的其他工作		
任职资格：			
教育水平	大学本科及以上学历		
专业	计算机、信息技术等相关专业		
经验			
知识技能	具有信息技术方面的知识技能		
素质要求	具有良好的职业道德、团队协作能力及较强的责任心、服务意识		
其他：			
使用工具设备	一般办公设备（计算机、打印机、网络设备）		
工作环境	办公室		
工作时间特征	正常工作时间		

门卫岗位说明书

岗位名称	门卫	是否内控关键岗位	否
所在部门		岗位定员	
直接上级	总务主任	职系	工勤技能
直接下级		所辖人员	
职位概要：负责园门口的安全保卫工作，收发来件和转接电话等			
工作职责			
安全保卫	负责看好园门，防止幼儿走失，发现隐患及时上报相关领导		
	做好来访人员的询问工作，与相关人员确认身份并进行登记		
	做好入园、离园期间的安全工作，严格刷卡制度，耐心引导家长和幼儿		
	对带入或带出幼儿园的可疑物品进行盘查，做好登记工作		
	限制车辆出入，制止车辆停放在园门口		
	定期参加安全培训，提高安全防范意识和能力		
接传来电、来件	负责传接电话，熟悉报警电话及各办公室电话		
	负责收发报纸、信件、快递、杂志、邮包等，做好整理工作		
其他工作	负责传达室内外、大门内外的卫生和户外幼儿如厕用品的摆放、清理，收摆、整理户外玩具		
	监督保安人员在岗情况，指导各类安全表格的规范填写		
	完成领导交付的其他任务		
任职资格：			
教育水平	初中及以上学历		
专业			
经验			
知识技能	具有相关安保知识		
素质要求	具有良好的职业道德、沟通能力和较强的工作责任心		
其他：			
使用工具设备	电话		
工作环境	门卫室和户外		
工作时间特征	正常工作时间		

维修工岗位说明书

岗位名称	维修工	是否内控关键岗位	否
所在部门		岗位定员	
直接上级	总务主任	职系	工勤技能
直接下级		所辖人员	
职位概要：负责幼儿园房舍、设备设施和大型玩具器械等的检查、维修，晚间、假期安全保卫工作			
工作职责			
维修工作	负责各部门及各班水、电、桌椅等设施的检查、维修		
	检查电器设备的运转情况，排除故障或请专业人员维修并做好记录		
	检查监控系统，保证全部点位图像、声音清晰，并做好记录与报修		
	检查、维修户外大型玩具，并做好标记，做好大型玩具的擦拭消毒工作		
	检查、维修房舍、安全标示灯、消防器材、下水管、暖气管道和天然气、液化气管道，并做好记录		
	报废、统计所需物品，采购维修工具并入库		
安全保卫	做好静园工作，检查各楼层，巡视园内环境，关好门窗，并记录反馈给当事人		
	确保工作期间电话畅通，锁园门、楼门		
其他工作	配合园内大型活动的准备工作（布置会场、挂标语、插旗子等）		
	负责沙坑翻沙，保持沙土松软；负责每月水、电、气表的用量的核对检查		
	负责园内除四害工作，并妥善保管相关物品		
	根据要求按时给各班提供开水，负责做好除水碱及更换滤芯工作		
	完成领导交付的其他任务		
任职资格：			
教育水平	高中及以上学历		
专业			
经验	一年以上相关维修工作经验，具备电工证		
知识技能	具有基本的水、电、暖、机械和木制品维修等知识技能		
素质要求	具有良好的职业道德和较强工作责任心、服务意识		
其他：			
使用工具设备	一般维修工具		
工作环境	室内和户外		
工作时间特征	正常工作时间		

司机岗位说明书

岗位名称	司机	是否内控关键岗位	否
所在部门		岗位定员	
直接上级	总务主任	职系	工勤技能
直接下级		所辖人员	
职位概要：负责幼儿园班车的驾驶，以及房舍、设备设施和大型玩具器械等的检查、维修			
工作职责			
出车工作	按时出车，安全驾驶，并做好出车登记		
	保持车内、车外干净整洁		
	按要求定期保养、检修车辆，定期办理保险，及时排查车辆故障		
维修工作	协助维修工检查、维修各部门及各班水、电、桌椅、电器等设施		
	检查、维修幼儿园房舍及户外大型玩具等设施，协助做好大型玩具的擦拭消毒工作		
其他工作	配合园内大型活动的准备工作（布置会场、挂标语、插旗子等）		
	完成领导交付的其他任务		
任职资格：			
教育水平	高中及以上学历		
专业			
经验	一年以上车辆驾驶工作经验，有相应驾照		
知识技能	具有熟练的车辆驾驶技能和基本的水、电、暖、机械及木制品维修等知识技能		
素质要求	具有良好的职业道德和较强的工作责任心、服务意识		
其他：			
使用工具设备	班车、一般维修工具		
工作环境	室内和户外		
工作时间特征	正常工作时间		

保洁岗位说明书

岗位名称	保洁	是否内控关键岗位	否
所在部门		岗位定员	
直接上级	总务主任	职系	工勤技能
直接下级		所辖人员	

续表

职位概要：负责幼儿园规定区域的卫生工作，配合大型活动的卫生及后勤服务工作	
工作职责	
卫生工作	负责教学楼道、公共卫生间、办公室、公共教室、阳台等处的卫生、清洁与消毒
	负责会议室、接待室、多功能厅等场所的茶水供应、茶具摆放及清洗、消毒、收整
	每学期对楼内地面进行一次打蜡
大型活动	协助完成园内大型活动或接待活动进行场地布置及卫生清洁工作
其他工作	负责户外幼儿如厕用品的摆放、清理及消毒
	负责公共场所绿植的养护
	完成领导交付的其他任务
任职资格：	
教育水平	初中及以上学历
专业	
经验	有保洁工作的经验
知识技能	具有相关卫生保洁技能
素质要求	具有良好的职业道德、沟通能力和较强的工作责任心
其他：	
使用工具设备	消毒、清洁工具
工作环境	公共区域及户外
工作时间特征	正常工作时间

附录

幼儿园工作规程

第一章　总则

第一条　为了加强幼儿园的科学管理，规范办园行为，提高保育和教育质量，促进幼儿身心健康，依据《中华人民共和国教育法》等法律法规，制定本规程。

第二条　幼儿园是对3周岁以上学龄前幼儿实施保育和教育的机构。幼儿园教育是基础教育的重要组成部分，是学校教育制度的基础阶段。

第三条　幼儿园的任务是：贯彻国家的教育方针，按照保育与教育相结合的原则，遵循幼儿身心发展特点和规律，实施德、智、体、美等方面全面发展的教育，促进幼儿身心和谐发展。

幼儿园同时面向幼儿家长提供科学育儿指导。

第四条　幼儿园适龄幼儿一般为3周岁至6周岁。

幼儿园一般为三年制。

第五条　幼儿园保育和教育的主要目标是：

（一）促进幼儿身体正常发育和机能的协调发展，增强体质，促进心理健康，培养良好的生活习惯、卫生习惯和参加体育活动的兴趣。

（二）发展幼儿智力，培养正确运用感官和运用语言交往的基本能力，增进对环境的认识，培养有益的兴趣和求知欲望，培养初步的动手探究能力。

（三）萌发幼儿爱祖国、爱家乡、爱集体、爱劳动、爱科学的情感，培养诚实、自信、友爱、勇敢、勤学、好问、爱护公物、克服困难、讲礼貌、守纪律等良好的品德行为和习惯，以及活泼开朗的性格。

（四）培养幼儿初步感受美和表现美的情趣和能力。

第六条　幼儿园教职工应当尊重、爱护幼儿，严禁虐待、歧视、体罚和变相体罚、侮辱幼儿人格等损害幼儿身心健康的行为。

第七条　幼儿园可分为全日制、半日制、定时制、季节制和寄宿制等。上述形式可分别设置，也可混合设置。

第二章　幼儿入园和编班

第八条　幼儿园每年秋季招生。平时如有缺额，可随时补招。

幼儿园对烈士子女、家中无人照顾的残疾人子女、孤儿、家庭经济困难幼儿、具有接受普通教育能力的残疾儿童等入园，按照国家和地方的有关规定予以照顾。

第九条　企业、事业单位和机关、团体、部队设置的幼儿园，除招收本单位工作人员的子女外，应当积极创造条件向社会开放，招收附近居民子女入园。

第十条　幼儿入园前，应当按照卫生部门制定的卫生保健制度进行健康检查，合格者方可入园。

幼儿入园除进行健康检查外，禁止任何形式的考试或测查。

第十一条　幼儿园规模应当有利于幼儿身心健康，便于管理，一般不超过360人。

幼儿园每班幼儿人数一般为：小班(3周岁至4周岁)25人，中班(4周岁至5周岁)30人，大班(5周岁至6周岁)35人，混合班30人。寄宿制幼儿园每班幼儿人数酌减。

幼儿园可以按年龄分别编班，也可以混合编班。

第三章　幼儿园的安全

第十二条　幼儿园应当严格执行国家和地方幼儿园安全管理的相关规定，建立健全门卫、房屋、设备、消防、交通、食品、药物、幼儿接送交接、活动组织和幼儿就寝值守等安全防护和检查制度，建立安全责任制和应急预案。

第十三条　幼儿园的园舍应当符合国家和地方的建设标准，以及相关安全、卫生等方面的规范，定期检查维护，保障安全。幼儿园不得设置在污染区和危险区，不得使用危房。

幼儿园的设备设施、装修装饰材料、用品用具和玩教具材料等，应当符合国家相关的安全质量标准和环保要求。

入园幼儿应当由监护人或者其委托的成年人接送。

第十四条　幼儿园应当严格执行国家有关食品药品安全的法律法规，保障饮食饮水卫生安全。

第十五条　幼儿园教职工必须具有安全意识，掌握基本急救常识和防范、避险、逃生、自救的基本方法，在紧急情况下应当优先保护幼儿的人身安全。

幼儿园应当把安全教育融入一日生活，并定期组织开展多种形式的安全教育和事故预防演练。

幼儿园应当结合幼儿年龄特点和接受能力开展反家庭暴力教育，发现幼儿遭受或者疑似遭受家庭暴力的，应当依法及时向公安机关报案。

第十六条　幼儿园应当投保校方责任险。

第四章　幼儿园的卫生保健

第十七条　幼儿园必须切实做好幼儿生理和心理卫生保健工作。

幼儿园应当严格执行《托儿所幼儿园卫生保健管理办法》以及其他有关卫生保健

的法规、规章和制度。

第十八条　幼儿园应当制定合理的幼儿一日生活作息制度。正餐间隔时间为3.5—4小时。在正常情况下，幼儿户外活动时间(包括户外体育活动时间)每天不得少于2小时，寄宿制幼儿园不得少于3小时；高寒、高温地区可酌情增减。

第十九条　幼儿园应当建立幼儿健康检查制度和幼儿健康卡或档案。每年体检一次，每半年测身高、视力一次，每季度量体重一次；注意幼儿口腔卫生，保护幼儿视力。

幼儿园对幼儿健康发展状况定期进行分析、评价，及时向家长反馈结果。

幼儿园应当关注幼儿心理健康，注重满足幼儿的发展需要，保持幼儿积极的情绪状态，让幼儿感受到尊重和接纳。

第二十条　幼儿园应当建立卫生消毒、晨检、午检制度和病儿隔离制度，配合卫生部门做好计划免疫工作。

幼儿园应当建立传染病预防和管理制度，制定突发传染病应急预案，认真做好疾病防控工作。

幼儿园应当建立患病幼儿用药的委托交接制度，未经监护人委托或者同意，幼儿园不得给幼儿用药。幼儿园应当妥善管理药品，保证幼儿用药安全。

幼儿园内禁止吸烟、饮酒。

第二十一条　供给膳食的幼儿园应当为幼儿提供安全卫生的食品，编制营养平衡的幼儿食谱，定期计算和分析幼儿的进食量和营养素摄取量，保证幼儿合理膳食。

幼儿园应当每周向家长公示幼儿食谱，并按照相关规定进行食品留样。

第二十二条　幼儿园应当配备必要的设备设施，及时为幼儿提供安全卫生的饮用水。

幼儿园应当培养幼儿良好的大小便习惯，不得限制幼儿便溺的次数、时间等。

第二十三条　幼儿园应当积极开展适合幼儿的体育活动，充分利用日光、空气、水等自然因素以及本地自然环境，有计划地锻炼幼儿肌体，增强身体的适应和抵抗能力。正常情况下，每日户外体育活动不得少于1小时。

幼儿园在开展体育活动时，应当对体弱或有残疾的幼儿予以特殊照顾。

第二十四条　幼儿园夏季要做好防暑降温工作，冬季要做好防寒保暖工作，防止中暑和冻伤。

第五章　幼儿园的教育

第二十五条　幼儿园教育应当贯彻以下原则和要求：

(一)德、智、体、美等方面的教育应当互相渗透，有机结合。

(二)遵循幼儿身心发展规律，符合幼儿年龄特点，注重个体差异，因人施教，引导幼儿个性健康发展。

（三）面向全体幼儿，热爱幼儿，坚持积极鼓励、启发引导的正面教育。

（四）综合组织健康、语言、社会、科学、艺术各领域的教育内容，渗透于幼儿一日生活的各项活动中，充分发挥各种教育手段的交互作用。

（五）以游戏为基本活动，寓教育于各项活动之中。

（六）创设与教育相适应的良好环境，为幼儿提供活动和表现能力的机会与条件。

第二十六条　幼儿一日活动的组织应当动静交替，注重幼儿的直接感知、实际操作和亲身体验，保证幼儿愉快的、有益的自由活动。

第二十七条　幼儿园日常生活组织，应当从实际出发，建立必要、合理的常规，坚持一贯性和灵活性相结合，培养幼儿的良好习惯和初步的生活自理能力。

第二十八条　幼儿园应当为幼儿提供丰富多样的教育活动。

教育活动内容应当根据教育目标、幼儿的实际水平和兴趣确定，以循序渐进为原则，有计划地选择和组织。

教育活动的组织应当灵活地运用集体、小组和个别活动等形式，为每个幼儿提供充分参与的机会，满足幼儿多方面发展的需要，促进每个幼儿在不同水平上得到发展。

教育活动的过程应注重支持幼儿的主动探索、操作实践、合作交流和表达表现，不应片面追求活动结果。

第二十九条　幼儿园应当将游戏作为对幼儿进行全面发展教育的重要形式。

幼儿园应当因地制宜创设游戏条件，提供丰富、适宜的游戏材料，保证充足的游戏时间，开展多种游戏。

幼儿园应当根据幼儿的年龄特点指导游戏，鼓励和支持幼儿根据自身兴趣、需要和经验水平，自主选择游戏内容、游戏材料和伙伴，使幼儿在游戏过程中获得积极的情绪情感，促进幼儿能力和个性的全面发展。

第三十条　幼儿园应当将环境作为重要的教育资源，合理利用室内外环境，创设开放的、多样的区域活动空间，提供适合幼儿年龄特点的丰富的玩具、操作材料和幼儿读物，支持幼儿自主选择和主动学习，激发幼儿学习的兴趣与探究的愿望。

幼儿园应当营造尊重、接纳和关爱的氛围，建立良好的同伴和师生关系。

幼儿园应当充分利用家庭和社区的有利条件，丰富和拓展幼儿园的教育资源。

第三十一条　幼儿园的品德教育应当以情感教育和培养良好行为习惯为主，注重潜移默化的影响，并贯穿于幼儿生活以及各项活动之中。

第三十二条　幼儿园应当充分尊重幼儿的个体差异，根据幼儿不同的心理发展水平，研究有效的活动形式和方法，注重培养幼儿良好的个性心理品质。

幼儿园应当为在园残疾儿童提供更多的帮助和指导。

第三十三条　幼儿园和小学应当密切联系，互相配合，注意两个阶段教育的相互衔接。

幼儿园不得提前教授小学教育内容，不得开展任何违背幼儿身心发展规律的活动。

第六章　幼儿园的园舍、设备

第三十四条　幼儿园应当按照国家的相关规定设活动室、寝室、卫生间、保健室、综合活动室、厨房和办公用房等，并达到相应的建设标准。有条件的幼儿园应当优先扩大幼儿游戏和活动空间。

寄宿制幼儿园应当增设隔离室、浴室和教职工值班室等。

第三十五条　幼儿园应当有与其规模相适应的户外活动场地，配备必要的游戏和体育活动设施，创造条件开辟沙地、水池、种植园地等，并根据幼儿活动的需要绿化、美化园地。

第三十六条　幼儿园应当配备适合幼儿特点的桌椅、玩具架、盥洗卫生用具，以及必要的玩教具、图书和乐器等。

玩教具应当具有教育意义并符合安全、卫生要求。幼儿园应当因地制宜，就地取材，自制玩教具。

第三十七条　幼儿园的建筑规划面积、建筑设计和功能要求，以及设施设备、玩教具配备，按照国家和地方的相关规定执行。

第七章　幼儿园的教职工

第三十八条　幼儿园按照国家相关规定设园长、副园长、教师、保育员、卫生保健人员、炊事员和其他工作人员等岗位，配足配齐教职工。

第三十九条　幼儿园教职工应当贯彻国家教育方针，具有良好品德，热爱教育事业，尊重和爱护幼儿，具有专业知识和技能以及相应的文化和专业素养，为人师表，忠于职责，身心健康。

幼儿园教职工患传染病期间暂停在幼儿园的工作。有犯罪、吸毒记录和精神病史者不得在幼儿园工作。

第四十条　幼儿园园长应当符合本规程第三十九条规定，并应当具有《教师资格条例》规定的教师资格、具备大专以上学历、有三年以上幼儿园工作经历和一定的组织管理能力，并取得幼儿园园长岗位培训合格证书。

幼儿园园长由举办者任命或者聘任，并报当地主管的教育行政部门备案。

幼儿园园长负责幼儿园的全面工作，主要职责如下：

(一)贯彻执行国家的有关法律、法规、方针、政策和地方的相关规定，负责建立并组织执行幼儿园的各项规章制度；

(二)负责保育教育、卫生保健、安全保卫工作；

(三)负责按照有关规定聘任、调配教职工，指导、检查和评估教师以及其他工作人员的工作，并给予奖惩；

(四)负责教职工的思想工作，组织业务学习，并为他们的学习、进修、教育研究创造必要的条件；

（五）关心教职工的身心健康，维护他们的合法权益，改善他们的工作条件；

（六）组织管理园舍、设备和经费；

（七）组织和指导家长工作；

（八）负责与社区的联系和合作。

第四十一条　幼儿园教师必须具有《教师资格条例》规定的幼儿园教师资格，并符合本规程第三十九条规定。

幼儿园教师实行聘任制。

幼儿园教师对本班工作全面负责，其主要职责如下：

（一）观察了解幼儿，依据国家有关规定，结合本班幼儿的发展水平和兴趣需要，制订和执行教育工作计划，合理安排幼儿一日生活；

（二）创设良好的教育环境，合理组织教育内容，提供丰富的玩具和游戏材料，开展适宜的教育活动；

（三）严格执行幼儿园安全、卫生保健制度，指导并配合保育员管理本班幼儿生活，做好卫生保健工作；

（四）与家长保持经常联系，了解幼儿家庭的教育环境，商讨符合幼儿特点的教育措施，相互配合共同完成教育任务；

（五）参加业务学习和保育教育研究活动；

（六）定期总结评估保教工作实效，接受园长的指导和检查。

第四十二条　幼儿园保育员应当符合本规程第三十九条规定，并应当具备高中毕业以上学历，受过幼儿保育职业培训。

幼儿园保育员的主要职责如下：

（一）负责本班房舍、设备、环境的清洁卫生和消毒工作；

（二）在教师指导下，科学照料和管理幼儿生活，并配合本班教师组织教育活动；

（三）在卫生保健人员和本班教师指导下，严格执行幼儿园安全、卫生保健制度；

（四）妥善保管幼儿衣物和本班的设备、用具。

第四十三条　幼儿园卫生保健人员除符合本规程第三十九条规定外，医师应当取得卫生行政部门颁发的《医师执业证书》；护士应当取得《护士执业证书》；保健员应当具有高中毕业以上学历，并经过当地妇幼保健机构组织的卫生保健专业知识培训。

幼儿园卫生保健人员对全园幼儿身体健康负责，其主要职责如下：

（一）协助园长组织实施有关卫生保健方面的法规、规章和制度，并监督执行；

（二）负责指导调配幼儿膳食，检查食品、饮水和环境卫生；

（三）负责晨检、午检和健康观察，做好幼儿营养、生长发育的监测和评价；定期组织幼儿健康体检，做好幼儿健康档案管理；

(四)密切与当地卫生保健机构的联系，协助做好疾病防控和计划免疫工作；

(五)向幼儿园教职工和家长进行卫生保健宣传和指导；

(六)妥善管理医疗器械、消毒用具和药品。

第四十四条　幼儿园其他工作人员的资格和职责，按照国家和地方的有关规定执行。

第四十五条　对认真履行职责、成绩优良的幼儿园教职工，应当按照有关规定给予奖励。

对不履行职责的幼儿园教职工，应当视情节轻重，依法依规给予相应处分。

第八章　幼儿园的经费

第四十六条　幼儿园的经费由举办者依法筹措，保障有必备的办园资金和稳定的经费来源。

按照国家和地方相关规定接受财政扶持的提供普惠性服务的国有企事业单位办园、集体办园和民办园等幼儿园，应当接受财务、审计等有关部门的监督检查。

第四十七条　幼儿园收费按照国家和地方的有关规定执行。

幼儿园实行收费公示制度，收费项目和标准向家长公示，接受社会监督，不得以任何名义收取与新生入园相挂钩的赞助费。

幼儿园不得以培养幼儿某种专项技能、组织或参与竞赛等为由，另外收取费用；不得以营利为目的组织幼儿表演、竞赛等活动。

第四十八条　幼儿园的经费应当按照规定的使用范围合理开支，坚持专款专用，不得挪作他用。

第四十九条　幼儿园举办者筹措的经费，应当保证保育和教育的需要，有一定比例用于改善办园条件和开展教职工培训。

第五十条　幼儿膳食费应当实行民主管理制度，保证全部用于幼儿膳食，每月向家长公布账目。

第五十一条　幼儿园应当建立经费预算和决算审核制度，经费预算和决算应当提交园务委员会审议，并接受财务和审计部门的监督检查。

幼儿园应当依法建立资产配置、使用、处置、产权登记、信息管理等管理制度，严格执行有关财务制度。

第九章　幼儿园、家庭和社区

第五十二条　幼儿园应当主动与幼儿家庭沟通合作，为家长提供科学育儿宣传指导，帮助家长创设良好的家庭教育环境，共同担负教育幼儿的任务。

第五十三条　幼儿园应当建立幼儿园与家长联系的制度。幼儿园可采取多种形式，指导家长正确了解幼儿园保育和教育的内容、方法，定期召开家长会议，并接待家长的来访和咨询。

幼儿园应当认真分析、吸收家长对幼儿园教育与管理工作的意见与建议。

幼儿园应当建立家长开放日制度。

第五十四条　幼儿园应当成立家长委员会。

家长委员会的主要任务是：对幼儿园重要决策和事关幼儿切身利益的事项提出意见和建议；发挥家长的专业和资源优势，支持幼儿园保育教育工作；帮助家长了解幼儿园工作计划和要求，协助幼儿园开展家庭教育指导和交流。

家长委员会在幼儿园园长指导下工作。

第五十五条　幼儿园应当加强与社区的联系与合作，面向社区宣传科学育儿知识，开展灵活多样的公益性早期教育服务，争取社区对幼儿园的多方面支持。

第十章　幼儿园的管理

第五十六条　幼儿园实行园长负责制。

幼儿园应当建立园务委员会。园务委员会由园长、副园长、党组织负责人和保教、卫生保健、财会等方面工作人员的代表以及幼儿家长代表组成。园长任园务委员会主任。

园长定期召开园务委员会会议，遇重大问题可临时召集，对规章制度的建立、修改、废除，全园工作计划，工作总结，人员奖惩，财务预算和决算方案，以及其他涉及全园工作的重要问题进行审议。

第五十七条　幼儿园应当加强党组织建设，充分发挥党组织政治核心作用、战斗堡垒作用。幼儿园应当为工会、共青团等其他组织开展工作创造有利条件，充分发挥其在幼儿园工作中的作用。

第五十八条　幼儿园应当建立教职工大会制度或者教职工代表大会制度，依法加强民主管理和监督。

第五十九条　幼儿园应当建立教研制度，研究解决保教工作中的实际问题。

第六十条　幼儿园应当制订年度工作计划，定期部署、总结和报告工作。每学年年末应当向教育等行政主管部门报告工作，必要时随时报告。

第六十一条　幼儿园应当接受上级教育、卫生、公安、消防等部门的检查、监督和指导，如实报告工作和反映情况。

幼儿园应当依法接受教育督导部门的督导。

第六十二条　幼儿园应当建立业务档案、财务管理、园务会议、人员奖惩、安全管理以及与家庭、小学联系等制度。

幼儿园应当建立信息管理制度，按照规定采集、更新、报送幼儿园管理信息系统的相关信息，每年向主管教育行政部门报送统计信息。

第六十三条　幼儿园教师依法享受寒暑假期的带薪休假。幼儿园应当创造条件，在寒暑假期间，安排工作人员轮流休假。具体办法由举办者制定。

第十一章　附则

第六十四条　本规程适用于城乡各类幼儿园。

第六十五条　省、自治区、直辖市教育行政部门可根据本规程，制订具体实施办法。

第六十六条　本规程自 2016 年 3 月 1 日起施行。1996 年 3 月 9 日由原国家教育委员会令第 25 号发布的《幼儿园工作规程》同时废止。

幼儿园管理条例

第一章　总则

第一条　为了加强幼儿园的管理，促进幼儿教育事业的发展，制定本条例。

第二条　本条例适用于招收三周岁以上学龄前幼儿，对其进行保育和教育的幼儿园。

第三条　幼儿园的保育和教育工作应当促进幼儿在体、智、德、美诸方面和谐发展。

第四条　地方各级人民政府应当根据本地区社会经济发展状况，制订幼儿园的发展规划。

幼儿园的设置应当与当地居民人口相适应。

乡、镇、市辖区和不设区的市的幼儿园的发展规划，应当包括幼儿园设置的布局方案。

第五条　地方各级人民政府可以依据本条例举办幼儿园，并鼓励和支持企业事业单位、社会团体、居民委员会、村民委员会和公民举办幼儿园或捐资助园。

第六条　幼儿园的管理实行地方负责、分级管理和各有关部门分工负责的原则。

国家教育委员会主管全国的幼儿园管理工作；地方各级人民政府的教育行政部门，主管本行政辖区内的幼儿园管理工作。

第二章　举办幼儿园的基本条件和审批程序

第七条　举办幼儿园必须将幼儿园设置在安全区域内。严禁在污染区和危险区内设置幼儿园。

第八条　举办幼儿园必须具有与保育、教育的要求相适应的园舍和设施。幼儿园的园舍和设施必须符合国家的卫生标准和安全标准。

第九条　举办幼儿园应当具有符合下列条件的保育、幼儿教育、医务和其他工作人员：

（一）幼儿园园长、教师应当具有幼儿师范学校（包括职业学校幼儿教育专业）毕业程度，或者经教育行政部门考核合格。

（二）医师应当具有医学院校毕业程度，医士和护士应当具有中等卫生学校毕业程度，或者取得卫生行政部门的资格认可。

(三)保健员应当具有高中毕业程度，并受过幼儿保健培训。

(四)保育员应当具有初中毕业程度，并受过幼儿保育职业培训。

慢性传染病、精神病患者，不得在幼儿园工作。

第十条　举办幼儿园的单位或者个人必须具有进行保育、教育以及维修或扩建、改建幼儿园的园舍与设施的经费来源。

第十一条　国家实行幼儿园登记注册制度，未经登记注册，任何单位和个人不得举办幼儿园。

第十二条　城市幼儿园的举办、停办、由所在区、不设区的市的人民政府教育行政部门登记注册。

农村幼儿园的举办、停办，由所在乡、镇人民政府登记注册，并报县人民政府教育行政部门备案。

第三章　幼儿园的保育和教育工作

第十三条　幼儿园应当贯彻保育与教育相结合的原则，创设与幼儿的教育和发展相适应的和谐环境，引导幼儿个性的健康发展。

幼儿园应当保障幼儿的身体健康，培养幼儿的良好生活、卫生习惯；促进幼儿的智力发展；培养幼儿热爱祖国的情感以及良好的品德行为。

第十四条　幼儿园的招生、编班应当符合教育行政部门的规定。

第十五条　幼儿园应当使用全国通用的普通话。招收少数民族为主的幼儿园，可以使用本民族通用的语言。

第十六条　幼儿园应当以游戏为基本活动形式。

幼儿园可以根据本园的实际，安排和选择教育内容与方法，但不得进行违背幼儿教育规律，有损于幼儿身心健康的活动。

第十七条　严禁体罚和变相体罚幼儿。

第十八条　幼儿园应当建立卫生保健制度，防止发生食物中毒和传染病的流行。

第十九条　幼儿园应当建立安全防护制度，严禁在幼儿园内设置威胁幼儿安全的危险建筑物和设施，严禁使用有毒、有害物质制作教具、玩具。

第二十条　幼儿园发生食物中毒、传染病流行时，举办幼儿园的单位或者个人应当立即采取紧急救护措施，并及时报告当地教育行政部门或卫生行政部门。

第二十一条　幼儿园的园舍和设施有可能发生危险时，举办幼儿园的单位或个人应当采取措施，排除险情，防止事故发生。

第四章　幼儿园的行政事务

第二十二条　各级教育行政部门应当负责监督、评估和指导幼儿园的保育、教育工作，组织培训幼儿园的师资，审定、考核幼儿园教师的资格，并协助卫生行政部门检查和指导幼儿园的卫生保健工作，会同建设行政部门制定幼儿园园舍、设施的标准。

第二十三条　幼儿园园长负责幼儿园的工作。

幼儿园园长由举办幼儿园的单位或个人聘任，并向幼儿园的登记注册机关备案。

幼儿园的教师、医师、保健员、保育员和其他工作人员，由幼儿园园长聘任，也可由举办幼儿园的单位或个人聘任。

第二十四条　幼儿园可以依据本省、自治区、直辖市人民政府制定的收费标准，向幼儿家长收取保育费、教育费。

幼儿园应当加强财务管理，合理使用各项经费，任何单位和个人不得克扣、挪用幼儿园经费。

第二十五条　任何单位和个人，不得侵占和破坏幼儿园园舍和设施，不得在幼儿园周围设置有危险、有污染或影响幼儿园采光的建筑和设施，不得干扰幼儿园正常的工作秩序。

第五章　奖励与处罚

第二十六条　凡具备下列条件之一的单位或者个人，由教育行政部门和有关部门予以奖励：

(一)改善幼儿园的办园条件成绩显著的；

(二)保育、教育工作成绩显著的；

(三)幼儿园管理工作成绩显著的。

第二十七条　违反本条例，具有下列情形之一的幼儿园，由教育行政部门视情节轻重，给予限期整顿、停止招生、停止办园的行政处罚：

(一)未经登记注册，擅自招收幼儿的；

(二)园舍、设施不符合国家卫生标准、安全标准，妨害幼儿身体健康或者威胁幼儿生命安全的；

(三)教育内容和方法违背幼儿教育规律，损害幼儿身心健康的。

第二十八条　违反本条例，具有下列情形之一的单位或者个人，由教育行政部门对直接责任人员给予警告、罚款的行政处罚，或者由教育行政部门建议有关部门对责任人员给予行政处分：

(一)体罚或变相体罚幼儿的；

(二)使用有毒、有害物质制作教具、玩具的；

(三)克扣、挪用幼儿园经费的；

(四)侵占、破坏幼儿园园舍、设备的；

(五)干扰幼儿园正常工作秩序的；

（六）在幼儿园周围设置有危险、有污染或者影响幼儿园采光的建设和设施的。

前款所列情形，情节严重，构成犯罪的，由司法机关依法追究刑事责任。

第二十九条　当事人对行政处罚不服的，可以在接到处罚通知之日起十五日内，向作出处罚决定的机关的上一级机关申请复议，对复议决定不服的，可在接到复议决定之日起十五日内，向人民法院提起诉讼。当事人逾期不申请复议或者不向人民法院提起诉讼又不履行处罚决定的，由作出处罚决定的机关申请人民法院强制执行。

第六章　附则

第三十条　省、自治区、直辖市人民政府可根据本条例制定实施办法。

第三十一条　本条例由国家教育委员会解释。

第三十二条　本条例自1990年2月1日起施行。

幼儿园督导评估办法

第一章　总则

第一条　为深入贯彻党的二十大精神，加快推进学前教育高质量发展，按照中共中央、国务院《深化新时代教育评价改革总体方案》《关于学前教育深化改革规范发展的若干意见》等文件精神，依据《教育督导条例》以及教育部《幼儿园保育教育质量评估指南》等，制定本办法。

第二条　幼儿园督导评估工作以习近平新时代中国特色社会主义思想为指导，全面贯彻党的教育方针，落实立德树人根本任务，引导幼儿园树立科学保教理念、规范办园行为、提升保教质量，推动学前教育普及普惠安全优质发展，更好满足人民群众对幼有优育的美好期盼，为培养德智体美劳全面发展的社会主义建设者和接班人奠定坚实基础。

第三条　幼儿园督导评估工作基本原则：

（一）树立正确导向。将落实立德树人成效作为督导评估根本标准。引导幼儿园坚持社会主义办园方向，以幼儿为本，遵循幼儿年龄特点和成长规律，科学开展保育教育活动，促进幼儿身心健康全面成长。

（二）注重条件支撑。将是否配置适宜幼儿发展的教育资源作为幼儿园督导评估的基本内容。注重评估幼儿园在园舍场地、游戏材料、环境创设和教职工队伍等方面的达标情况，引导幼儿园创设丰富适宜的环境。

（三）促进规范办园。将招生收费、内部管理、队伍建设、膳食管理、安全防护、卫生保健等办园行为纳入督导评估范围，促进幼儿园规范办园行为，强化幼儿园在安全卫生、师德师风建设等方面的责任，促进幼儿园持续健康发展。

（四）强化过程评估。将加强保育教育过程评估作为幼儿园督导评估改革的重点。聚焦评估活动组织、师幼互动、家园共育等过程质量的核心内容，关注幼儿园提升保育教育水平的主观努力和改进程度，引导幼儿园注重自我评估、自我诊断、持续改进。

（五）坚持以评促建。坚持问题导向、目标导向与效果导向相结合，将促进幼儿园高质量发展作为督导评估的根本目的。充分发挥督导评估的诊断、监督、引导和激励作用，推动幼儿园不断提升保教质量。

第二章　督导评估内容与方式

第四条　幼儿园督导评估内容主要包括办园方向、保育与安全、教育过程、环